太平洋國家研究新論

區域、國家與族群

U0128272

楊聰榮——著

巨流圖書公司印行

太平洋國家研究新論
區域、國家與族群

國家圖書館出版品預行編目（CIP）資料

太平洋國家研究新論：區域、國家與族群 / 楊聰
榮著. -- 初版. -- 高雄市：巨流，2016.3
面；　公分

ISBN 978-957-732-517-4（平裝）

1. 區域研究　2. 亞太地區

578.193　　　　　　　　　　　105002970

著　　　者　楊聰榮
責任編輯　盧秀鳳、沈志翰
封面設計　蘇品銓

發 行 人　楊曉華
總 編 輯　蔡國彬

出　　版　巨流圖書股份有限公司
　　　　　80252 高雄市苓雅區五福一路57號2樓之2
　　　　　電話：07-2265267
　　　　　傳真：07-2233073
　　　　　e-mail: chuliu@liwen.com.tw

編 輯 部　23445 新北市永和區秀朗路一段41號
　　　　　電話：02-29229075
　　　　　傳真：02-29220464

劃撥帳號　01002323 巨流圖書股份有限公司
購書專線　07-2265267 轉236

法律顧問　林廷隆律師
　　　　　電話：02-29658212

出版登記證　局版台業字第1045號

ISBN / 978-957-732-517-4（平裝）
初版一刷‧2016年3月

定價：400元

目錄

代序

因緣際會從事太平洋研究

楊聰榮

（國立臺灣師範大學國際與社會科學院副教授）

　　這本書是本人從事太平洋國家研究的學術論文集結。我個人曾多次親赴位於大洋洲的國度澳洲、紐西蘭及夏威夷等地深造並從事研究工作，因此很早就對太平洋國家研究十分感興趣，後來進入澳洲國立大學（Australian National University, ANU）亞太歷史系學部（Division of Pacific and Asian History），就有更多機會學習與探討太平洋國家的相關研究。研究的主題包括區域、國家與族群的研究。討論總體的問題，也有個別國家的主題研究。研究的國家涵蓋南太平洋國家到東帝汶，從紐西蘭到澳洲。

　　筆者主張，臺灣應該拓展太平洋研究這個研究領域，將位於太平洋上的島國當成專門的研究對象與發展方向，並將臺灣納入其中，正可以凸顯臺灣在海洋立國的範圍與重點。廣義的太平洋區域包含所有在太平洋範圍的島國，但是重點可以涵蓋南太平洋島國、東南亞島國及紐澳等國，成為太平洋區域研究的核心。這個領域的範圍與重點，正好是與筆者長期努力的方向相符合。

在這本書中，我們強調立足臺灣，將與我們相關的太平洋國家，集結成一個研究領域。因為臺灣也是位於太平洋區域，我們應該發展自己的重點，成為未來發展海洋國家的場域。這個想法其實是長時間的累積醞釀形成。筆者長期從事亞太地區的研究，深深感到我們缺乏太平洋研究的架構，在自身所處的區域就會有很大的空缺。本書特別以南太平洋國家、東帝汶、紐西蘭及澳洲為主要研究對象，這些都是過去臺灣學術界比較忽略的地區。至於同屬這個區域的菲律賓與印尼等島國的相關研究，則另外收錄在東南亞的相關研究，沒有彙編至本書。

這樣的安排，主要還是希望標舉這個較為國人所忽略的領域，以下將說明這個經長時間醞釀所形成的太平洋研究的因緣。

首先，先從我個人的體驗談起。我研究所與博士班都是在太平洋國家或地區從事亞太相關議題研究。我個人在太平洋地區住了很長一段時間，一想到太平洋島嶼，腦中立刻浮現一片色彩繽紛的南島天堂景象，陽光、藍天、棕櫚樹、白沙灘，人們穿著五顏六色的花襯衫，周遭是飽滿多彩的鮮花水果，還有節奏緩慢、令人放鬆的夏威夷音樂在一旁伴奏，然後有人為你獻上五彩花圈。太平洋給我的印象是就是富於色彩的，colorful 的。然而回到臺灣，色調卻和這個景象大異其趣，從桃園國際機場沿著高速公路來到臺北，一路上的景色都是灰濛濛的。

　　從五彩繽紛到灰濛濛一片，這種強烈的對比令人思考這樣的問題：為什麼像臺灣這樣一個太平洋島嶼會缺乏太平洋色彩呢？為什麼像臺灣這樣一個太平洋島嶼會缺乏對太平洋研究的興趣呢？為什麼像臺灣這樣一個太平洋島嶼會缺乏對太平洋的認同呢？我認為這是最重要、最根本的問題。

　　這種色彩對比的感覺是個比喻的說法，這是來自我個人多年來進出太平洋島嶼的印象，其實將太平洋島嶼形容為天堂樂園的說法也只是一個刻板印象，自十多年前開始，臺灣也注意到與太平洋島國的文化交流，例如：原住民文化園區等團體和太平洋各國有許多實質的文化交流活動，這些年在臺東舉辦過南島文化節，而且在太平洋研究這個領域也有相當多新的成果。也開始有學術界提出臺灣島史的研究取向，將太平洋研究納入視野。

　　臺灣的語言學界與人類學界，做了很多臺灣南島民族的研究，也有學者遠赴巴淡島、索羅門群島或大溪地；歷史學界則做了許多海洋史方面的研究。如果能整編這些既有的成果，臺灣就有發展太平洋研究的本錢。如果過去臺灣沒有系統化地將既有資源和國際太平洋研究脈絡相互搭配，那麼我們對於認識自身所處的世界，會留有一個嚴重的空缺。現在的發展顯示，已經有人開始積極思考這個問題，把臺灣相關的研究放到太平洋研究的範圍，將眼光放大到整個太平洋地域，進而形成一個新的研究方向。

　　我對太平洋研究的興趣和基本的學習與學術訓練都是在臺灣的時候開始奠定基礎的。就讀清華大學社會人類學研究所時，在人類學課堂上研讀許多太平洋研究的文獻。在臺灣，其實有很多機會接觸太平洋研究，尤其是人類學。許多在人類學及歷史學課堂上出現的經典名著，其實就是太平洋研究，臺灣的人類學者與歷史學者對這些名著並不陌生。除了人類學的課堂外，這些名著經常被臺灣的學者引用、推介及翻譯，因此，可以說，在臺灣有很多接觸太平洋研究重要著作的機會。後來我選擇歷史人類學為專業科目。當時我曾有個野心，即以馬謝爾・薩林斯（Marshall Sahlins）的夏威夷史研究手法來處理臺灣史，以臺灣島民的眼光來看歷史變遷。實際上，如果要考慮這種取向，工程浩大，非短期內所能成就。後來並未實現，但是對相關研究的興趣已經開了頭。即使如此，我和臺灣多數學者一樣，對太平洋島嶼的認識皆由書本習得，卻缺乏感性的理解。

　　後來因緣際會開始了我的太平洋之旅，有機會去夏威夷的東西文化中心（East-West Center）是真正的轉捩點。在東西文化中心，除了參與人類學的研究計劃以外，我也特別下工夫探索夏威夷社會。接觸夏威夷多元族群社會的經驗引發了我對探索亞洲與太平洋的興趣。

　　於是，在太平洋研究知性的探索之外，也因和不同背景的太平洋島民交往而有感性的體驗。後來在當地加入太平洋島民組成

的同學會。每當有人問我是從那個島嶼來的，我就表示我是從 Formosa Island 來的。我發現 Formosa Island 被接受為太平洋島嶼是很容易的，原因是 Formosa Islands 這個名字在英語世界普遍使用直到戰後一段相當長的時間，特別是在港口生活的人們，來自 Formosa 的船舶和水手是具體生活經驗的一部分。這樣的經驗，自然而然有了太平洋島民認同。每當遇到太平洋島民或太平洋研究學者，便倍感親切。

筆者主要經歷過的學術研究機構，如夏威夷的東西文化中心，紐西蘭及澳洲等地的大學，都是太平洋島知識分子以及從事太平洋島研究的學者的集散地區，我因此有機會與來自太平洋島嶼的知識分子密切交流。這些交往經驗成為學習的一部分，也讓我因此特別注意太平洋研究的整體發展。這種經驗也促使我思考前述的臺灣之太平洋性等問題，同時也開始反省過去的訓練和這種感性經驗對一個特定的文化群體的認識之差距。

由於當時唸了一些與太平洋島有關的人類學研究文獻，和太平洋島民與太平洋研究學者交往時，很自然就談到這些研究，我發覺單有書本上的知識對太平洋島的基本瞭解仍然十分有限，而太平洋島民在彼此交往時，則通常對其他太平洋島嶼的情況有所理解。太平洋島的知識分子經常會到太平洋臨近地區停留一段時間，對彼此的情況有所瞭解。而太平洋島的報刊也通常會報導地域範圍內各地的消息，在太平洋島民的聚集地如夏威夷、加州、

奧克蘭、雪梨等地,太平洋島民(Islanders)是被放在同一社會範疇,許多時候也聚集在一起,可以說的確有明顯的泛太平洋認同存在。同樣地,在各地的生活經驗中,也發現有泛亞洲認同存在。我後來走向亞洲史與太平洋史的研究,這些感性的經驗提供了最重要的動力源頭。

和多數赴美國大陸的同學不同,我出國留學的地點也環繞著太平洋島民的世界觀的核心——一直在夏威夷、紐西蘭和澳大利亞打轉。這三個地方,一方面是太平洋島民人口遷移的重點,一方面是太平洋研究的三個大本營。雖然我的另一個研究方向是亞洲研究,尤其是以東南亞研究為核心的亞洲研究,然而,由於留學生涯一開始就體認到太平洋區域世界觀的核心,自然環繞在這個範圍周邊發展。最後來到澳大利亞國立大學攻讀歷史學博士學位,論文題目的主要焦點是在印度尼西亞,也包括星馬菲等地。從亞洲研究的角度來說,是不折不扣的亞洲,但是從另一個角度來看,也是海洋東南亞的範圍,也可以放在太平洋研究的範圍來關照。印度尼西亞是特別有趣的地方,是橫跨亞洲研究和太平洋研究的重要焦點。關於太平洋研究和亞洲研究的分界與重疊,我們會在後面討論。

我的學術研究題目也和太平洋研究有關連。在碩士班時期,我考慮可以用太平洋島的歷史人類學研究所發展出來的史學觀或研究主題來發展臺灣史,在清華社人所的碩士論文,主題是有關

戰後臺灣史的後殖民文化、認同問題與文化建構。其實這些主題都是太平洋研究重要的研究主題，可以說，我的學術生涯一開始就是以太平洋研究的眼光來看臺灣史。臺灣與太平洋的關係自然成為思考的重點。

我所就讀的澳洲國立大學亞太歷史學部，合併了過去三個獨立的歷史學系，分別是遠東歷史系、東南亞歷史系及太平洋歷史系，這個學部的整合十分符合前述的發展方向，這是世界上少有的以亞太歷史為專長的學部。由於這樣的因緣際會，我來到了全世界培養太平洋歷史研究人才最主要的學術機構。

因緣際會從事太平洋國家研究已有相當長的時間，但過去的研究分散在不同的場合，外界不太容易有清楚的概念。現在將這些研究修改集結出版，希望能對臺灣關注周遭國家的發展，有不同方向的思考。目前臺灣的學者已經有相當多的機會，從臺灣自身的研究出發，開始思考臺灣研究與太平洋研究的聯繫關係。思考的出發點或許各有不同，現在看起來卻殊途同歸。

我個人相當贊同臺灣要從自己的地緣關係來思考太平洋研究未來的方向。要將南太平洋國家、東帝汶及紐澳等國家都放在太平洋研究的重點。臺灣除了關注臺灣本地的相關問題，發展我們自己的太平洋的地理想像，與一個比較寬闊的太平洋區域互相連結，應該是有充足的理由與良好的條件。因此在這裡拋磚引玉，將多年的研究集結，讓更多人分享太平洋研究的成果。

　　這本書名為《太平洋國家研究新論》，都是討論太平洋國家研究的相關課題，依據論文主題，集中於太平洋國家研究的三個層面，即區域、國家與族群三個層面，既有總體性分析，也包括不同地區國家的分殊性。全文試圖以臺灣為基地，放眼太平洋島嶼及其民族，針對新興國家、各個族群融合等議題，在今日全球化的國際體系之下，探討其過去與未來之發展。立足臺灣，則可在其認知的脈絡之下，思考今後太平洋研究的發展方向。

第一章

臺灣如何發展太平洋研究

　　本書主要提出一個從臺灣出發的視角,討論如何發展太平洋研究的看法。[1]臺灣學術界要對太平洋研究提出自己的看法,由臺灣史的經驗出發而去思考如何往太平洋史的方向發展,這種觀點符合目前臺灣學術界的發展趨勢。這裡的討論分為幾個部分,首先介紹太平洋研究的學術社群與生態環境,使讀者對整個研究領域有全盤的認識,然後對太平洋史重要課題做概述性的分析,希望能提供對一個學門的概要式的理解。之後討論臺灣發展太平洋研究的可能性。這部分先簡述對幾個地域研究的研究傳統的心得看法,在這個基礎上討論臺灣對太平洋研究的地理想像空間與其連帶關係,做為臺灣發展太平洋研究的認知旨趣的基礎。

1　本文修改自原刊載於《東臺灣研究》之文章。原文見楊聰榮,〈臺灣應如何發展太平洋研究:地域研究的傳統與太平洋的地理想像〉《東臺灣研究》,第五期,頁105-135,2001 年。

太平洋的範圍

　　這裡先介紹太平洋研究的概況，討論一些非常基本的問題。第一個問題是，太平洋研究應該包括什麼範圍。這個問題得從Pacific 這個字談起，指涉的最主要範圍當然是指這一大片海洋，如果將太平洋視為人類活動的範圍，則這個字眼有很曖昧模糊的地方。範圍最小可以指在太平洋中心的島群，即一般所稱的太平洋群島，範圍大則可包括環太平洋地區，甚至廣義的亞太地區。太平洋這一名詞的由來即是歐洲早期的航海家，將這一大片海洋和大西洋相比，認為沒有太多風暴，是風平浪靜的太平洋。而來自歐洲的航海家，雖然在十六世紀就穿越太平洋，但是卻沒有發現海洋中包含的許多陸地，一直要到十八世紀末，澳大利亞和紐西蘭才被發現。

　　另一個類似而經常被相提並論的地理名詞是大洋洲（Oceania），通常包括澳洲大陸在內以及太平洋上的眾多小島。在用法上和太平洋一樣模糊，有時專指太平洋島，有時則特指澳洲。從牛津字典上查 Oceania 這個字的歷史形成是極淺短的，直到十九世紀中葉才為歐洲人所用。有學者指大洋洲包括三大部分，即馬來西亞（Malaysia）、澳大利亞（Australasia）與玻里尼西亞（Polynesia），表示大洋洲不但包含澳洲大陸，也包括印尼群島（或馬來群島）等地。大洋洲人（Oceanian）卻同時也

有專指玻里尼西亞人（Polynesian）的說法，廣義到狹義之間差別很大。

然而就地域研究的範圍來考查，任何地域研究由於各國自身地理想像空間的不同，因而有不同的重點範圍，似乎是極為平常的現象，太平洋研究與亞洲研究都有這種情況。然太平洋研究無疑地有其共同的核心地帶，然後再以核心地帶將太平洋研究延伸到鄰近的廣義範圍。就當前幾個太平洋研究中心而言，基本上都是以太平洋島（Pacific Islands）為核心範圍，然後延伸到各自偏重的其他地區。而說到太平洋島，多數是指太平洋中心地區的眾多群島，即傳統分類的三大地區，玻里尼西亞（Polynesia）、密克羅尼西亞（Micronesia）與美拉尼西亞（Melanesia），確立太平洋研究以這些小島為主要研究對象是重要的。前述所謂的太平洋區域，不論廣義狹義，都是以這些傳統定義的太平洋小島為核心。我在這裡也以同樣的做法，暫時以這個最狹義的太平洋研究的範圍——即太平洋島——為討論焦點，隨後再將討論延伸到廣義的範圍。

太平洋研究概況

其次我們討論太平洋研究概況，包含有哪些地方做太平洋研究，哪裡是太平洋研究的重鎮。國際上一般認定，有六個國家在

二十世紀初即在太平洋地域扮演重要的角色，分別是美國、英國、日本、法國、澳大利亞及紐西蘭。太平洋研究也集中在這六個國家，各有成群的太平洋研究專家與專門的太平洋研究機構。國際關係學者經常提到：自 1970 年代以來，臺灣在太平洋地域也開始扮演重要的角色，卻沒有在學術研究上有同樣的興趣。談到最重要的研究機構，太平洋研究集中在幾個特定的地方，資訊的取得也要透過這些地方。這裡所認定的太平洋研究主要機構，雖然難免存在個人經驗上的偏見，但是本人曾經諮詢過不少專家，大致可以認可這些機構的重要性。

在夏威夷，東西文化中心與夏威夷大學（University of Hawaii）是主要機構，另楊百翰大學（Brigham Young University）也是重要據點，當然頗富盛名的比夏普博物館（Bernice Pauahi Bishop Museum）在太平洋研究上的努力歷史悠久，對太平洋研究的發展有無可比擬的重要貢獻；在紐西蘭，主要是奧克蘭大學（Auckland University）與威靈頓維多利亞大學，另外奧克蘭博物館（Auckland Institute and Museum）也是歷史悠久的太平洋研究重鎮，歷史地位不亞於夏威夷的比夏普博物館；在澳大利亞主要是澳洲國立大學，它有最完整的研究陣容；昆士蘭大學（University of Queensland）與墨爾本大學（University of Melbourne）也是重要據點，素來有太平洋研究的傳統。此外，其他紐澳各地的大學也不乏太平洋研究的專家，如雪梨大學及新

南威爾斯大學等，但專家集中的程度無法和上述機構相提並論。
而美國和英國的大學也是類似的情況，都有各別學者從事相關研
究。至於太平洋島上的重要研究據點，首推位於斐濟首都蘇瓦
（Suva）的南太平洋大學（University of South Pacific），然
因其資源不足，國際聯繫不夠，還是得靠上述的重要機構協助聯
繫。

　　日本方面主要是鹿兒島大學，其他研究人才散在不同機構。
鹿兒島大學基於自己是日本本土最南端的大學（如果 Okinawa
或琉球不算在內的話），因此有清楚的目標與使命感來發展太平
洋研究，這一點倒和東臺灣研究會提出太平洋研究的興趣，以及
印尼在蘇拉威西（Sulawesi）的哈珊努丁大學（Universitas
Hasanuddin）因地處印尼群島東端而發展為太平洋研究的主要據
點有異曲同共之妙，都是因為地理上的親近性而有發展太平洋研
究的視野。日本除鹿兒島大學以外，有至少幾個研究學會把焦點
放在這方面，分別是日本太平洋學會，日本大洋洲研究會（日本
オセアニア学会）與日本島嶼學會。

　　此外，法國也是太平洋的一方之霸，現在仍然掌控西南太平
洋的島嶼，主要是大溪地所在的法屬玻里尼西亞（Polynesie
Francaise），以及法屬新喀里多尼亞（法文：Nouvelle Caledonie，
英文：New Caledonia）。這些地方受到法國文化的影響很深，
當地關於本地的出版品也很成就，而且以當地為研究對象的著作

非常多，就學術研究的機構來說，以在巴黎的人類博物館（Musee de l'Homme）為大本營，而大溪地和新喀里多尼亞各有一所大學，即法屬太平洋大學（Universite Francaise du Pacifique）的兩個分校，成立時間較晚，雖然有一些研究成果，但以教學為主。在太平洋島的大學都是類似這種情況，主要以滿足本地學生的大學教育為目標，計有斐濟的南太平洋大學（University of South Pacific, USP）、關島的關島大學（University of Guam）、東加的東加國立大學（University of Nations Tonga）以及巴布亞新幾內亞的巴布亞新幾內亞大學（University of Papua New Guniea）。

其中由於地緣和歷史因素，夏威夷和紐西蘭以研究玻里尼西亞為主，而澳大利亞以研究美拉尼西亞為主，其次才是密克羅尼西亞。研究機構以外，主要的學術研究期刊也有特定重點，最主要三份期刊是澳洲國立大學亞洲太平洋歷史學部出版的期刊《太平洋史》（*Journal of Pacific History*），以及夏威夷大學太平洋研究所出版的《當代太平洋》（*The Contemporary Pacific*）以及菲濟的南太平洋大學出版的期刊《太平洋研究》（*The Journal of Pacific Studies*）[2]。至於語言學及考古學，都有專攻太平洋或大

2　Donald Denoon, *The Cambridge History of the Pacific Islanders.* Cambridge University Press, 1997, p. 32.

洋洲的專門學術期刊，在此不一一列舉。

　　要得到太平洋研究的相關資訊相當容易，因為太平洋研究集中在特定學術機構，只要從上述學術期刊及研究學會通訊即可掌握最新動態。這裡提供幾個例子，分別是日本太平洋學會之學會誌，Pacific History Association 以及 Association for Social Anthropology in Oceania 的研究通訊。另外太平洋研究的書目也很容易取得，最出名的是夏威夷大學出版的 *Pacific Collection Acquisitions List*。相關的出版社也有太平洋出版書目，例如專賣太平洋出版品的 Books Pasifika 以及 Pan Pacifica 等等。而澳洲還有專門提供太平洋島研究書目的書局，分別是 Serendipity Books 以及 Bibliophile 兩家書局。這是國際性的書局，但是澳洲分店有特別發行太平洋島研究書目。而一般有關太平洋各地消息，則有夏威夷出版的《太平洋島嶼報導》（*Pacific Islands Report*），以及坎培拉出版的《太平洋報導》（*Pacific Report*）。任何人要掌握國際學術動態，有那些重要研究計劃及出版品，透過這些資訊即以很快掌握住。任何人只要透過那些重要研究計劃及出版品，即可以很快掌握國際學術動態。

　　另外一個問題，太平洋研究有那些研究是重要學科走向呢？從學科的角度，第一個層次是區分自然學科與人文社會學科。我們可以發現這三個太平洋研究中心都有很強的自然學科互相配合，這方面以日本的地域研究傳統色彩最強，自然學科方面，不

論是物種的調查，地質的探勘，氣候洋流等各方面都有，以地域
為範圍的整編情況也最清楚。夏威夷的太平洋研究也是以海洋研
究為核心，澳紐則以歷來對於環境的重視，雖然未必有清楚地整
編，但是自然科學對太平洋的研究卻是重點。現在不在此處著墨
太多，不過，套用 Epeli Hau'ofa 在太平洋史學上的重要論文
"Our Sea of Islands" 中所表明的，太平洋研究如果只考慮陸地，
是細小的島嶼（tiny islands），如果考慮海洋，則是世界最大的
海洋。[3] 而臺灣有很好的海洋研究的自然學科的基礎，臺灣有三
艘海洋研究船，國科會一年有三億元的預算，上百個學術研究人
才，比起任何太平洋鄰近國家來說並不遑多讓，沒有理由不能重
新整編，加強太平洋的研究。

　　至於人文社會學科，一般是以歷史學、人類學、地理學、語
言學與考古學為最大宗。由於這五門學科都會強調「在地性」
（locality），我們可以將這五門學科視為太平洋研究的基礎科
目。此外，也有其他不同的社會學科有學者專攻太平洋研究。以
澳洲國立大學為例，歷史學、人類學、地理學、語言學與考古學
在太平洋研究方面都有特別的團隊。社會學科方面在政治與社會
變遷學系、國際關係系、環境科學系與發展研究中心，都有專家

3　Epeli Hau'ofa, "Our Sea of Islands", in Eric Waddell, Vijay Naidu and Epeli Hau'ofa eds. *A New Oceania: Rediscovering Our Sea of Islands.* Suva, 1993.

專攻太平洋研究，太平洋研究人員全部約有一百一十人左右。

這些不同的學科都累積許多不同的成就，每一個學科都值得另外做專門的回顧與討論，在這裡只針對歷史學的太平洋研究來做回顧，以下以「太平洋史」稱之，也就是一般所說的 Pacific Islands History，在這裡是以狹義的太平洋史為討論範圍，本文稍後才會討論比較廣義的太平洋史。

太平洋史概況

根據 Professor Donald Denoon 的回顧文章，要對太平洋史有全盤的理解，則不得不提到澳洲國立大學的亞洲太平洋歷史學部，因為這是長期以來唯一以太平洋史為焦點的學部。[4] 這個學部的太平洋史部分，是澳洲國立大學在第二次世界大戰後一設校即成立，1949 年任命 Professor James Davidson （1915-1973）為 Pacific History 的 professor 為開端，[5] 一般就把這一年當成是太平洋史開端的一年。[6] 在此之前，人們談到 Pacific History 會想到史前史（prehistory），因為當時的研究主要是由考古學與語言

4 Donald Denoon, "Pacific Island History at the Australian National University", *The Journal of Pacific History*, 31(2), 1996.

5 *Research School of Pacific Studies, Annual Report,* 1950.

6 Niel Gunson, "An Introduction to Pacific History" in Brij V. Lal ed. *Pacific Islands History: Journeys and Transformation*. Canberra: The Journal of Pacific History, 1992. pp. 1-13.

學為主。太平洋歷史學系成立以來,一直是國際學術界培養太平洋史人才最重要大本營,所以區域內學者多半會選來澳洲國立大學攻讀學位。太平洋研究的學者其實經常在這幾個研究中心來來去去。舉例而言,專長海事史(maritime history)的 Paul D'arcy 出身紐西蘭,曾就讀位於紐西蘭南島的歐塔哥大學(University of Otago),到了碩士階段夏威夷大學,最後到澳洲國立大學攻讀博士。另一個例子是曾任澳洲國立大學的太平洋當代研究中心(Centre of Contemprary Pacific)的主任 Dr. Brij Lal,他出身斐濟,於澳洲國立大學取得博士學位以後,前後分別在斐濟的南太平洋大學,夏威夷大學,巴布亞新幾內亞大學任教,現在又被聘請回澳洲國立大學。因此澳洲國立大學的亞太歷史學部的走向,某種程度反應了太平洋史發展的主要趨勢。

如果以澳洲國立大學的亞太歷史學部為核心,大致可以觀察出太平洋史的幾個性格。簡單歸納如下:第一,太平洋史是在第二次世界大戰戰後才開始發展,其發展歷史較其他地域歷史短,也因此,歷史的包袱比較少。第二,由於是在世界進入反殖民主義風潮後才開始發展,發展得比較晚,因此對殖民主義、去殖民過程以及自主、自治與獨立等議題特別關注。第三,以現代史研究為主,且是以島嶼為中心的歷史(islands-centred history),相對於過去境外殖民地宗主國以殖民地管制研究為主的殖民地研

究（colonial history），研究內容與風格是大異其趣。[7]第四，研究單元富彈性，對殖民關係的研究，常以太平洋島國為範圍，以議題為中心的歷史，如反核運動史或太平洋國際關係史，則以整個太平洋區域為範圍。第五，學科的界限模糊，最明顯的是和人類學結合，其他如政治學與社會學等都是太平洋史的重要課題，科際整合的趨向很明顯。第六，田野調查成為研究太平洋史的重要方法，許多研究者都長時期地投入田野研究，或乾脆到當地工作一段時間，得到許多第一手資料。由於如此，對於研究資料來源有更開放的態度，如視聽資料也是重要的研究資料來源。第七，某些研究者對太平洋事務的參與很深，對太平洋現代史的人事與具體情況相當熟悉，而有參與者歷史（participant history）的出現。

　　參與者歷史的傳統值得重視。以澳洲國立大學太平洋史的創始人 Professor James Davidson 而言，他曾經分別擔任西薩摩亞（West Samoa）（1959），庫克群島（Cook Islands）（1963），諾魯（Nauru）（1967），密克羅尼西亞（Micronesia）（1969），巴布亞新幾內亞（Papua New Guinea, PNG）（1973）的顧問，也對參與不同太平洋本地事務的同事多加鼓勵，甚至在收研究生

7　Kerry Howe, "The Fate of the 'Savage' in Pacific Historiography", *New Zealand Journal of History*, 11: 137-154, 1977.

時，經常會考慮是否曾在太平洋島住過相當的時間，以及是否參與過太平洋本地事務，並且經常招收原來不是歷史學本科，但太平洋事務經驗卻非常豐富的人，包括許多出身太平洋島的本地精英。澳洲國立大學的畢業生也顯示，對太平洋事務經驗豐富的人對太平洋史的研究有很深的許諾（Commitment），絕大多數是繼續從事學術研究工作。[8]

　　值得一提的是田野研究在太平洋史研究的重要性。雖然是歷史學研究，但澳洲國立大學的亞太歷史學部向來強調田野研究，每個博士班研究生都花相當長的時間從事田野研究，多數是一年，也有做兩年田野研究的例子，或是對同一地點進行多次田野研究。這是澳洲國立大學的研究院（Reseach School）的重要研究特色：即使是社會科學的各個學門，如：政治學、社會學及經濟學等的研究，都從事長時期的田野研究工作，歷史學、人類學及地理學等就更不用說了。[9]

　　許多在人類學課堂上研讀的相關名著，其實都是太平洋研究，如馬凌諾斯基（Bronislaw Malinowski, 1884-1942）對西太平洋貿易圈的研究，[10] 以及瑪格利特米德（Margaret Mead, 1901-

---

8　Donald Denoon, "Pacific Island History at the Australian National University", *The Journal of Pacific History,* 31(2): 213-214, 1996.

9　Raymond Firth, "The Founding of the Research School of Pacific Studies", *Journal of Pacific History*, 31: 3-7, 1996.

10 Bronislaw Malinowski, *Argonauts Of The Western Pacific: An Account Of Native Enterprise*

1978）早年的成名作對薩摩亞的研究，[11] 都是太平洋島的著名研究。如果接受筆者隨後的建議，將澳洲及印尼群島都放在環太平洋島嶼研究的範圍，那麼涂爾幹（Emile Durkheim, 1858-1917）對於澳洲原住民的圖騰而寫就的經典名著《宗教生活的基本形式》的核心部分，[12] 以及紀爾茲（Clifford Geertz）對峇厘島與爪哇島的研究，也可以算是太平洋研究的重要成果。[13] 近來歷史人類學風行一時，如馬謝爾薩林斯的歷史人類學名著 *The Island of History*，是夏威夷島歷史的研究，[14] 從這些著名的人類學著作，已經可以看出在太平洋研究中，人類學式的田野調查所扮演的重要角色，進一步發展出參與者的歷史觀。

　　重視田野研究的傳統正好與太平洋島研究的特質相符，太平洋島並沒有很長的書寫歷史，書寫文化也不發達。在檔案方面，

And Adventure In The Archipelagoes of Melanesian New Guinea. London: Routledge & K.Paul, 1953.

11 Margaret Mead, *Coming Of Age In Samoa: A Study Of Adolescence And Sex In Primitive Societies.* Harmondsworth Middlesex: Penguin Books, 1943.

12 Emile Durkheim, *The Elementary Forms of the Religious Life.* translated by Joseph Ward Swain. London: Allen And Unwin, 1976.

13 Clifford Geertz 對峇厘島的研究，例如Clifford Geertz, *Negara: The Theatre State In Nineteenth-Century Bali.* Princeton: Princeton University Press, 1980.對爪哇島的研究，例如Clifford Geertz, *The Religion of Java.* New York: Free Press, 1960. Clifford Geertz, *Agricultural Involution: The Process Of Ecological Change In Indonesia.* Berkeley: University of California Press, 1963. Clifford Geertz, *The Development Of The Javanese Economy: A Socio-Cultural Approach.* Cambridge, Mass.: Center for International Studies, Institute of Technology, 1956.

14 Marshall Sahlins, *Islands of History.* Chicago: University Of Chicago Press, 1985.

過去的航海家記錄、傳教士檔案以及殖民官員檔案固然重要，但是，光靠檔案資料的研究顯然會有問題，特別是這些檔案資料都是以外人如傳教士或殖民地官員等的眼光所寫者為多。[15] 特別是現在太平洋研究強調以太平洋的眼光來看太平洋史，口傳歷史（oral history）顯得特別重要，[16] 若沒有相當的田野工作無法突破資料本身的侷限性。田野工作的重要性也表現在民族誌史（Ethnohistory）的研究方式，民族誌史（Ethnohistory）是「民族誌式的歷史」（Ethnographic History）的簡稱，是典型的人類學和歷史學的合作結晶。這方面的研究仍然是最重要且最受重視的，[17] 由於太平洋島多而分散，能夠提供當地一手資料的研究仍是最受肯定的。[18]

　　太平洋研究強調以太平洋的眼光來看太平洋史，已經有很多

---

15 關於這方面的反省討論參考Nicholas Thomas, "Partial Texts: Representation, Colonialism and Agency in Pacific History", *Journal of Pacific History*, 25: 139-158, 1990.

16 關於在太平洋史研究中口傳歷史研究方法，參考Sione Latukefu, "Oral Traditions An Appraisal of their Value in Historical Research in Tonga" *The Journal of Pacific History*, 1968: 3.

17 這一類的作品例如 Edvard Hviding, *Guardians of Marovo Lagoon: Practice, Place, and Politics in Maritime Melanesia*. Honolulu, University of Hawaii Press, 1996.

18 關於ethnohistory在太平洋史研究的重要性，參考Greg Dening, "Ethnohistory in Polynesia: 關於The Value of Ethnohistorical Evidence", *Journal of Pacific History*, 1966. 關於ethnohistory的研究方法的討論與反省，參考Bronwen Douglas, "Doing Ethnographic History: Reflections on Practices and Practising" Brij V. Lal ed. *Pacific Islands History: Journeys and Transformations*. Canberra: The Journal of Pacific History, 1992, pp. 92-106.

討論，現在被稱之為 Fa'a Pacifia，即太平洋式或太平洋性，
Pacific Way，這是從薩摩亞語的 Fa'a Samoa 來的。早期的發展
和學系創始人 James Davidson 的信念有關，他鼓勵出身太平洋
島的研究生發展本土的觀念，用自身的觀念來發展太平洋史。[19]
後來隨著太平洋諸島國的獨立、自治與去殖民過程，使得強調太
平洋主體性的太平洋研究一直是追求的目標。[20]

澳洲國立大學的太平洋史因為強調現代史，又受到社會學科
的影響，有許多題目和社會學與政治學直接相關，以下將主要的
研究主題分為政治與社會兩方面。在政治方面，可以說殖民關係
研究和政治變遷史一直是並行的兩大主軸，殖民關係史受到後殖
民主義及歷史人類學的影響很深，[21] 其中有直接討論殖民關係的
研究，[22] 也有些研究，表面上只是討論特定主題，實則受到這種
對殖民關係反省的影響。[23] 而政治變遷史則是由於早期 Professor

19 參考Sione Latukefu, "The Making of the First Tongan-born Professional Historian" Brij V. Lal ed. *Pacific Islands History: Journeys and Transformations.* Canberra: The Journal of Pacific History, 1992. pp.14-31.

20 David Routledge, "Pacific History as Seen from the Pacific Islands" *Pacific Studies*, 8(2), 1985.

21 Bronwen Douglas, *Across the Great Divide: Journeys in History and Anthropology*, Amsterdam: Harwood Academic Publisher, 1998.

22 例如，David Hanlon, *Remaking Micronesia: Discourses over Development in a Pacific Territory, 1944-1982.* Honolulu: University of Hawaii Press, 1998.

23 例如August Ibrum Kituai, *My Gun, My Brother: The World of the Papua New Guinea Colonial Police, 1920-1960.* Honolulu, University of Hawaii Press, 1998.

James Davidson 對各國的獨立運動與政治變遷的興趣。隨著 1980 年代到 1990 年代太平洋島國政治變遷頻繁,探討政治變遷的歷史形成成為最大宗。[24] 政治變遷史的研究到了 1990 年代有新的轉折,即政府管制(governance)研究成為新的趨勢,貪汙醜聞事件、政治改革以及族群政治都成為重要的研究主題。[25] 另外重要的主題是戰爭史。對許多島民社會而言,印象最深刻、衝擊最大的歷史事件無疑就是太平洋戰爭,除了戰爭史在各島國的歷史以外,對戰爭的記憶、戰爭的衝擊等,也都是重要的研究主題。[26] 另外,國際關係史的研究也一直保持一定的分量,是以整個區域為範圍來論述國際關係的問題。[27]

　　在社會方面的研究主題,社會運動(如:反核運動)無疑是

---

24 例如 Brij V Lal, *A Vision for Change: A. D. Patel and the Politics of Fiji.* Canberra: National Centre for Development, 1997. Arlene Griffen, *With Heart and Nerve and Sinew: Post-Coup Writing from Fiji.* Suva: Christmas Club, 1997. Jahn Sharpham, *Rabuka of Fiji.* Queensland: Central Queensland University Press, 2000.

25 這方面代表的著作有 Sinclair Dinnen, Ron May and Anthony Regan eds. *Challenging the State: the Sandline Affair in Papua New Guinea.* Canberra: ANU, 1997. Ron May and Anthony Regan eds. *Political Decentralization in a New State: the experience of Papua New Guinea.* Bathurst: Crawford House Press, 1997.

26 Geoffrey White and Lamont Lindstrom eds. *The Pacific Theater: Island Representations of World War II.* University of Hawaii Press, 1989. Hank Nelson, *Taim Bilong Masta: The Australian Involvement with Papua New Guinea.* Sydney, 1982.

27 例如 Sandra Tarte, *Japan's Aid Diplomacy and the Pacific Islands.* Canberra: National Centre for Development Studies, 1998. Nic Maclellan and Jean Chesneaux, *After Moruroa: France in the South Pacific.* Melbourne: Ocean Press, 1998. Ian Cowman, *Dominon or Decline: Anglo-American Naval Relations in the Pacific*, 1937-1941. Oxford: Berg, 1998.

太平洋地域最重要的課題，由於美國、英國及法國這三個核子俱
樂部的資深會員，一向利用太平洋島來從事核子試爆，後來反核
運動，乃至於環保運動，也是本地域的反應最為強烈，在社會面
與政治面都有很大的衝擊，因此相關的研究很多。[28] 另外，土地
問題也是重要的課題，特別是在毛利研究方面。由於紐西蘭殖民
政府在統治之初，和毛利酋長訂定《懷唐伊條約》（Treaty of
Waitangi），成為世界上原住民與現代國家建立關係的著名範
例，可以說引發了從土地權到統治權的討論議題。土地問題也是
促成紐西蘭很早開始進行太平洋史研究的原因。為了瞭解毛利人
對土地的概念，紐西蘭很早就開始研究玻里尼西亞人的土地觀，
因此有關土地問題的研究也很多。[29] 此外，宗教歷來都是研究的
重點課題。[30] 至於性別研究（Gender Studies）則是太平洋史近年
來的熱門課題，其中有關於女性精英的傳記，[31] 也有對一般性別

---

28 如Stewart Firth, *Nuclear Playground*. Sydney, 1987. Jonathan Weisgall, *Operation
   Crossroads: The Atomic Tests at Bikini Atoll*. Annapolis, 1994. Lorna Arnold, *A Very Special
   Relationship: British Atomic Weapon Trials in Australia*. Canberra, 1987. Ben Finney,
   "French Polynesia: A Nuclear Dependency" in A. B. Robillard ed. *Social Change in the
   Pacific Islands*. London, 1992.

29 如Gerard R. Ward, Land Use and Population in Fiji: A Geographic Study, 1965. I. H.
   Kawharu, *Waitangi: Maaori and Paakehaa Perspectives of the Treaty of Waitangi*.
   Auckland, 1989. Ward Gerard R. Ward and Elizabeth eds. *Land, Custom and Practice in the
   South Pacific*. Cambridge, 1995.

30 如Mechele Stephen ed., *Sorcerer and Witch in Melanesia*. Victoria: Melbourne University
   Press, 1987.

31 例如Virginia Watson, *Anyan's Story: A New Guinea Woman in Two Worlds*. Seattle:

角色的討論。較著名的研究論文集有 Margaret Jolly 及 Martha Macintyre 合編的《太平洋的家庭與性別》（*Family and Gender in the Pacific*），[32] 以及 *Journal of Pacific History* 的性別研究專號。[33] 文化變遷方面的主題也占了重要的位置。太平洋島現代文化的變遷相當大，也引起很大的關注。[34] 另外，環境史屬於新興領域，可是卻有比重快速增加的趨勢，並持續有新血輪抱持了高度的興趣投入。[35] 而最近太平洋島各國暴力事件頻傳，相關的研究也相繼出現，[36] 預定未來會有更多這方面的著作出現。

在太平洋史學方面，最重要的幾個主題是跟 Kastom、Fa'a Pasifia 以及 Subaltern History 等有關的主題，顯示太平洋史和世界各地域的歷史研究互動情況良好，絕非孤立發展，而以本地的詞語與表示方式來討論相同或類似的主題。Kastom 的討論主

University of Washington Press, 1997.

32 Margaret Jolly and Martha Macintyre eds. *Family and Gender in the Pacific: Domestic Contradictions and the Colonial Impact.* Cambridge: 1989.

33 Caroline Ralston and Nicholas Thomas eds. Sanctity and Power: Gender in Polynesian History, special issue *Journal of Pacific History*, 1987: 22.

34 例如，Polly Wiessner and Akii Tumu, *Historical Vines: Enga Networks of Exchange, Ritual and Warfare in Papua New Guinea.* Bathurst: Crawford House, 1998.Ton Otto and Ad Borsboom, *Cultural Dynamics of Religious Change in Oceania.* Leiden: KITLV Press, 1997.

35 例如Glenn Banks and Chris Ballard, *The Ok Tedi Settlement: Issues, Outcomes and Implications.* Canberra: National Centre for Development Studies, 1997.

36 如Sinclair Dinnen, Allison Ley eds. *Reflections on Violence in Melanesia.* Canberra: Asia Pacific Prss, 2000.

要涉及傳統的創造，以及創造過程中的權力關係。在這個議題上，Roger Keesing 的討論很多，也涉及太平洋原住民社會內部的權力關係。[37] 然而，議題的設定也反映出受到國際學術社群對特定議題流行的討論方式影響，因此受到本地知識份子的抨擊，[38] 隨著太平洋各國自主意識的抬頭，本地原住民知識分子的興起以及國際經濟與國際學術資源分配不平衡的現象，這種論題應該會持續討論下去。

如前所述，太平洋性（Fa'a Pasifia）的討論反映本地自主意識抬頭的情況，以及對傳統歷史學研究中普遍存在的歐洲中心主義的反省，因此，是否能反映太平洋性的研究，成為研究的熱門課題，其中最明顯的發展是國家民族主義論述的興起。然而如 Meleisea 所反省的，單單提本地人觀點的歷史也有問題，所謂 native point of view，有時反而會導致忽略基本的史實。[39] 另外，殖民主義與後殖民主義的討論在太平洋史學中是最重要的論題。這是因為太平洋諸島都是殖民地，而不論是政治上、經濟上或文

---

37 Roger Keesing, "Creating the Past: Custom and Identity in the Contemporary Pacific" *The Contemporary Pacific*, 1989: 1-2. Roger Keesing and Robert Tonkinson, eds. Reinventing Traditional Culture: The Politics of Kastom in Island Melanesia, special issue 13 of *Mankind,* 1982.

38 H. K. Trask, "Natives and Anthropologists: The Colonial Struggle" *The Contemporary Pacific*, 1991: 3.

39 Malama Meleisea, *Lagaga: A Short History of Western Somoa.* Suva: Institute of Pacific Studies, University of the South Pacific, 1987. p.7.

化上，去殖民過程都極為緩慢，因此殖民主義或後殖民情境中的
權力關係是研究的重點。隨著時代的推移，殖民主義的討論慢慢
地熱潮不再，取而代之的是島國內部不同社會集團中的矛盾。[40]
以上是太平洋史的研究概況。

地域研究傳統

接下來討論「地域研究」的問題，主要思考：如何從對地域
研究的傳統的討論中得到對臺灣發展太平洋研究有幫助的要點。
這裡刻意選擇了日本學界的習慣用語，而非國內過去常用的「區
域研究」。區域研究總讓我們想到美國學界的 Area Studies，而
許多文章已經指出美國的 Area Studies 和國際關係緊密相連，尤
其是受到冷戰秩序的影響，因此以政治學研究，尤其是國際關係
的研究為主導。而現在後冷戰時期，明顯地，美國學界逐漸從東
南亞研究和太平洋研究徹退，這是以實用主義為主要出發點的研
究所造成的結果。另一個特色是，美國學界是以學系為中心的研
究傳統，Area Studies 是次要的，人文社會科學的研究以學科理
論發展為主流，學術的累積是以學科為中心，而非以地域為中
心。所幸美國學界兵多將廣，世界各主要的地域研究都有充沛的

---

40 Roger Keesing, "Colonial History as Contested Ground: The Bell Massacre in the
　Solomons", *History and Anthropology*, 1990: 4.

人員。臺灣的學術傳統受美國學術傳統影響很深，也是以學科為中心來累積成果。然而臺灣的學術人口畢竟很小，在沒有特別的鼓勵下，將眼光看到地域研究方面的學者還是很有限，可以說臺灣學界缺乏地域研究傳統，學術界不重視地域研究的情況是很明顯。臺灣主要的學術機構很少以地域研究為單位，而且學術界視之為理所當然，缺乏必要的投入與反省。[41]

　　在此將針對地域研究作幾個不同角度的界定與解說，主要以對澳洲學界和日本學界為對象的個人觀察心得為出發點，一方面兩者都有很強的地域研究傳統；另一方兩者面對亞洲研究和太平洋研究都有強烈的興趣，而且都是在戰後重新整編發展，在一段不算長的時間內獲得很大的成就，特別值得臺灣參考。而這兩個地方的研究風格也頗具特色，是值得參考的對象。

　　地域研究是什麼？筆者的第一個定義是，地域研究是一個地區對另一個特定地域範圍，做持續性的綜合知識累積。這種知識累積的方法，和以學門分科的知識累積方法有所區別，是以被研究的對象為核心或是作為分類架構。以筆者個人在澳洲以及和日本學界的接觸，很清楚地感覺到：當地學界有清楚的意識要累積對特定地域的知識。以澳洲國立大學為例，每年都會舉辦以特定

---

41 這方面的討論，參考王國璋〈國內區域研究未能落實的癥結〉。《中央日報》，1995年11月14日。

地域為主題的研討會，印尼新局（Indonesia Update）、越南新局（Vietnam Update），或是巴布亞新幾內亞新局（PNG Update），將各種學門中關注同一地區的學者集合在一起，交換資訊。透過不同研究地域所組成的同好名單（mailing list），同一個地域研究的成果很快可以為其他人共享。

日本學界對累積特定地域知識的意識更強。從事同一地域的學者經常交流，有時比同一學門的關係更緊密。同時，為了對特定地域有比較全面的理解，也經常翻譯各國重要的研究著作。同時，日本學術研究的風格很重視累積性與傳承性，學術研究不斷以回溯前人的研究成果來開展新的研究，甚至可以持續對同一鄉村地區做研究，累積數十年的調查，對社會變遷的趨勢與變化就可以仔細地掌握。日本學界的研究風格可以對特定地域做很仔細的研究調查，與其地域研究重視累積性與傳承性的傳統有關。而在組織上，日本學術圈各式各樣的研究會扮演了重要的角色，將共同研究興趣的學者集合在一起，許多學術成就都是在研究會的場合發展出來。

從學術界集結的方式，我們可以給地域研究另一個定義。地域研究是一種學術界結集整編的方式，使得關心某一地域部分地區的學者得以分享其他地區的研究成果。舉例而言，一個印度尼西亞專家也是東南亞研究社群的一員，得以分享同是東南亞地域

內的各種研究；一個研究斐濟的專家也是太平洋研究社群的一
員，可分享太平洋地域的各種研究。這種集結整編的方式是來自
實際的需要，主要是分工上的需要，也是資源的集結可以支持地
域研究的持續性，即以一部分地區為範圍做研究，但是在教學和
學術交流上，則以全境為範圍的學術研究範圍。而地域研究的劃
分範圍可以多元而有彈性，可以小到一個島嶼，或大到整個地域
範圍。以澳洲國立大學為例，在學術建置上，也特別採取了錯綜
複雜的交叉編制，以學科為核心與以地域為核心的編制並存，並
鼓勵研究人員同時參加不同的學術組合，使不同背景的學者都經
常有機會和領域相近的學者交流。

　　即使地域研究的整編是有實際需要的原因，並不代表沒有學
術理論上意義。惟有對特定地域長期關注，才有可能提出對區域
特性深入的看法，Benedict Anderson 曾經在其出版的書中回顧
東南亞研究的發展，表示他這一代的東南亞研究學者一開始就是
以區域為共同興趣的集結，共同組織討論會，所以東南亞學者都
熟悉各國情況。[42] 由於東南亞在民族主義發展是有共時性，卻發
展出截然不同的型態，因此印尼研究專家的 Anderson 得以擴充
其知識到菲律賓、泰國、印支半島與緬甸，因而提出對民族主義

---

42 Benedict Anderson, *The Spectre of Comparisons: Nationalism, Southeast Asia and the
World.* London: Verso, 1998.

深刻思考的學說，而寫成膾炙人口的《想像的共同體》一書。[43]
而以歷史人類學著名的學者馬謝爾‧薩林斯其實對太平洋研究十
分熟悉，他除了做夏威夷研究，也做了不少斐濟等其他太平洋島
的研究，[44] 因為對太平洋史的共同特質掌握得很好，其歷史人類
學也因此成為太平洋地域研究的共同資產，太平洋研究對於殖民
及後殖民主義的貢獻。

　　地域研究絕不能被視為狹隘的單一學門，或資料的堆積，而
是強而有力的知識集結方式，也會因其地域的特性對學術研究作
出不同的貢獻，如：拉美地域對依賴發展的反省、東歐地域對市
民社會的討論等，都是很好的例子。地域研究有長期的傳統，對
知識的累積很重要，同時由於全球化與區域經濟整合的快速發
展，地域研究越來越重要。而地域研究所發展出來的學術問題，
因為與區域的特性相關連，引起國際學術界的重視，其影響更為
深遠。

　　地域研究還有一個重點，即建立本地社會與地域研究的對象
互相溝通瞭解的管道。既然知識是以地域為中心來累積，重點在
於對特定地域的理解，學術界在學術研究之餘，也應該協助建立

---

43 Benedict Anderson, *Imagined communities: reflections on the origin and spread of nationalism.* London: Verso, 1983.

44 例如Marshall David Sahlins, *Moala: Culture and Nature on a Fijian Island.* Ann Arbor: University of Michigan Press: 1962. Marshall David Sahlins, *Social stratification in Polynesia.* Seattle, University of Washington Press, 1958.

互相溝通瞭解的管道，協助社會以知識的方式來理解世界，從而和世界交往。在澳洲和日本，學者常協助新聞界及出版界，深化對特定地域的理解，使一般人也很容易取得地域的資訊，增加互相理解。幾十年下來，現在日本和澳洲都有許多亞洲太平洋研究的專門圖書館、專門的出版社、專門的書店，在電視上每天可以看到亞洲各地主要地區的新聞、無數的新聞專題，各自在其市民社會中培養出對特定地域有興趣的人口。對於國民國際視野的開拓與深化，很有幫助。這種貢獻對學術研究也有很大的幫助。如果沒有來自社會大眾的興趣，不可能出現源源不絕的學生對地域有特定的興趣，持續性的研究團隊也很難維持。

　　因此這裡提出筆者對地域研究的看法，地域研究應該包含三個要素，具體的知識、學科觀點的取向以及語言。由於地域研究是對特定地域知識的累積，研究者本身必須對地域本身的具體知識有一定的熟悉程度。然而本地知識汗牛充棟，我們不能只是以社會事實（social facts）累積的方法形成知識，而必須要將具體的知識在特定的學科觀點與理論的參照下進行。所以地域研究中對具體知識的掌握和學科取向的思索是相輔相成，缺一不可的。另外一個地域研究的要素是語言，要設法掌握地域研究所需的語言能力，至少要能閱讀地域研究的工作語言，然而語言卻是個困難的課題。從這個角度來說，臺灣似乎有利於發展太平洋地域的研究，太平洋研究的主要工作語言是英文。其他語言方面，法文

是最重要的。但因集中特定地區，並非必要，但是在法語區卻無法以英語取代。至於德文、西班牙文、荷蘭文等，都只在特定地區對特定題目有幫助。一般來說，英文的取代性很高。總體而言，只要掌握英文就足以進行太平洋研究。從這個角度來說，比起任何其他地域，臺灣要發展太平洋研究要容易很多。

臺灣對太平洋地域的地理想像空間

談到臺灣的太平洋研究應該如何發展，涉及層面很廣，這裡只處理兩個問題，第一個問題是，臺灣的太平洋研究的重點範圍應該在那裡？換言之，臺灣有什麼樣的太平洋思想來發展太平洋研究？或是：臺灣對太平洋地域的地理想像如何建構？這應該是未來發展太平洋研究必須不斷思考的問題。

臺灣如果要發展太平洋研究，仍然應該以太平洋島的研究為核心。但是傳統定義的太平洋島的範圍究竟到什麼地方，則有很多值得討論之處。首先，紐西蘭是不是屬於太平洋島就成為問題。紐西蘭和澳洲都不把紐西蘭包括在太平洋島的範圍，紐西蘭研究向來是一個獨立的研究科目。在紐西蘭和澳洲，說到Islanders，則指太平洋島民，不包括紐西蘭人。問題是：紐西蘭的毛利人卻是不折不扣的玻里尼西亞人，毛利研究當然是太平洋島研究重要的一環，紐西蘭自十九世紀末率先投入太平洋研究，

也是因為毛利人之故。如果說紐西蘭的毛利研究是太平洋研究的一環，而紐西蘭的白人卻不屬於太平洋研究的範圍，道理上也說不通，何況現在紐西蘭在國家認同上已經接受了毛利文化的洗禮，紐西蘭已經正式接受毛利語的 Aotearoa 為其國名，加上紐西蘭多年來已成為各太平洋島民移居的大本營，再加上近年來大批從亞洲各國來的新移民，可以說其太平洋性與亞洲性都大幅增加，紐西蘭無疑是介於太平洋島和紐澳聯軍（ANZ）之間的地帶。

　　澳洲是否為太平洋島的範圍也值得一提。澳洲原住民在研究的分類上常常和太平洋島民分開對待，以其族群形成年代不同所致，在研究的分類上，澳洲原住民以其族群形成年代不同，常常和太平洋島民分開對待，因此問題的性質和紐西蘭不同。澳洲原住民在語言學上不算在 Austronesian 的語言家族中，然而部分澳洲原住民仍屬 Austronesian 的一支，但用來指稱澳洲原住民的 Australian 則有時專指在澳洲大陸的土著原住民族，有時泛指 Australasia 一帶的土著原住民族，而 Australasia 是包含澳洲大陸、新幾內亞、紐西蘭到玻里尼西亞，甚至包含到部分南美洲的土著原住民族，而有了 Australasian 的稱呼，把在澳洲大陸的原住民和太平洋各島上的原住民放在同一個範疇中。而到底 Australasian 的觀念是否包含所有的太平洋島民？學者有不同的解說。認為不包含在內者將 Australasian 與 Polynesian 分開來稱

呼，認為包含在內者只以 Australasian 來稱呼。Australian 早期的說法是包含 Polynesian，後來專指在澳洲大陸上的土著原住民族，等同於 Australioid 的說法。主要的問題是在傳統的太平洋島的分類是否符合地理、人種與語言上的區別。我們必須認知：這些分類乃是反映早期歐洲學者的認知，是人為的劃分，其關係隨時代變遷與研究認知而不同。在澳洲，住在澳洲大陸北岸的島民享有與澳洲國內的原住民同等的特權。將太平洋島民和澳洲原住民分而治之也有困難，住在澳洲大陸北岸的島民，正確的說法是 Aboriginal and Torres Strait Islanders，常常也都被簡稱為原住民而已。而 Torres Strait Islanders 是介於澳洲大陸，新幾內亞和美拉尼西亞島嶼群之間，和三地都有密切關係的不同族群。目前在臺灣將 Austronesian 譯為南島語族，若照一般字面意義的用法，用「南島民族」這個詞將上述各族包含進來，其實是更合適的方式。意即：不論 Austronesian 或 Australasian 都通稱南島民族，反而方便理解。在這種情況下，以廣義的太平洋研究將這一地域都包含在內，應該是比較理想的做法。

　　人為的劃分還有更大的問題，那就是太平洋和亞洲的劃分。現代西方學者利用政治上的概念將這兩個地區一分為二，硬是把巴布亞島分成兩半。巴布亞新幾內亞向來是太平洋研究的範圍，而伊利安（Irian Jaya 印尼當局已經同意改為西巴布亞〔West Papua〕）則是印尼控制的地區，又成為亞洲的範圍。這樣的區

分沒有太大的意義，很多研究者根本不理會這樣的區分。很多太平洋研究的刊物向來把伊利安包括在內，甚至經常包括馬鹿古群島、帝汶島及弗羅倫斯島等。從地圖上看，臺灣、菲律賓、印尼到巴布亞島，而聯到各太平洋島，可說是聯成一氣，要一刀切割開來，切在什麼地方都有問題。至於著名的華萊士分界線（Wallace's Line），主要是自然物種的分界線，在人類活動歷史上則難以如此區分。而自然物種的分界與人為國界間的距離，也顯示以僵硬的界線來區分並沒有太大的意義。

　　從歷史的角度來看，現行的亞洲與太平洋的區別，大抵反映的是歐洲殖民擴張與航路發現的觀念。在十六、十七世紀所發現的航路，主要範圍是亞洲，而菲律賓和印尼都是在亞洲的範圍，而十八、十九世紀才開拓的澳洲、紐西蘭以及太平洋諸島則被劃到亞洲的範圍之外。實則從日本、琉球、臺灣、菲律賓、印尼、一路到幾內亞島等，其實是兼具亞洲性和太平洋性。把這些地區放在兩者交集之處，應該是合理的做法。

　　人為定義範圍不該被當成是固定而不可調整的，例如《劍橋太平洋島史》（*The Cambridge History of the Pacific Islanders*）特別提到 Okinawa 及 Maluku 的研究。[45] 如果我們根據國別史的

---

45 Donald Denoon, *The Cambridge History of the Pacific Islanders.* Cambridge University Press, 1997, p.36.

範圍，將 Okinawa 放在日本史中討論，或是將 Maluku 放在印度尼西亞史討論，這些地方註定是被忽略的邊陲地區，卻顯然不合乎太平洋史實際上的歷史互動關係。在太平洋歷史上的互動關係，這些地方都扮演著特殊重要的角色。因此，如果拘泥人為的分類架構，很多重要的歷史問題都會被排除或忽略。

所以太平洋研究的範圍應該如何界定，許多國家都有從自己角度出發的太平洋範圍，這裡舉幾個例子。日本傳統上視太平洋島為南洋的一部分。第一次世界大戰之後，日本受託管制密克羅尼西亞的馬里亞納群島（Mariana Islands），日本稱之為南洋群島，並設置南洋廳，開啟日本南洋群島的固定航線，日本人因而進一步以其內南洋的據點發展其南洋思想。因其太平洋島的研究一開始是放在南洋研究之名下，一直到第二次世界大戰戰前，太平洋這個名詞才慢慢浮現，日本學者也在戰前展開太平洋島的調查研究。[46]更有意思的是：在日本的觀念中，太平洋島是內南洋，而現在的東南亞則是外南洋，這顯示日本的南洋觀念更富於太平洋思想，而這種南洋觀念是華人所沒有的。我們可以看到在鹿兒島大學的 Research Center for the Pacific Islands，其太平洋研究包含南西諸島（琉球）、臺灣、菲律賓及太平洋島，並在 1998 年將日文譯名從「南太平洋海域研究中心」改為「多島圈研究中

---

46 例如松岡靜雄，《太平洋民族誌》。東京：岩波書店，1941。

心」，似乎更符合其研究範圍的特質。

　　澳大利亞的太平洋觀也值得一提。澳大利亞習慣將這一個地區稱為南太平洋（South Pacific），而設置了南太平洋論壇（South Pacific Forum），這也反映了澳大利亞的太平洋地域觀。打開太平洋地圖，太平洋北部海域缺乏群島聚集，而夏威夷、中途島、關島等都是美國的勢力範圍。南太平洋則是澳大利亞稱王的地方。另一個情況是，其實很多澳洲的太平洋研究學者同時是澳洲研究或是澳洲原住民研究的專家，只不過傳統上把它們分開，成為不同的地域。此外，澳洲國立大學長期以來從事亞太研究的重鎮是亞太研究學院，長期以來的名稱都是太平洋研究學院（Research School of Pacific Studies），直到 1993 年因應其他國家的慣例，才改名為亞太研究學院（Research School of Pacific and Asian Studies），也就是說，多年以來，澳洲國立大學的亞洲研究，不論是享有盛名的東南亞研究，或是夙有傳統的遠東研究，都是在太平洋研究的名義之下。

臺灣對太平洋研究的想像

　　在臺灣，有很多機會可以看到「亞太」這個名詞，卻沒有把這些太平洋島看在眼裡，基本上是沒有 Pacific Islands 的太平洋思想。這主要是受到美國的觀念影響所致。美國在太平洋戰爭以

後，為了建立和亞洲各國的關係，一再強調太平洋關係，這是利用環太平洋（Pacific Rim）的觀念，將美國和亞洲各國聯成一氣。這個觀念被傳統一向被視為大洋洲而想進軍亞洲的澳大利亞加以發揮，其首倡成立的亞太經濟合作會 （APEC）也大力提倡太平洋關係。這個觀念得到日本方面的認同。日本在太平洋戰爭結束後，為了避免再度陷入脫亞或是入亞的困局之中，同時外交關係必須考慮美國立場，日本當然希望和其他亞洲國家結成連盟，因此也多半採用亞洲與太平洋並列的方式。美國也是一樣，在太平洋戰爭結束後，為了持對亞洲國家的相互合作關係，所以對亞太的觀念也很支持。臺灣在同一個脈絡下，也喜歡亞太並稱，以便包含美國在內。由於特別偏重美國，位於太平洋中心區域的太平洋島卻被忽略了。

從不同國家出版的期刊可以看出：不同國家對太平洋有不同的重點強調與聯結。例如英國出版的《亞太觀點》（*Asia Pacific Viewpoint*），強調的領域是東亞、東南亞以及太平洋地域。而加拿大出版的《太平洋事務》（*Pacific Affairs*），其中仍然有太平洋島的範圍，但同時也沿伸到印度等南亞地區，反應了不同國家對太平洋的範圍有不同的界定。相信以 Pacific 這個字眼的模糊性，這種情況會一直存在。每個國家可以選擇自己的重點發展範圍，這要看每個國家有什麼樣的太平洋思想與太平洋認同，以及想發展什麼樣的地域研究。而隨著各國有不同的太平洋思

想，則會偏重不同的太平洋的範圍。臺灣如果要發展自己的太平洋研究，也應該發展自己的太平洋思想。

　　就太平洋這個名詞所涉及的範圍而言，各國雖有各自不同的詮釋界定，但也有一定的範圍。最小而且最核心的範圍是太平洋島，最大的範圍是所有環太平洋地區，即東北亞、東南亞、花彩列島到太平洋諸島，然後是北美洲與中南美洲。太平洋是全世界面積最大的海洋，擁有世界最多的島嶼等特質，再加上太平洋的兩岸關係，以及人們對於太平洋世紀的期望，這個名詞註定曖昧模糊。現在的問題是，臺灣應該要有什麼樣的太平洋思想呢？

　　我這裡嘗試提出幾個基本的想法，開放給大家討論。第一，臺灣必須將太平洋研究單獨成為一個領域，而非以亞太並稱。第二，臺灣的太平洋研究必須將太平洋島研究視為重點，這對於臺灣建立具有太平洋特質的研究有特別重要之處。第三，臺灣的太平洋研究應致力於建立臺灣的太平洋認同，意即：將臺灣放在太平洋研究的脈絡之中，而非以對待異己的角度來研究。第四，對於太平洋研究的界定上，以「環太平洋島嶼」為「太平洋島」和「環太平洋」兩個概念的中介概念，而以「環太平洋島嶼」為研究重點，以突顯臺灣在太平洋研究中的位置。第五，「環太平洋島嶼」以具體的地區來說，包含四大部分，太平洋島、紐澳、海洋東南亞及海洋東北亞。如前所述，這四大部分其實是連成一氣。第六，海洋東南亞從臺灣島向南延伸，往菲律賓、印尼、帝

汶及巴布亞，海洋東北亞則由臺灣島向北延伸，往琉球到日本島。這樣一來，臺灣島史自然包含在其中。

就地區範疇的界定而言，主要是利用入江隆則提出的「複數的太平洋」，將幾個不同性質而具有太平洋性的區域結合在一起。[47] 雖然這裡是考慮臺灣的太平洋研究發展上的需求，但是也與國際學術界發展的趨勢互相吻合。以太平洋史而言，將紐西蘭、澳洲與太平洋島研究結合似乎是未來的趨勢。在 2000 年舉行的太平洋史學會的國際會議，即有多位學者主張太平洋研究學者應將紐西蘭研究與澳洲研究納入，或是彼此加強交流互動。[48] 在學術出版方面也反映出這種趨勢，2000 年出版的 Blackwell 世界史系列，即由太平洋史教授 Professor Donald Denoon 領軍，出版一本澳紐太平洋歷史，以不同主題將紐西蘭、澳洲與太平洋島歷史做整體性地綜合論述。[49] 同時，在太平洋研究中討論到東

---

47 見入江隆則，《太平洋文明の興亡──アジアと西洋 盛衰の５００年》。東京：PHP研究所, 1997年，頁29-35。然而其提出的複數的太平洋，主要是以殖民關係為區分，與本文所提的區分並不相同。

48 這是由the Pacific History Association在澳洲國立大學召開的大型國際研討會，於2000年6月26日到6月30日，以Bursting Boundaries: Places, Persons, Gender and Disciplines為主題，會中廣泛邀請太平洋島、紐西蘭與澳洲研究的學者，彼此有相當好的對話，也認為應打破過去劃分單一疆界的做法，讓彼此的研究結果得以分享，這正是該大會的主題之一。

49 Donald Denoon, Philppa Mein-Smith with Marivic Wyndham, *A History of Australia, New Zealand and the Pacific.* The Blackwell History of the World. Oxford: Blackwell Publishers. 2000.

印度尼西亞如西巴布亞、東帝汶及安汶島等，因為當地政治或治安情勢緊張而成為注目焦點，也是無可避免的趨勢。此外，目前印尼與澳洲兩國正在研商成為西太平洋區域組織的可能性，由此，太平洋島、紐澳與海洋東南亞的聯結就更為順理成章。

與太平洋史的區域結合趨勢相比較，來自人類學、語言學與考古學的研究方向，似乎更輕易地跨越這些人為的地理範疇的界限。以澳洲國立大學的南島研究為例，在 1995 年出版南島研究的論文集，即是由人類學的 James Fox、語言學的 Darrell Tryon、以及考古學的 Peter Bellwood 合作而成。由於南島研究的性質，其研究範圍都是包含東南亞各群島及馬來半島，西起馬達加斯加島，上溯到臺灣，南到紐西蘭，東邊則及於復活島。在這個範圍內，臺灣自然是包含在其中，而且經常加上「臺灣可能是早期南島民族的原鄉」（Taiwan is the possible homeland of the first Austronesians）的說明。[50] 因此，臺灣要從事太平洋研究，由原來就有的南島研究為基礎向外延伸，很自然即把臺灣、東南亞群島地區與太平洋島地區結合在一起。

然而，以目前臺灣既有的中國海洋史研究以及臺灣島史的研

---

50 Peter Bellwood, James J. Fox and Darrell Tryon, "The Austronesians in History: Common Origins and Diverse Transformations" In Peter Bellwood, James J. Fox and Darrell Tryon eds. *The Austronesians: Historical and Comparative Perspectives.* Canberra: Research School of Pacific and Asian Studies, ANU, 1995, p.1.

究，學術研究已經行之有年，累積相當的成就，有助於臺灣對東北亞海域與日本群島的結合。在這個地區的歷史研究涉及對中文材料與日文材料的使用，從過往太平洋史的國際研究主要以歐洲語文文獻為主，如果能夠善用亞洲語文的歷史文獻，這方面應該可以視為臺灣貢獻太平洋史的強項。結合上述幾個學術方向的發展，正如將上述包含太平洋島、紐澳、海洋東南亞及海洋東北亞的「環太平洋島嶼」地區結合在一起。

這個概念包含的範圍，大抵符合長期以來臺灣對自己地理位置重要性的理解：臺灣一方面是東北亞和東南亞的軸心，另一方面又是界於亞洲與太平洋間的屏障。結合西太平洋及南太平洋的範圍，正好襯托出臺灣可以貢獻於太平洋研究的地方。將太平洋島研究視為重點，則是建立以海洋為中心點的太平洋思想，而將紐澳包括到太平洋研究的範圍，這應該是以臺灣的立場出發的太平洋研究的適切範圍，使臺灣的太平洋關係得以完整。

結語：臺灣與太平洋地區的連帶關係

臺灣與太平洋地區的連帶關係為何，應該是值得加以探討的問題。連帶關係一詞，主要是借用日本學者竹內好在論述亞洲主

義時，所作最寬鬆的界定所用的詞語。[51] 這裡特別要強調，如果一個地區要發展對另一個特定地域的研究，其實是不須要任何地域連帶關係。人文社會學科中所包含的對人類社會的「知」的興趣即足以支持地域研究。在美國，號稱世界各地的研究都可以在美國的大學中找到，這是因為大國學術社群足以支持各種研究，而研究者對各地域產生興趣，原因各不相同。但是臺灣究竟不是美國，日本和澳洲都因其資源難以和美國競爭，而採取資源集中，並挑選特定項目來研究，研究的計劃性很強。而臺灣在上述條件不足的情況下，更應該鼓勵相關研究。如果有地域研究的連帶關係，更有充分的理由來發展地域研究。

　　臺灣與太平洋的連帶關係是多層次的。藉由臺灣的南島民族，我們和太平洋有人群文化的連帶關係。因為臺灣雖屬南島民族分布的北端，但是卻是和南島民族的起源有關連，由臺灣的南島民族連帶到太平洋島民是最自然的。另外，二者地理上的連帶關係也很清楚。在前述的範圍中，臺灣在地理上最重要的特性就是環太平洋島嶼的一部分。政治上的連帶關係也有不錯的基礎，經濟上同時也具備相當的連帶關係，而人群地理政治經濟的連帶關係常常是促成發展地域研究的動因。可以說，一般國家對於特

---

51 竹內好，〈アジア主義の展望〉。竹內好編《現代日本思想大系 アジア主義》（筑摩書房、1963 年）。

定地域研究的特殊興趣，對臺灣和太平洋研究的關係而言，基本
的條件都有。現在萬事俱全，只欠東風了。

　　這個東風是什麼呢？可能還是前面反覆強調的太平洋認同、
太平洋思想以及太平洋性。認同臺灣做為太平洋地域的一環，而
且能以太平洋的眼光來看待太平洋，並將理解臺灣和理解太平洋
互相滲透，也許可以有不同境界的發展。這就要看這個學術社群
的人是否有這個視野。地域研究不是可以短時期建立，而起步晚
也不是問題，最重要的還是看是否有心決定往這個方向。那麼，
如何發展一個臺灣與太平洋之間更細緻的連帶關係，以提供支撐
長期發展太平洋研究的認知旨趣的基礎，就成為值得進一步思考
的問題了。

第二章

西太平洋區域觀念歷史形成

　　本章主要從太平洋史與太平洋國際關係的角度來討論西太平洋區域觀念的演變。[1] 從歷史的角度，西太平洋週遭地區對太平洋相鄰海域及地域，有自成一格的觀念。中國的記錄由南海到東西洋，再由東西洋到南洋，也留下了長時期的海上交通資料。日本原來繼承了中國的語彙，也有南洋、東洋及西洋的觀念，加上日本知識傳統的詮釋。西方的記錄也有其特定的態度，太平洋的觀念形成，也有不同的人文記錄。本文除了傳統的記錄之外，也在當今的國際關係的框架下，提出西太平洋區域觀念可能蘊含的意義，並且認為西太平洋是我們發展太平洋研究的重點區域。

　　西太平洋的區域範圍，也是本章討論的焦點，我們在其後討論。然而臺灣正好處於太平洋的西邊，不論討論西太平洋的區域範圍大還是小，臺灣都是在西太平洋島嶼國家中的核心位置。如

1　本章改寫自研討會論文，原文請見楊聰榮，〈西太平洋區域觀念的歷史形成〉，「第十一屆臺灣地理國際學術研討會／西太平洋區域與海洋文化國際學術研討會」，2007年 10 月 28 日，臺北：國立臺灣師範大學。

果將西太平洋地區作為臺灣發展太平洋研究的重點，那麼，若從
海洋關係和太平洋國家作連結，臺灣地理位置的重要性自然就凸
顯出來。同時，西太平洋區域的提出，可以補救臺灣學術界長期
以來「缺乏架構，以致忽略我們的海洋近鄰」的缺失，挪移偏重，
將東南亞島國、紐澳及南太平洋都列入我們的視界。

　　筆者在此主張從臺灣的角度來發展太平洋研究，我們可以將
焦點放在西太平洋地區的發展。配合現在國際局勢的發展與演
變，西太平洋的區域正好是我們特別須要加強的區域。這樣，我
們就可以集結過去臺灣學術界對海洋史的探討，以及現在國際關
係學者的興趣。聚焦這個領域，可以發揮我們過去的研究特長，
與國際上太平洋研究的發展結合，然後發揮臺灣的專長，進入太
平洋研究的視界。

重新建構太平洋區域

　　澳洲著名的太平洋國際關係學者 Greg Fry 在一篇名為「誰
的大洋洲？包容不同群體視界的太平洋區域建構」中提出有關太
平洋區域主義的尖銳問題，即討論太平洋區域的內涵時，應該將
誰的意見納入其中？[2] 回顧太平洋的區域觀念，不同時期對於應

2　Greg Fry, "Whose Oceania? Contending Visions of Community in Pacific Region-
　　Building", paper presented in the conference, "Redefining the Pacific Regionalism: Past,

該包容哪些社群的意見顯然大不相同，其所有的政治意涵也不相同。關於太平洋事務，第二次世界大戰之前的太平洋事務都是列強集會討論就說了算，戰後被批評為殖民主義，認為太平洋島民的意見必須受到尊重。戰後太平洋島國逐步獨立，也建立了不同的國際組織。[3] 然而這種方式仍然受到批評，以民族國家為單位的參與模式在太平洋地區會有問題，無法將各種形態的政府與社區納入，包括新喀里多尼亞（New Caledonia）等法國屬地、紐西蘭的毛利社群以及地屬印尼的西巴布亞等。因此其國際組織調整為以社群為單位，民族國家不是唯一的選項。後來這種模式仍然被批評，因為女性主義既已為國際社區所接受，而太平洋事務卻缺乏女性的聲音，因此必須重新為太平洋下定義，誰是太平洋社區的成員？誰的意見應該被納入？

在討論區域的觀念時，這個區域的概念在什麼脈絡下被提出？提出這種觀念的主體是誰？為了什麼而提出？為了與誰連結等等，都是討論的核心問題。日本明治大學學者入江隆則在討論太平洋文明的興亡時，就提出「複數的太平洋」，來說明具體存

Present, and Future", Friday 25 June to Monday 28 June 2004, Salmond Hall, Knox Street, Dunedin, New Zealand.

3　舉例而言，有「南太平洋委員會」（South Pacific Commission）、「南太平洋論壇」（South Pacific Forum）、「南太平洋經濟合作局」（SPEC），以及「太平洋島國論壇」（Pacific Islands Forum, PIF），參考蔡東杰，〈南太平洋區域組織發展〉《臺灣國際研究季刊》，3（3）:1-15，2007。

在幾個性質不同、卻都具有太平洋性的區域。[4] 他所提出的「複數的太平洋」,主要是以殖民關係作區分。除了殖民關係以外,考量地緣政治及國際關係,不同地區或是不同傳統論述所提到的太平洋,都強調不同的意涵。

本文擬討論有關「西太平洋」的區域觀念之歷史形成,以及這些觀念背後在當今亞洲太平洋區域主義發展的過程中,可能具有的國際關係、地緣政治或人文地理等的意義。討論的主題集中在區域範圍的內涵,以及這樣的內涵在不同的時代背景下的解析,討論的途徑分為實質範圍與名詞使用,即從西太平洋區域的實質範圍的討論,及「西太平洋」這一區域名稱如何被提出,以期尋找比較具有歷史人文意義的時空背景,加以解析討論。

西太平洋區域範圍的各種界定

西太平洋區域應該包括哪些地理區域範圍?在目前為止,我們尚難認定已經有比較清楚的界定範圍。為了方便後續的討論,在這裡界定一般討論一致認同的地理區域範圍,然後提出爭議的區域範圍,展開不同歷史時空及文化傳統的討論。

這個界定的說明如下:「西太平洋地區包括東北亞、中國大

---

4 入江隆則,《太平洋文明の興亡 アジアと西洋‧盛衰の500年》。東京:PHP研究所,1997年,頁29-35。

陸、東南亞以及花綵列島等等地理區域，由黑潮所串起的海岸、海島、海洋是主要的自然環境，在其中生存、繁衍、永續的族群十分多元，他們在這些海洋性強烈的區域創建發展出來的黑潮文化，必然深具海洋性質。」

就這個界定而言，有兩個特性值得注意，第一是這個區域的界定雖然是以海洋的名稱來指稱，而所指稱的地理區域包括陸地跟海洋。東北亞、中國大陸、東南亞以及花綵列島等等地理區域都是以陸地的範圍為主，依該說明所呈現的，這些陸地是以海洋的觀念聯繫起來，其中所提到的海岸、海島、海洋與洋流等都是以海洋為核心。這是我們界定西太平洋區域的特性，也是其他以海洋為核心的區域界定的特性。

另一個值得注意的地方，雖然界定的說明偏重採用自然地理的概念，強調自然環境，也以自然地理的詞彙來描述區域特性，但是其中卻蘊含強烈的人文地理區域的觀念，如「海洋性質」與「黑潮文化」等。這顯示西太平洋區域觀念，必然包含自然地理與人文地理的觀念的交錯。這應該也是我們討論西太平洋區域觀念的重要特性。

此外，在這個界定中所使用的區域名稱，都有再界定的必要。這裡所提到的東北亞、中國大陸、東南亞以及花綵列島，地理區域的範圍都有歧義，須要進一步地界定。不過我們大抵可以說，東北亞、中國大陸、東南亞是比較容易有共識的部分。這裡

必須特別指出，這其中「花綵列島」的範圍最有疑義。

　　臺灣一般中小學的教科書都提到「花綵列島」，並且強調臺灣位處花綵列島的中央，凸顯出臺灣的地理位置在戰略上的重要地位。至於花綵列島的範圍為何？目前在官方出版的臺灣年鑑上有這樣一段文字：「彩帶列嶼又稱花綵列島，指的是太平洋西岸一連串的島群，由北自阿留申群島（美國阿拉斯加州）開始，到千島群島（俄羅斯／日本）、日本列島（日本）、琉球群島（日本）、臺灣島（中華民國）、菲律賓群島（菲律賓）、婆羅洲（印尼）、爪哇島（印尼）、新幾內亞島（印尼／巴布亞新幾內亞）、澳洲大陸（澳大利亞）、紐西蘭南島和北島（紐西蘭）」。[5]

　　其他中文書寫對於「花綵列島」範圍的界定則不大相同。許多文字論述由北而南，多半寫到菲律賓群島就停止。維基百科對「花綵列島」的界定如下：「花綵列島（Festoon Islands）為西太平洋由阿留申群島、千島群島、日本、琉球、臺灣、菲律賓等眾多島嶼所形成的一連串島弧，形如花綵，被美國視為在西太平洋圍堵共產主義擴張的防線。」[6]

　　為何對這個範圍的界定會有如此大的差異？「花綵列島」的區域範圍令人感到十分好奇。就我們所界定的西太平洋而言，因

5　外交部，〈環太平洋的民主安定與繁榮〉《臺灣年鑑》，2005年。

6　維基百科網站《東亞島弧》https://zh.wikipedia.org/wiki/（瀏覽日期2016年1月23日）

為東南亞一般是在西太平洋的範圍內，比較沒有問題，但是澳洲大陸與紐西蘭是否也包括在這個範圍之內，以及由新幾內亞島延伸出去的太平洋島嶼，如所羅門群島等，是否也包括在西太平洋的範圍內，就成為關鍵性的問題。然而筆者查閱花綵列島的英文名稱 Festoon Islands，發現 Festoon Islands 並不是在英語世界中被廣泛認知的觀念，筆者不確定這是因為「花綵列島」另有其他對應的英文名稱，或是「花綵列島」這一概念本身並未被廣泛接受，在此就教方家。

筆者在〈臺灣應如何發展太平洋研究：地域研究的傳統與太平洋的地理想像〉一文中主張，臺灣應建立自己的太平洋研究，重新界定臺灣關注的太平洋事務的重點。在這一篇論文中建議的範圍，包括四大部分，太平洋島嶼、紐澳、海洋東南亞及海洋東北亞。[7] 比較這裡的範圍，紐澳與太平洋島嶼是否包括在內，是重要的關鍵。以下的討論將海洋東北亞與海洋東南亞視為共同的部分，而紐澳及太平洋島嶼視為有爭議的部分，以此來討論西太平洋區域觀念。

7　楊聰榮，〈臺灣應如何發展太平洋研究：地域研究的傳統與太平洋的地理想像〉《東臺灣研究》，第五期，頁105-135，2001年。

西太平洋區域觀念與中國傳統

　　在中文世界中，認知「太平洋」的觀念是很晚近的事，「太平洋」這個詞由「西洋國家」傳來，因此「太平洋」或「西太平洋」等觀念多半是舶來品。然而中國的文字記錄年代久遠，對於中國大陸週遭的海洋區域向來有自成一格的看法，在東亞地區也具有代表性，我們在此討論中國傳統對於海洋區域的觀念。

　　在宋元以前，中文世界對中國鄰近海域，主要稱為「南海」，稱其中的政權為「南海諸國」或「南徼諸國」等。史書上不乏「南海」或「海南」的記載，如《梁書》：「海南諸國……自武帝以來皆朝貢。後漢桓帝世，大秦、天竺皆由此道遣使貢獻。及吳孫權時，遣宣化從事朱應、中郎康泰通焉……今採其風俗粗著者，綴為海南傳云。」[8] 由於實施朝貢體制，中國對於海外諸國接觸很早，也在史書上列傳紀錄。因此將這種早期的長程貿易稱為「南海貿易」。[9]

　　當時記錄上所呈現的區域觀念，雖然因為欠缺精確的計量工具，有時不免失之模糊，然而對其相對遠近卻有清楚的認識。

8　梁書，列傳，卷五十四。

9　Wang, Gungwu, "The Nanhai Trade: A Study of the Early History of Chinese Trade in the South China Sea." *Journal of Malaysian Branch of the Royal Asiatic Society* 31(2): 1-135. 1958.

《梁書》：「其國人行賈，往往至扶南、日南、交趾，其南徼諸國人少有到大秦者。孫權黃武五年，有大秦賈人字秦論來到交趾，交趾太守吳邈遣送詣權，權問方土謠俗，論具以事對。」[10]顯示當時對於扶南、日南、交趾有較清楚的認識，對較遠的地區也有好奇心。

中國古代的文獻對這一個地區的稱謂，除了「南海」以外，也有「東南海」之稱。《新唐書》：「廣州東南海行……至海硤，蕃人謂之『質』，南北百里，北岸則羅越國，南岸則佛逝國，佛逝國東水行四五日，至訶陵國，南中洲之最大者。」（《新唐書》／卷四十三下）對諸國的相對位置也越來越清楚。有時也稱各國為「蕃國」《元史》：「諸蕃國列居東南島嶼者，皆有慕義之心，可因蕃舶諸人宣布朕意，誠能來朝，朕將寵禮之，其往來互市，各從所欲。」[11]大抵我們可以說，當時所稱南海，與後來所稱的南洋，以及今日所稱的東南亞，範圍相去不遠。

到了明代，「南海」及「東南海」等名稱逐漸為「東洋」及「西洋」所取代。過去所稱南海、西南海之處，明朝稱為東洋、西洋，因此才會說鄭和下西洋，這裡所謂的「西洋」的定義，與後來所說的「西洋」大不相同。我們必須注意，東洋和西洋的範

---

10 《梁書》，列傳，卷五十四／四十八。

11 《元史》，本紀，卷十。

圍，在不同的文獻中，有不同的範圍指涉。

如果我們以馬歡的《瀛涯勝覽》一書作為明初對海域的觀念，則東洋與西洋應該是以麻六甲為分界。《瀛涯勝覽》有「爪哇國」一條的記載「地廣人稠，實甲兵器械，乃為東洋諸番之衝要」，表示爪哇島仍屬東洋。而「南渤裏國」一條的記載：「國之西北海內有一大平頂峻山，……名帽山，其山之西亦皆大海，正是西洋也。」「南渤裏國」應該是在今天的蘇門答臘島，由此可以推斷出：過了麻六甲海峽即為西洋。由此我們可以知道：在當時，中國對於海域的探索已經到了相當遠的範圍。鄭和下西洋，西洋已經到了印度洋的範圍、甚至遠到阿拉伯及非洲地區。然而如果往太平洋的方向，向東發展，則當時的記錄最遠到達帝汶島。若論及今日的澳紐及太平洋上的島嶼，當時中國的記錄似乎沒有提到。

《瀛涯勝覽》所提到的占城國、爪哇國、舊港國、暹羅國、滿剌加國、啞魯國、蘇門答剌國、那孤兒國、黎代國、南浡里國等地，大抵是在今天越南、泰國、馬來西亞、印尼等地。顯示出：在當時，中國對於今天的海洋東南亞地區已經有相當的熟悉程度。從其他同時代的文獻也可以找到這樣的區分。《鄭和航海圖》共 20 頁航海地圖和 4 幅過洋牽星圖，這四幅過洋牽星圖都是通過麻六甲海峽，進入印度洋之後的航路指引。這顯示：在鄭和下西洋的同時，中國對於今天所謂東南亞的海路或西太平洋中

的東南亞地區已經相當熟悉。

到了明朝末年，東洋與西洋似以婆羅洲的汶萊為界，汶萊以東稱為東洋，以西稱為西洋。《東西洋考》成書於明朝萬曆年間，將中國沿海地區分為西洋列國及東洋列國。書中所列的東洋列國，包括呂宋、蘇祿、汶萊、雞籠、淡水等地，這些地名沿用至今。東洋列國包括今天的菲律賓與臺灣。《東西洋考》卷五稱「汶萊即婆羅國，東洋盡處，西洋所自起也」。由此可知，東洋與西洋的分界，大抵是在蘇祿群島到婆羅洲，這可能與黑潮的分流有關。西洋列國所列國家，由交阯、占城、暹羅、下港、柬埔寨、大泥、舊港、麻六甲、亞齊、彭亨、柔佛、丁機宜、思吉港、文郎馬神、遲悶等國，就位於今天東南亞的越南、泰國、馬來西亞、印尼等地。值得注意的是，其涵蓋的範圍，最東邊已經到今日的亞齊，最西邊則到今日的帝汶。比起明初鄭和下西洋時期的記錄，其對東南亞各地有更清晰的理解。

然而不論是中國明代以前所記載的南海，或後來的東西洋，在範圍上都沒有包括澳洲、紐西蘭或太平洋島嶼。就澳洲而言，澳洲西部及北部沿岸都有與中國有關的考古資料出土。一直有人希望能夠找到中國與澳洲接觸的記錄，就可以改寫澳洲早期歷史記錄。到目前為止，雖然有「中國人發現澳洲」以及「1421假說」（1421 hypothesis）等，並沒有人找到有力的證據足以證明中國

早期與澳洲大陸有直接的關係。[12] 至於紐西蘭及太平洋島嶼則沒
有出現類似的議題，即使當時可能有中國個別的船隻來到澳洲沿
岸，交流的意義也不大。從早期的文獻來看，中國傳統海域觀念
不包括澳洲、紐西蘭和太平洋島嶼。這些地方的開發與發展，是
十八世紀才次第展開，而主角是歐洲人。

　　到了近代，清朝接觸到西方傳過來的新事物，對於海域的稱
謂又有所改變。東南亞各地開始改以「南洋」統稱，包括馬來群
島、菲律賓群島和印度尼西亞群島。如「下南洋」與「南洋華僑」
等都成為新事物。東洋與西洋的觀念也產生很大的變化，清朝開
始將東海以北的地區稱為「東洋」，後來專指日本。在《東西洋
考》中，日本是列在外紀，不屬於東洋或西洋，後來的《明史》
才開始將日本納入東洋的範圍。至於「西洋」的用法，則由原來
「印度洋沿岸」的觀念，轉變為「經由印度洋到中國的西洋」。
另外，「北洋」一詞也廣泛使用，指渤海、黃海，朝鮮半島附近，
或指中國北方，如「北洋水師」、「北洋軍閥」、「北洋政府」、
「北洋大學」「北洋通商大臣」。這些觀念都有了新的意義。

　　那麼，中國近代史中所使用的「南洋」是否包括澳洲？甚至

---

12 「中國人發現澳洲」的說法，參考衛聚賢，《中國人發現澳洲》，香港：集成圖書
　公司，1960。「1421假說」（1421 hypothesis）。認為鄭和船隊發現澳洲及美洲，參
　考Gavin Menzies, 1421, *The Year China Discovered the World*. London: Bantam Press,
　2002.

包括紐西蘭或其他太平洋島嶼？根據目前筆者所找到的文獻，就地域的觀念而言，應該是並未包括在內，南洋還是被認為是華人傳統上經常往來、很熟悉的地方，而澳大利亞則是新天地，兩者的區別仍顯而易見。只有在談到華僑下南洋時，也將澳洲納入這個範圍。至於紐西蘭或其他太平洋島嶼也並未列入南洋的討論範圍，到了十九世紀末，華人的足跡也來到了澳洲、紐西蘭及太平洋島嶼。在某些廣義範圍的使用上，將這些行踪也視為華人下南洋的一部分。但就地域觀念而言，南洋經常並不包括這些地區。

西太平洋區域觀念與日本傳統

日本採用漢字，是漢字文化圈的一員。因此日本對於鄰近海域的名稱，也有自己的傳統。日本也使用「南洋」一詞。在一般意義下，中文的「南洋」（Nan-yang）與日文的「南洋」（Nan-yo）（なんよう）有許多重疊的地方。然而，日本有所謂「內南洋」（うちなんよう）（或「裡南洋」）與「外南洋」的分別。「內南洋」是指南洋群島（なんようぐんとう），「外南洋」才是今天的東南亞加上新幾內亞及索羅門群島等。因此「外南洋」的觀念才近於中文的「南洋」之意。

就這個意義而言，中文的「南洋」觀念與日文的「南洋」觀念有重大的差異，日本所謂的南洋很顯然包括太平洋島嶼的範

圍，而中文的南洋卻缺乏這些範圍的指涉。而後來當日本接受南洋群島的託管，日本還設置南洋廳，並有定期的南洋航線。日本的南洋觀念包括太平洋島嶼，而且是以太平洋島嶼的南洋觀念為主軸，這是歷史發展脈絡不同的結果，也是中國的「南洋」與日本的「南洋」重大區別所在。[13]

雖然日本使用的漢字源自於中國，但是到了近代，因為日本吸收了西方的現代知識，他們所使用的漢字反而具有現代意義。這些具有現代意義的漢字用法又由日本傳回中國。根據學者的研究，日本在十七世紀前後德川中葉，因為接觸西方文明，開始使用「西洋」一詞來指涉歐洲國家，並且賦予文化意涵，以表述一種與日本異質的社會型態與文化內涵。新井白石的著作，如《采覽異言》、《西洋紀聞》，將西洋與東洋的特質做出對比，以科學技術作為西洋特質的代表，而以道德做為東洋特質的代表。當時的日本將日本、中國及印度都列為東洋的範圍。由此，這些區域觀念的名詞，包含了較多的文化意涵。[14]

在日本的語境中，東洋除了代表東方地區的觀念，也指涉文明的歷程。相對來說，對於日本而言，南洋一詞作為特定區域的

---

13 李金生，〈一個南洋，各自界說："南洋"概念的歷史演變〉《亞洲文化》總第30期，2006年6月，頁117-121。

14 酒井一臣（SAKAI Kazuomi），〈「文明国標準」の南洋観：大正時代における一教授の認識 （環太平洋地域における日本人の国際移動：太平洋世界の多様性・多元性と日本人の国際移動）〉《立命館言語文化研究》，21（4）：67–76. 2010.

觀念比較明顯。然而在日本近代思想發展的脈絡下，也開始產生新的道德色彩。與著名的「脫亞入歐」思想同時並存。對於南洋，也有抱持「亞細亞主義」的學者認為日本應該到南洋發展，出現「雄飛南洋」的呼聲，鼓勵有志之士到南洋開創新事業，被稱為「南進思想」。後來，在第二次世界大戰中，日本對東南亞發動戰爭，是軍國主義利用了「南進思想」進軍南洋。[15]

　　當日本進攻東南亞時，其地域的觀念卻是使用「大東亞」，而非西文世界中的太平洋。因此，在第二次世界大戰期間，日本皆稱為「大東亞戰爭」，而與西文稱為「太平洋戰爭」大不相同。[16] 這種詞彙使用上的差異，其背後所包含的意義，值得進一步研究。根據戰況，日本在東南亞的戰事比較順利，並未受到太大的抵抗，但是在太平洋的戰役中，則遭遇強大的敵人。也許戰況也影響這些區域的詞彙使用。

　　「太平洋」一詞的使用，在日本也有值得注意的地方。同時在戰後，日本重新整理地名時，儘量將外國地名以片假名來拼音，許多原有漢字的地名紛紛改為拼音，如原來 Australia 為「濠洲」或「豪洲」、USA 原來稱「米國」等等，現都改為拼音，如オーストラリア（Australia）或アメリカ（America），不再

15 矢野暢，《「南進」の系譜：日本の南洋史》。東京：中央公論社，1979。

16 丸谷元人，《日本の南洋戰略 南太平洋で始まった新たなる〈戰爭〉の行方》。東京：ハート出版，2013。

使用漢字的地名，卻只有「太平洋」仍然保留漢字，顯示日本對於「太平洋」這個名詞，仍視為日本鄰近地區中，長期有互動的傳統的地區，與「中國」或「臺灣」等地理名詞一樣，保留漢字。可視為日本傳統的鄰近生活圈範圍之一。

西方傳統與西太平洋區域觀念

太平洋本身被發現與被命名都是來自西方世界，而後成為今天各地通用的名稱。太平洋的拉丁文原文為 Mare Pacificum，意指「平靜的海洋」，由航海家麥哲倫（Fernando de Magallanes）命名，被認為是世界上面積最大的海洋。[17] 我們可以看到這個名稱在各地受到廣泛地認同，前述在中國與日本原來都有自己個別的地域名稱，但現在都通稱為「太平洋」（Pacific Ocean）。

早在十七世紀初，已有西方航海家來到西太平洋這一帶，由當時使用「東印度」（East India）這個詞就可以看出，由印度洋來到香料群島的葡萄牙或荷蘭人，將這個海域視為印度洋的延伸，西班牙人甚至稱呼這個地區是西班牙海（Spanish Lake），想將太平洋劃入西班牙的勢力範圍；[18] 澳洲的西岸也早就被發現，

---

17 O. H. K. Spate, *The Pacific since Magellan.* Minneapolis: University of Minnesota Press, 1988, pp. 410.

18 Rainer F. Buschmann, Edward R. Slack, James B. Tueller. *Navigating the Spanish Lake: The Pacific in the Iberian world, 1521-1898.* Honolulu University of Hawai'i Press, 2014.

當時視為幾內亞島的延伸。這些地區都是到了十八世紀下半葉，才由庫克船長（Captain James Cook）重新發現。今天我們討論的西太平洋地區，幾個重要的陸地都是由庫克船長在 1768 年到 1779 年間的三次重要航行中重新發現。庫克船長在西太平洋地區的航程所引起的關注始終不歇，直到現在仍有新書討論庫克船長的傳紀和旅程，爭議不斷。人類學家 Gananath Obeyesckere 認為這其中有個「神化庫克船長」（ The Apotheosis of Captain Cook）的過程，是歐洲人在太平洋地區創造神話的結果。[19]

　　當西方的航海家來到西太平洋的海域時，也並未強調以「太平洋」的區域觀念來陳述。從早期開拓香料群島航線的葡萄牙及西班牙，到後來興起的荷蘭與英國，都不曾特別以太平洋來稱呼這一海域，反而以「遠東」（Far East）稱之。「遠東」是最常見的名稱，這個稱呼一直沿用到二十世紀的下半葉。有趣的是，美國和澳洲、紐西蘭等國過去也一直使用「遠東」一詞，即使東亞或東南亞其實是在美國的西邊，或澳洲及紐西蘭的北邊，但他們有一段很長的時間仍使用「遠東」這個詞。

　　然而遠東這一名詞包含了強烈的西方中心的色彩。遠東與近東的區別，顯然是以西歐國家為中心。近年來，後殖民論述流行

---

19 Obeyesckere, Gananath. *The Apotheosis of Captain Cook: European Mythmaking in the Pacific.* Princeton: Princeton University Press, 1992. 雖然這本書主要的焦點集中在庫克在夏威夷被神化的過程，但也反省了歐洲人在太平洋島所進行的神化歷程。

之後，「遠東」一詞的使用背後所包含的西歐中心主義經常是學術界批評的對象。尤其在 1978 年 Edward Said 的《東方主義》（Orientalism）一書出版以後，「遠東」一詞的使用日益減少。

除了「遠東」之外，「東印度」也是西方國家過去有段時間常使用的區域名稱。使用的歷史也很長，最著名的是「東印度公司」的建立。「東印度公司」在荷蘭人航海勢力興起後即開始使用。1579 年，荷蘭從西班牙的統治下獨立，建立荷蘭王國之後，迅速發展海上勢力，採取聯合英國的政策，快速取代了西班牙及葡萄牙的海洋霸權。英國及荷蘭幾乎在同時成立「東印度公司」，以擴張其殖民地的勢力範圍。英國在 1600 年創設「英國東印度公司」，荷蘭則在 1602 年（明萬曆三十年）設立了「荷蘭東印度公司」（Dutch East Indies Company）。

「荷蘭東印度公司」在亞洲地區的總部設在爪哇的巴達維亞（Batavia）（今雅加達），統領殖民地統治和拓展遠東貿易的工作，特別是計劃開闢中國貿易和日本貿易。因此，在荷蘭人控制臺灣的期間，是以巴達維亞為總部。觀察當時東印度公司的活動範圍，則東印度的範圍可包含今日的東南亞及東北亞。荷蘭人凡‧聶克（Van Neck）到巴達維亞後，即企圖打開中國貿易之門，並向明朝朝廷租借貿易基地，臺灣就是在這個情況下，成為荷蘭開展海上貿易的基地。

我們可以利用同樣來到太平洋海域著名旅程的記錄來看不同

時代對區域的觀念。十九世紀是太平洋地區的探索期，許多著名的生物物種考察都發生在這個時期。以達爾文為例，達爾文在1835年搭乘小獵犬號來到太平洋地區，由麥哲倫海峽進入太平洋，主要在東太平洋赤道上的加拉巴哥群島採集動植物標本。其記錄雖以東太平洋為範圍，然而東太平洋只是標示在太平洋中的相對位置，當時並未將東太平洋視為地理上的專有名詞。

　　英國生物學家華萊士則來到今日所說的西太平洋地區，並根據這個地區生物種類的分布，訂出赫赫有名的「華萊士線」（Wallace's Line）。那麼，華萊士是以什麼樣的區域觀念來陳述這一個區域呢？華萊士在1860年提出，根據動物分界的不同，在蘇拉威西及婆羅洲之間，以及龍目島及峇里島之間，可以劃出兩個區域。有趣的是，華萊士是以Oriental及Australian來區分兩個地方，一般也被視為亞洲與大洋洲的分界。根據華萊士的記錄，雖然其主要的活動都是在我們今天所說的西太平洋之上，但是，華萊士仍以東方來論述亞洲，而以澳洲來表述大洋洲。

　　人類學家馬凌諾斯基也到此區進行研究。與生物學者不同，人類學家多半將研究焦點集中在一個相對孤立的地方。馬凌諾斯基於1914年9月來到新幾內亞，先後在其北部的群島進行田野調查，然後因為第一次世界大戰爆發，馬凌諾斯基遂在這些群島從事更長時間的研究，並在新幾內亞東北方的超卜連群島（Trobriand Islands）進行深入而長久的實地考察，觀察和記錄

這些島上各個方面的文化細節，得以記錄至關重要的經濟活動
——「庫拉圈」（Kula ring）。這是島民在島嶼間以順時鐘的方
向交換長長的紅貝殼項圈，以逆時鐘方向交換白貝殼臂鐲，這兩
種物品不具備實質功用，但土著卻願意冒著相當大的風險進行這
這種無限循環的交換。馬凌諾斯基將其研究成果寫成「西太平洋
的航海者」（Argonauts of the Western Pacific）。如果仔細將馬
凌諾斯基筆下交換庫拉的範圍劃出來，其實仍在新幾內亞到美尼
西亞之間，但馬凌諾斯基卻將其定名在「西太平洋」（Western
Pacific）。[20] 從名詞的使用，我們仍可以看出當時西方的讀者對
「西太平洋」的印象，仍屬較多未開化的小島。

　　我們不妨將這些都視為歐洲傳統的西太平洋地域觀念。這些
早期的觀念是推動西太平洋地區的重要動力。但是這些來自歐洲
的航海家、傳教士、殖民官員、科學家以及出於其他因素來到這
個地區的人，還是免不了將西太平洋視為遙遠的地區。新時代的
西太平洋，是由居住在太平洋區域範圍的人提出，然而歐洲傳統
的西太平洋觀念的影響仍然很深，許多觀念一直流傳至今。同
時，一個新時代的太平洋來臨之後，先是由美國在西美戰爭之後
參加到太平洋事務，然後澳洲及紐西蘭意識到自身在太平洋所扮

---

20 Bronislaw Malinowski, *Argonauts Of The Western Pacific: An Account Of Native Enterprise And Adventure In The Archipelagoes of Melanesian New Guinea.* London, Routledge & K.Paul, 1953.

演的角色，都使得西太平洋的地域觀念產生新的發展，我們將放在國際關係的脈絡下來討論。

國際關係與西太平洋的區域觀念

從國際關係的角度，將處理當代位於西太平洋地區的成員，如何提出自己對西太平洋的觀念。在這裡扮演重要角色的是美國。美國在西美戰爭之後，開始在太平洋地區取得發展的據點，也開始對自己在海洋國際事務所扮演的角色越來越有信心，展開了美國的太平洋時代。[21] 就美國在西太平洋的觀念，主要討論美日安保條約中的觀念。澳洲在太平洋事務中一直扮演著重要的角色，但在第二次世界大戰之前，一直是躲在英國背後。後來澳洲開始發展自己身為亞太國家的新認同，也在太平洋區域中扮演一個重要的角色。[22] 紐西蘭也是另一個在太平洋事務中的重要角色，與澳洲不同的地方是，紐西蘭自己有重要的玻里尼西亞人的社區，即毛利人社區，被視為是太平洋島民社區的一部分。後來紐西蘭大量接受各地太平洋島民移民定居，因此，在太平洋事務

---

21 楊聰榮，〈菲律賓獨立革命與西美戰爭——論東南亞自主歷史史觀下國族歷史論述的成就與侷限〉《新史學》，第十二卷第一期，頁187-232，2001年3月。

22 楊聰榮，〈當本土成為主流價值——借鏡澳大利亞國家認同的發展〉《國際研究學刊季刊》，第二卷第三期，2006年秋季號，頁47-72。

中扮演較積極的角色。[23] 紐西蘭的地域觀念也可以特別討論。

美國介入太平洋事務，目前越來越清楚地使用西太平洋的地域觀念。最著名的例子就是美日安保條約（The U. S.-Japan Security Treaty），日文翻為「日米安保條約」。在這個條約中所關切的地區，主要是西太平洋。這個條約是美國與日本建立軍事同盟的主要條約，規範美日有義務合力對抗「共同危險」。[24] 在條文中有關遠東的範圍界定必須特別注意。在正式的條文中，Far East 在兩個條文中出現，日文翻成「極東」。這個條約雖然沒有界定遠東地區的範圍，但其附錄卻明確記載，遠東地區包括中華民國管轄地在內。[25]

---

23 楊聰榮，〈紐西蘭殖民體制與移民體制的歷史形成與影響〉《當代紐西蘭民主政治》。臺北：翰蘆出版社，2006年，頁117-138。

24 楊聰榮，〈安保條約與東協安全機制對臺灣安全之比較〉（The Comparison between U. S.-Japan Security Treaty and ASEAN Security Mechanism From Taiwan's Perspective）「臺灣與琉球之互動研究」《國際研究學刊季刊》，第一卷第二期，2005年夏季號，頁35-55。

25 附錄有政府統一見解，視為條文的一部分。日文附錄原文如下：「極東」の範囲：昭和35（1960）年2月26日政府統一見解。一般的な用語として使われる「極東」は、別に地理学上正確に固定されたものでは無い。しかし、日米両国が、条約に言う通り共通の関心を持っているのは、極東における国際の平和及び安全の維持と言う事である。この意味で実際問題として両国共通の関心の的となる極東の区域は、この条約に関する限り、在日米軍が日本の施設及び区域を使用して武力攻撃に対する防衛に寄与しうる区域である。かかる区域は、大体において、フィリピン以北並びに日本及びその周辺の地域であって、韓国及び中華民国の支配下にある地域もこれに含まれている。中文的翻譯如下：「遠東」的範圍：1960年2月26日日本政府統一見解。作為一般用語使用的「遠東」，在地理學上並沒有正確的固定範

　　在日本，在關於美日安保條約的討論中，對指涉的區域多使用「亞洲太平洋」（アジア・太平洋）一詞，同時也經常在與安保條約有關的討論脈絡中使用「西太平洋」一詞。[26] 在相關的討論中，「亞洲太平洋」與「西太平洋」可以互換，表示在討論到日本與美國兩國合作的安全問題時，兩者是可以交互使用的觀念。日本外交部的藍皮書在其注釋中直接寫明：「這裡所謂的亞洲太平洋地域，指的是包含東北亞地域、東南亞地域及大洋洲地域在內的西太平洋全域。」[27] 並清楚指出：在此脈絡下，「亞洲太平洋」與「西太平洋」是可以交互使用。

　　而美國在同一脈絡中也經常使用「西太平洋」一詞。例如：美國主導兩年一度的「西太平洋海軍研討會」，就直接以「西太平洋」作為研討的地域範圍。我們必須注意，國際關係中使用的地域範圍有時並非十分精確，在這個西太平洋海軍研討會中，與會人士包括澳、加、紐、法、印、日、馬、泰、新、汶、智利、孟加拉、印尼及中國，並不會特意區分哪些國家在西太平洋這個

圍。日美兩國按照條約所共同關心的是維護遠東地區的國際和平與安定。在此條約內，以兩國共同關心的遠東地區作為實際問題，是指有助於在日美軍利用日本的設施與區域防禦武裝進攻的地區。這一地區大體上是菲律賓以北的日本與其週圍地區，包含韓國與中華民國支配下的地區。

26 日文的「西太平洋」是採取漢字的寫法，與中文一樣。

27 日文附錄原文如下：「ここでアジア・太平洋地域とは、北東アジア地域、東南アジア地域、太洋州地域を含む西太平洋全域を指す。」見日本外交部1989年外交政策青書（外交政策藍皮書）第二章第二節。

範圍內？而哪些國家不在這個範圍內？

在過去提到西太平洋這個區域時，澳洲與紐西蘭常以「西南太平洋」為論述的主要觀念。這是因為澳洲與紐西蘭所介入最深的太平洋島嶼事務，多半位於太平洋的西南方。然而，到了澳洲與紐西蘭鼓勵太平洋島國獨立之後，所形成的機太平洋國際事務，卻以「南太平洋」（South Pacific）為主要範疇。[28]究其原因，因為在太平洋島嶼的美國基地都是在太平洋的北方，夏威夷及關島等都在赤道以北。至於在南太平洋，則澳洲與紐西蘭成為境內的老大哥。

澳洲和紐西蘭在一般的論述下，較少使用西太平洋一詞。然而，做為一個廣泛的地區，澳洲在早期仍然保留使用「太平洋」一詞，包括西太平洋的島嶼東南亞，甚至包括菲律賓與臺灣，都以太平洋島嶼視之。因此，一直到 1990 年代，還有不少學院以「太平洋學院」涵蓋亞洲的研究。後來，澳洲在發展新認同與移民議題時才強調亞洲。至於紐西蘭，亞洲移民大量來到紐西蘭還是十分晚近的事，太平洋事務才是紐西蘭的重心。

有段時間曾經有個獨特的發展，即：澳洲與印尼曾想共組「西太平洋論壇」（West Pacific Forum），這主要是印尼總統

---

28 Crocombe, Ron, "Political Relations", Pacific Neighbours: New Zealand's Relations With Other Pacific Islands, Christchurch: University of Canterbury, 1992, p. 163-190.

瓦希德（Abdurrahman Wahid）在 2000 年 12 月所提出來的想法。
這種想法可以讓澳洲與紐西蘭參與亞洲事務，同時，對印尼而
言，地理上橫跨亞洲、太平洋兩區，這樣的地域組合可以使印尼
在區域中扮演重要的角色。可惜的是，隨著瓦希德總統下臺，這
樣的想法無疾而終。

結語：從臺灣看西太平洋

　　本文討論西太平洋此一地域概念在歷史形成的過程中發生的
變化。從中國的資料來看，東南亞地區是一直有來往的地域，但
是活動範圍受到侷限。對於西太平洋地區海域的東邊，較少有往
來，對太平洋群島自然缺乏完整的理解，也對澳洲與紐西蘭較為
陌生。在日本的資料中，則有比較清楚的觀念，即內南洋與外南
洋的區別。內南洋即是當時由日本託管的南洋群島，可以算是日
本與諸太平洋島嶼互動的核心地帶，而且日本對自身是一島嶼國
家有清楚的認識，對於同為島國的太平洋諸國，包含紐澳在內，
有同為島嶼國家的親近感。

　　考察美國、澳洲與紐西蘭，這些在太平洋事務中扮演積極角
色的國家，都有自己對於太平洋地域觀念的獨特看法，也設法在
其國家體制中，開創太平洋相關事務的範圍，使其參與太平洋事
務得以建制化。相較之下，臺灣近年來雖然喊出海洋國家的口

號，但是對於太平洋事務的參與尚淺，對於相同的地域觀念尚未形成清楚的看法。在這種情況下，揚棄冷戰時代的舊思維，開創新時代的精神來參與太平洋事務就顯得十分重要。而「西太平洋」的地域觀念，應該是其中值得開拓的領域。

第三章

太平洋島國獨立運動史

　　本章主要是從世界民族主義運動史的視野觀察太平洋島國的獨立運動。[1] 太平洋各島國獨立過程各不相同，但整體而言，仍具有某些共同特性，與其他地區的獨立運動不同，可稱為太平洋模式的獨立運動。本章以弱勢國家（weak state）來歸納其特性。在太平洋各島國發展獨立運動的過程中，表現其對法理形式的彈性，對於自主原則的追求有方向感，也富含耐性，著重水到渠成，避免強力運作或正面衝突等，這些都是太平洋島國與其他區域不相同之處。可以說，弱勢國家也自有其生存之道，在歷史的洪流中，展現出不同的智慧。本文首先回顧太平洋國家獨立運動的歷史進程，然後分析獨立運動的特性，並以弱勢國家模式重新整理民族獨立運動史，與其他模式的民族獨立運動史互相比較，提供不同模式獨立運動史的理解架構。

1　本章主要由期刊論文修改而成，原文見楊聰榮，〈弱勢國家的生存策略：太平洋史視角下的獨立運動史〉《臺灣史學雜誌》，第二期，獨立運動專號，2006 年。

太平洋民族運動史

　　太平洋史中的民族運動史所呈現的主題與其他地區有很大的
不同。從其他地區的民族獨立運動歷史中所發展出來的民族運動
史觀，未必適合用來說明太平洋地區的獨立運動。以研究太平洋
歷史著稱的人類學家 Roger Keesing 認為：許多研究採用其他地
區發展出來的文化概念來理解太平洋島國，常常會造成理解上的
誤差。[2] Roger Keesing 因此勸誡學者要「避免將歷史簡化為侵
略、滅族、剝削、赤貧與受苦等概念」（avoid characterizing
histories of invasion, genocide, exploitation, pauperization and
suffering）。[3] 雖然 Roger Keesing 討論的主要對象是人類學意義
的差異，強調的是文化意義的差異。然而，同樣的提醒也適用於
歷史解釋方面。如果不加思索地套用其他地區的研究論點來探討
太平洋史，同樣也容易出現偏差。

　　英國社會史學家霍布斯邦（Eric Hobsbawm）歸納歷史經驗
後，提出構成民族的幾個要件。比如：具有與國家相映的長期歷
史，如英國、法國、俄國、波蘭及西班牙均已被人們視為各個不

2　Roger M. Keesing, "Exotic Readings of Cultural Texts." *Current Anthropology*, August-October, 30 (4): 459-479, 1989.

3　Roger M. Keesing, "Colonial Discourse and Codes of Discrimination in the Pacific." *Manuscript, Department of Anthropology,* Research School of Pacific Studies, Australian National University, Canberra, 1987: 5.

同的民族。或是擁有悠久的菁英文化傳統，並以其獨特的民族文學與官方語言領導民眾，如義大利與德國。再不然，就是被外來的武力征服，在優勢民族挾其強勢武力進行兼併的威脅下，才會使被侵略的人群產生休戚與共的感覺，而加強彼此的關係，一致對外。[4]不過，這些特質，對應於太平洋史，似乎都不存在。現代民族主義運動發源於歐洲，但是，如果我們採用歐洲獨立運動的概念來做比較，可以輕易看出歐洲模式的獨立運動史與太平洋模式的獨立運動史並不相同，應該分別對待。

　　太平洋島國的範圍有狹義與廣義的兩種定義。狹義的定義專指大洋洲的玻里尼西亞、美拉尼西亞與密克羅尼西亞。在本文中，將以大洋洲島國稱之。廣義的定義除了前述三大島群之外，還包括紐西蘭、澳大利亞、東南亞島嶼，[5]以及臺灣也包括在其中。[6]本論文將兼顧兩個不同的定義範圍，先從狹義的太平洋島

4　Eric J. Hobsbawm, Nations and Nationalism since 1780: *Programme, Myth, Reality. 2nd ed.* Cambridge: Cambridge University Press, 1992. 中譯本見艾瑞克‧霍布斯邦（Eric J. Hobsbawm），李金梅譯，《民族與民族主義》，臺北：麥田出版社，1997年。

5　這種討論方式常見於相關的太平洋研究的討論，即廣義的太平洋島國，包括澳大利亞、紐西蘭及其他太平洋週邊國家（countries on the Pacific Rim），見 Barrie Macdonald, "Towards a Pacific Island Community? Geopolitical and Regional Perspectives on New Zealand's Relationships with the Small States of Oceania", In Donald H. Rubinstein (ed.), *Pacific History: Papers from the 8th Pacific History Association Conference.* Mangilao: University of Guam. 1992, p. 313.

6　詳細的討論見楊聰榮，〈臺灣應如何發展太平洋研究：地域研究的傳統與太平洋的地理想像〉《東臺灣研究》，第五期，2001年。

國的民族主義運動史作為討論的主題，建立民族主義運動史的類型與模式，其次再擴及廣義的太平洋島國。

大洋洲國家的獨立運動

與第二次世界大戰後亞非國家的獨立運動相比，大洋洲國家的獨立運動因為出現的時間較晚，較不受到注意。亞非國家的獨立運動在第二次世界大戰之後即已展開，1950 年代及 1960 年代是其獨立運動的高峰期。一般而言，亞洲與非洲的殖民地，絕大多數到了 1960 年代已經獨立。大洋洲國家的獨立運動是在亞非國家的獨立運動的浪潮過去之後才悄然展開。

首先，我們先簡述太平洋國家獨立運動的歷史。西薩摩亞在 1962 年獨立，被認為是第一個取得完全獨立地位的太平洋國家，現已改名為薩摩亞。[7] 薩摩亞包括四個島嶼，在烏波盧島（Upolu Island）上的阿皮亞（Apia）為其首府。薩摩亞原為德國殖民地，第一次世界大戰後成為國際聯盟（League of Nations）的托管地（Mandate），第二次世界大戰後成為聯合國托管地（United Nations Trust Territory），由紐西蘭代為管理，於 1962 年獨立。

1968 年獨立的諾魯（Nauru），其獨立過程須往前追溯，先

---

7 Ministry of Pacific Island Affairs, *Pacific People's Constitution Report.* Wellington: Ministry of Justice, 2000, p.17.

是 1951 年由英國當局設立自治性地方政府，逐漸由島民來管理。到了 1968 年成為獨立政治體，同時參加大英國協，取得特殊成員的地位。1970 年，澳大利亞、紐西蘭及英國將諾魯主要經濟來源的磷酸鹽的控制權交還給諾魯磷酸鹽公司（Nauru Phosphate Corporation），諾魯才算完整控制國家的資源，成為實質的獨立狀態。由於諾魯人口較少，只有一萬多人，被認為是世界上人口最少的共和國，一直到 1999 年才加入聯合國。

接下來獨立的是斐濟（Fiji）共和國，在 1970 年獨立脫離英國而獨立，採取英式的國會制度。斐濟獨立以後，政局一直不穩定，主要原因是政黨的組織受到種族界限的影響，以致政治上形成斐濟土著與印度後裔間的惡性競爭。1987 年與 2000 年兩次政變都重新制定憲法，斐濟仍在尋求其建國之道。也因此，斐濟的民族主義運動與後殖民主義論述仍然持續著。例如：著名的極端派 Taukei movement 就以民族主義運動團體自居，主張斐濟土著的地位應該優於印度裔斐濟人，並要求載入憲法。接連兩次的政變，使得斐濟民族獨立運動過程中的共識受到新的質疑。[8]

1970 年與斐濟同一年脫離英國而獨立的東加（Tonga），體制上與斐濟不同，是一個王國（kingdom）。雖與英國一樣，號

8　Stephen Levine and Anna Powles, "Introduction: Contemporary Challenges In The Pacific – Towards A New Consensus", *La Revue Juridique Polynesienne* (Rjp), Numero Hors Serie Volume 1 (2001), p. 54.

稱君主立憲，也採取親西方的政策，但是，國王才是真正掌握政治實權者，沒有政黨存在，一年開一次會的國會不過是國王的橡皮圖章。國王的優勢地位與其歷史有關。過去東加雖名為英國的保護領（protectorate），然在英國控制之下，東加王室仍保有世襲的國王。自 1990 年開始，東加的人權與民主運動比較成形，現在已經形成一定的政治力量，未來將會有一定程度的改變。[9]

　　1975 年巴布亞新幾內亞的獨立是在澳大利亞政府的規劃下進行的，也是在澳洲政府的扶持之下獨立。在此之前，巴布亞新幾內亞的自治政府已經運作一段時間，獨立運動早在 1960 年代已經出現，但多半循體制內的議會路線，獨立過程並沒有出現強大的反對運動或獨立運動團體，可以稱為「缺乏民族主義運動的獨立」，這可能與巴布亞新幾內亞多種族的背景有關。

　　1978 年吐瓦魯（Tuvalu）的獨立則是經過一段時間爭取而來。吐瓦魯舊名愛麗斯群島（Ellice Islanders），原在英國的保護領吉爾伯特（Gilbert）之中，不是一個獨立的政治單元。1892 年，愛麗斯群島與其北方的吉爾伯特群島（Gilbert Islands）同時成為英國保護領，1916 年改為殖民地。1960 年開始的憲法運動要求投票自吉爾伯特分離，1978 年正式宣布獨立，同時捨棄

9　Hoponoa, Leonaitasi, "Pro-Democratic Movement in Tonga: The Case of Samiuela 'Akilisi Pohiva", In Donald H. Rubinstein (ed.), *Pacific History: Papers from the 8th Pacific History Association Conference.* Mangilao: University of Guam. 1992, pp. 97-100.

了殖民時代的名稱愛麗斯群島，改以本地語言稱為吐瓦魯。

1978 年同年獨立的還有所羅門群島（Solomon Islands），是經過獨立運動爭取而來。所羅門群島在第二次世界大戰期間為美國軍事基地，其獨立運動初為親美運動，主張由美國治理，反對將所羅門群島交還給英國。這個運動在美軍撤離之後沉寂了一段時間，此後，英國在所羅門群島引入自治政府與地方議會制度，到了 1970 年代漸趨成熟，因此，1978 年的獨立較為平順。

吉爾伯特群島在 1892 年與愛麗斯群島部分島嶼淪為英國保護領，1916 年被劃入英屬吉爾伯特暨愛麗斯群島殖民地。第二次世界大戰期間一度被日本占領，戰後成為英國的保護領，1977 年實施自治，1979 年吉爾伯特（Gilbert），加上周邊的一些群島，包括原屬美國的鳳凰群島（Phoenix Island，或譯為費尼克斯島）及萊恩群島（The Line Islands）的一部分，建立成一個國家，改稱吉里巴斯共和國。吉里巴斯實施英國的議會制度，也被認為是過程比較平順的獨立運動。

在 1980 年獨立的萬拿杜（Vanuatu），其獨立運動則在稍早已經開始。1960 年代末期，一個名為 Nagriamel 的運動吸引了上千人參加，原本是主張保護祖先聖地，故在北方的島民較為熱衷。後來轉為政治運動，並向聯合國請願，主張其領土主權；後來也得到殖民宗主國的同意，轉為制憲運動，最後選出代表，宣布獨立。但在英法駐軍撤離的過程中一度造成混亂，最後，地方

政府請求巴布亞新幾內亞的軍隊協助維持秩序。萬拿杜獨立後，翌年即加入聯合國。

在 1986 年獨立的馬紹爾群島（Marshall Islands）則是另一種類型。馬紹爾群島雖是共和國，卻與美國保持自由聯盟（free association）[10] 的關係，加上美國在當地設有軍事基地，所以外交與國防與美國共同管理。1885 年，德國宣布馬紹爾為其保護領。1914 年，第一次世界大戰期間，日本占領馬紹爾，開始殖民並建立軍事基地，作為前進南太平洋的根據地，並於 1922 年獲得國際聯盟承認。直到第二次世界大戰末期，美軍在 1945 年占領馬紹爾，聯合國於 1947 年成立太平洋託管理事會，將包括馬紹爾在內的密克羅尼西亞群島等島群交由美國託管。馬紹爾在 1986 年結束美國託管，正式宣告獨立，定國名為馬紹爾群島共和國（The Republic of the Marshall Islands），並與美國簽訂自由聯合協定 （Compact of Free Association）。馬紹爾群島的獨立運動是在大酋長（Iroijlaplap, Paramount Chief）阿瑪達卡布亞（Amata Kabua）的領導下推動，因而得以脫離密克羅尼西亞。1964 年，密克羅尼西亞成立的自治國會都還包括馬紹爾群島，但 1979 年，馬紹爾自治國會通過自治憲法，並成立馬紹爾自治

---

10 自由聯盟關係係指自己的主體判斷，得以隨時終止聯合關係的政治結合，詳見小林泉，《太平洋島嶼各邦建國史》，劉萬來譯。臺北：學生書局，1997。頁 183-191。

政府而實質獨立。1986 年獨立後，於 1991 年加入聯合國。

同樣在 1986 年獨立的密克羅尼西亞聯邦（the Federated States of Micronesia, FSM）也是因為有美國的軍事基地，而與美國保持特殊關係。密克羅尼西亞的獨立運動於 1960 年代發端，1978 年分別由波納佩（Pohnpei）、楚克（Chuuk）、科斯雷（Kosrae）與雅浦（Yap）等四個島群投票通過憲法，於 1979 年組成聯邦，但仍由美國控制外交與軍事。直到 1986 年與美國的條約到期，才取得完整的獨立地位，於 1991 年加入聯合國。

帛琉（Palau）原被安排加入密克羅尼西亞聯邦，但是在 1978 年的投票中，帛琉人選擇不加入聯邦，成為單獨的政治體；後來更自行制定憲法，在 1981 年選出自己的總統，組成政府，但法律上仍屬聯合國託管地，直到 1994 年才取得完全獨立的地位，並於同年加入聯合國，與美國保持自由聯盟的關係。

邁向獨立之途的領土

大洋洲國家的獨立運動，有的已經取得了成就，成為獨立的國家；有的獨立運動正在進行，雖然尚未獨立，但獨立之日指日可待；還有一些領土，目前還看不出來有獨立的可能性。可以說，大洋洲國家獨立運動有現在式、過去式，也有未來式。至今仍有許多大洋洲的領土，獨立運動仍在進行中。情況各不相同。有的

可能很快就會取得獨立的地位。有的地區雖然獨立運動卓然成形，但是短期內不太可能獨立。也有的地區，雖然目前獨立運動仍然不成氣候，但也被認為未來終將走向獨立運動的道路。這些不同的情況，我們將分開討論。

　　目前大洋洲仍在進行中的獨立運動，有些較被看好，預計不久會獨立，例如：布干維爾（Bougainville）。布干維爾至今仍屬於巴布亞新幾內亞的一部分。不論就分布位置、主要人種或社會文化型態而言，布干維爾都與所羅門群島，而非巴布亞新幾內亞。造成今日的局面，主要來自於殖民主義的歷程。布干維爾在1885年成為德國屬地，而所羅門群島則在1893年被英國占領。1899年，德國將布干維爾島和新幾內亞作行政上的合併。第一次世界大戰德國戰敗，新幾內亞連同布干維爾島一起成為澳洲管轄的殖民地，澳洲又將新幾內亞和巴布亞合併，稱為巴布亞新幾內亞，布干維爾島從此成為巴布亞新幾內亞的一部分。布干維爾的獨立運動已經發展了很長的一段時間。[11] 巴布亞新幾內亞在1975年脫離澳洲獨立，布干維爾即要求自行決定未來政治，但未獲得巴布亞新幾內亞同意。1988年，布干維爾人成立布干維爾反抗軍（BRA），進行武裝叛變，要求獨立，並和巴布亞新

---

11 Geoff Harris, Naihuwo Ahai and Rebecca Spence, (eds.) *Building Peace in Bougainville*, Centre for Peace Studies, University of New England, Australia, 1999. pp. 1-4.

幾內亞軍隊作戰。1990 年，布干維爾宣布獨立，成立臨時政府，遭到巴布亞新幾內亞的交通封鎖，直到 1994 年雙方協定停火，並於 1995 年在澳洲和談。1996 年，雙方再度交火；1997 年，在紐西蘭斡旋下，雙方宣布停戰；1998 年，和平觀察團進駐布干維爾島。2001 年，巴布亞新幾內亞和布干維爾簽訂和平協定，允許布干維爾未來舉行獨立公投和成立自治政府。由於獨立運動成熟，如果沒有意外，布干維爾將在數年到十數年內成為一個獨立的國家。[12]

　　大洋洲國家還有許多未獨立的土地，被認為短期內不太可能發展出改變現狀的獨立運動，例如：位於薩摩亞（Samoa）島的東半部，歸美國治理的美屬薩摩亞（American Samoa）。一般認為，美屬薩摩亞尚未發展出成氣候的獨立運動，[13] 問題主要出在人口結構與分布。目前在海外的美屬薩摩亞人（American Samoan）約比住在當地的人多兩倍，其中約六萬人住在美國西岸，尤其是加州；約有兩萬人居住在夏威夷；美屬薩摩亞當地大約只有三萬七千人。在這種條件下，獨立運動很難發展。。[14] 在

12 Damien Acheson, "Bougainville: Towards Independence?" *The Solomon Islands Archipelago.* (damien.acheson.online.fr/ Bougainville_article_full_text.doc).

13 George H. Ryden, *The Foreign Policy of the United States in Relation to Samoa.* New York: Octagon Books, 1975.

14 Alison D. Nordstrom, "Paradise Recycled: Photographs of Samoa in Changing Contexts." *Exposure* 28(3): 8-15.

這種條件下，獨立運動很難發展。

　　法屬玻里尼西亞的獨立運動在 1970 年代後期開始迅速發展。一般的評估是，獨立運動的想法基本上得到大部分住民的支持，但對於獨立的方式卻有不同的意見：有些要求漸進式地先成立自治政府，也有激進派要求立刻政治獨立。雖然目前不能確定未來的發展方向，但至少法國政府對這種情勢已有所掌握，並謹慎回應，1996 年已承諾逐漸增加當地政府的自主性。另一個法屬殖民地新喀里多尼亞，獨立運動也得到相當多島民的支持，但是否有機會獨立，取決於法國的態度。[15]

　　法屬玻里尼西亞獨立運動的起因主要並非出於反殖民主義運動，而是與反核運動密切相關。這也顯示了太平洋國家的獨特歷史。當地住民與法國政府產生磨擦的議題是：反對法國政府在太平洋進行核子試爆。法國政府從 1966 年開始，就在穆魯羅阿環礁（Moruroa Atoll）及方加陶法環礁（Fangataufa Atoll）進行核子試爆，引起法屬殖民地及國際人士不滿而集結反對運動。後來，法國在各方壓力下，終於在 1975 年停止試爆，但是，反對運動因此成形。1995 年，法國又重新開始核子試爆，也再次引發反核運動，並在位於大溪地的首府帕皮蒂（Papeete）造成流

---

15 關於法屬南太平洋殖民地最近的發展，包括獨立運動的發展，參考 Robert Aldrich, *France and the South Pacific since 1940*. Hampshire: Macmillan, 1993.

血衝突的抗議事件，由法國總統席哈克（Jacques Chirac）領導的法國政府終於一改強硬的態度，對反核人士讓步，不再進行核子試爆。

　　大洋洲的獨立運動的特質也帶來了新的問題，因為太平洋國家對於「怎樣算獨立」有特殊的看法。例如：庫克群島有自治政府，卻與紐西蘭仍然有特殊的連帶關係，也不是聯合國的會員國，因此在一般國際政治的論述中，並未視其為獨立的國家，而是將之忽略。然而，在太平洋事務中，庫克群島仍被視為一個獨立的太平洋政治體，在太平洋區域國際活動中也很活躍。例如，庫克群島首府拉洛東加（Rarotonga），就在 1986 年年底召開論壇，通過《南太平洋非核區條約》（South Pacific Nuclear-Free Zone Treaty）或《拉洛東加條約》（Rarotonga Treaty），禁止太平洋地區獲致、儲存、試爆核子武器。對於太平洋國家而言，反核運動是重要的核心議題，相關議題的會議，是太平洋國家區域事務的重要會議。

　　從這個角度來看大洋洲的兩個大國──澳大利亞與紐西蘭。這兩個國家也許在全球國際政治上還排不上名，但在大洋洲卻是不折不扣的大國，以致許多討論對他們另眼相待。從國家象徵權力的安排來看，澳大利亞和紐西蘭是不是獨立的國家還成問

題。[16] 他們都還是大英國協的成員國，保留君主立憲的憲法，奉英國女王為國家元首，國旗上仍保留英國的米字旗，在外交與軍事上也保持和美國及英國的特殊關係。如前所述，太平洋國家對於國家獨立與民族獨立，自有一套不同的看法。臺灣在這一個領域有國際空間，也與此有關。

獨立運動的反省：弱勢國家的策略

太平洋國家的獨立運動展現的方式迥異於其他地方。如果把這些國家當成國際關係的行動者（agents），我們可以發現，這些地區存在強大的外來勢力，主控著這個地區的政治經濟。然而，太平洋國家所展現的姿態也有其特殊之處。將國家當成一個行動者，從歷史上集體表現的特性來闡釋及演譯，這是對其他地區的歷史慣用的論述手法。太平洋國家本身的作為一向被視為無關緊要，反正都是強權在作決定，這種看法是一種偏見。主動與被動是相對的，沒有任何國家取得絕對的優勢，因勢利導對於主動被動而言，都是必須考量的要點。弱勢國家的作為，要用弱勢國家的角度去理解。

---

16 關於澳大利亞國家象徵權力的安排，參考楊聰榮，〈當本土成為主流價值——借鏡澳大利亞國家認同的發展〉《國際研究學刊季刊》，第二卷第三期，2006 年秋季號，頁 47-72。

首先，太平洋地區的獨立運動並非風起雲湧，而是各有各的步調，每個地區的歧異性很大，因此，獨立運動的進程也各不相同。由於各自內部整合的情形不同，以及殖民宗主國的態度不一，獨立運動的速度也有很大的差別。由於太平洋國家對獨立運動並無迫切感，所以，各自按照自己的步調進行。

由於獨立運動的進程不同，太平洋國家也發展出一種獨特的態度，就是對待政治的獨立採取比較寬容的態度。什麼叫獨立？以庫克群島為例，國際上並未承認它是獨立的國家，[17] 而是視為與宗主國結盟的自治政府；[18] 但庫克群島在太平洋地區卻沒有因而被看輕，仍被認為是一個由人民自己組織政府的國家（a self-governing state），參與許多太平洋國家為主體的場合。所以，即使國際上並未承認庫克群島政治獨立，太平洋國家仍然視之為一員，顯示太平洋國家對於什麼是獨立，保有自己的看法；而臺灣在太平洋國家為主的場合仍然可以被接受為一員，也與太平洋

---

17 庫克島至今仍然接受紐西蘭的經濟援助。特別是在 1990 年代因受到經濟危機的影響，經濟疲弱，紐西蘭的經濟援助更形重要。庫克群島由早期的不列顛保護領（former British protectorate），到 1965 年成立國家，這個國家的性質卻和前殖民地主紐西蘭有個特殊的關係，稱之為自由聯合的關係，所以國際政治對其獨立狀態多有保留。參考楊聰榮，〈紐西蘭殖民體制與移民體制的歷史形成與影響〉《當代紐西蘭民主政治》。臺北：翰蘆出版社，2006 年。

18 馬克斯・顧安奇，隆・阿丹斯著，蔡百銓譯，《太平洋文化史》（Culture Contact in the Pacific: Essay on Contact, Encounter, and Response.）。臺北：麥田出版社，2000 年，頁 227。

國家對「何謂獨立國家」的看法比較寬鬆有關。

　　這裡就引伸出一個根本的問題，即：何謂獨立國家。對此，太平洋國家提供了各種不同的可能性。有與美國以自由聯合關係而結合的獨立國家，分別是密克羅尼西亞聯邦、馬紹爾群島共和國（Republic of the Marshall Islands）以及帛琉共和國（Republic of Palau）。這三個國家早已獨立，也分別是聯合國的會員國，但都是美國的自由聯合關係國家（freely associated states），在經濟上及領土安全上接受美國的支持與援助。根據自由聯合關係條約，美國認為內政部（Department of the Interior）「有責任提供管理及監督的協助」（the responsibility to administer and oversee assistance provided），[19] 因此成立島嶼事務局（The Office of Insular Affairs）來執行相關的協助工作。

　　由於太平洋國家有獨特的國家模式，對於是否採取非常形式主義的法理獨立，並非十分在意。除了前述的自由聯合關係國家，還存在屬地及海外領土等不同型態。例如：新喀里多尼亞在法理上仍屬法國領土，法國的法律仍將之定義為法國海外領土（French Overseas Territory），但並不影響太平洋國家將它視為一個獨立的政治單元。

---

19 U.S. Department of the Interior , "OIA Responsibilities." U.S. Department of the Interior, Office of Insular Affairs. (http://www.doi.gov/oia) 2015.

此外，太平洋國家的不同例子，也引發了對於國家性質（nationhood）的反省。國家是什麼？怎樣才叫一個國家？太平洋國家的史實提供了新的反省。就人口而言，全國人口不到一萬人的諾魯也是國際所承認的國家，它在 1968 年獨立，在 1999 年才與吉里巴斯與東加一起加入聯合國。另一個人口少於一萬人的國家吐瓦魯，未來則有可能連土地都不存在。因為，如果溫室效應（the Greenhouse Effect）持續下去，則海水在數十年內將淹沒吐瓦魯所有的土地。

由於太平洋國家的特性，使我們對於「構成一個國家的要素到底有哪些」有了新的反省，新的體認。如何能構成一個國家？有人口這樣少，經濟這樣困難，土地這樣脆弱的國家，從各種角度來看，這都是一個絕對弱勢的國家。然而，即使弱勢，也可以成為一個國家。以太平洋國家的例子來看，就連條件這麼惡劣的弱勢國也能成為聯合國的會員國，地位與大國相同。

就國家體制而言，太平洋島國這些國家遠比一般理解的複雜。其中有共和國、聯邦、自由聯盟、君主立憲王國、託管地、屬地、海外領土等。其中，密克羅尼西亞聯邦採聯邦制，同時也是美國的自由聯合關係國家，與美國有特殊的關係。在聯邦制下設有波納佩、楚克、科斯雷與雅浦四個邦，首府則設在波納佩島（Pohnpei Island）上的科洛尼亞（Kolonia）。到了 1989 年聯

邦首府改到帕里基爾（Palikir），而科洛尼亞仍為波納佩的首府。
王國方面，東加王國在 1970 年才擺脫英國的統治，成為獨立的
國家，但仍然維持君主統治的制度，王室傳統一直持續，不像其
他殖民地的王室因外來政權而崩潰，目前仍是國際上少數維持王
權統治的國家。此外，美屬薩摩亞的政治地位屬性比較難界定，
既不像夏威夷成為美國的一個州，也不像波多黎各有個自治政
府，而是由美國內政部直接管轄，一般稱為美國未整併的海外領
土（unincorporated territory）。[20]

獨立運動史的多元類型

有別於以往的固定模式，太平洋模式的獨立運動是不可忽視
的獨立運動類型；古典民族國家的看法，並非舉世皆然。對民族
國家的看法，傳統上認為民族情感的出現早於民族國家，希伯來
人和希臘人站在「種族本位立場」，羅馬和基督教持「一統天下」
的觀念，而十五、十六世紀的民族王國只是作為君王抗外和反教
會的產物，以及十九世紀受到法國大革命的影響，自由、平等的
觀念等，這些都不一定是民族獨立運動的基本條件。也許這樣的

---

20 Daniel H. Macmeekin, "The Overseas Territories and Commonwealths of the United States
of America", European Islands System of Links and Exchanges.(http://www.eurisles.com/
Textes/statut_iles/AmericaFR.htm). 2005.

討論適合十九世紀的歐洲，卻不見得能用在二十世紀後半至今的太平洋。

　　考慮包括太平洋史在內的近代民族主義的發展，則以上所提及的共同基礎，不論是有長期的共同歷史，或是有知識階層的發展，或是有共同反對的敵人等，都不太符合太平洋島國的模式。我們應該重新考慮獨立運動，參考過往歷史的發展，回顧獨立運動史，由世界史的不同史實，歸納出不同的類型。重新整理民族主義的歷史。可以說，近代民族主義運動有四波，以不同的模式展現，分別為美洲模式，歐洲模式，亞非模式及太平洋模式。因應太平洋模式，可以檢討獨立運動中的不同模式，分述如下。

歐洲模式

　　歐洲模式的民族獨立運動，具有強烈的「民族國家」（nation-state）的意涵。「民族」（nation）一詞最初的意義指血統來源，如 naissance（出生、起源），源自拉丁文的「民族」（natie）一詞。遲至十六世紀，民族一詞才出現 volk（人民、民族）的概念。民族的概念由血緣的聯繫，演變為空間的地域區隔與人民。而後「民族」的意義與所謂的族裔單位接近，並加上強調民族作為一政治實體及獨立主權的意涵。民族（nation）是以每個人具有統一的文化為基礎，增進公民們感情上的聯繫，透

過此一聯繫,每個人都產生一種認同感的心理文化概念。而國家
(state)則是由人口、領土、政府與主權等要素構成的政治單位,
國家為全體公民的政治忠誠提供基礎的政治法律概念。兩者合而
為一,就成了民族國家。

民族國家各發展階段,由中古世紀末期到十九世紀後期之
前,如英、法、西班牙等國經長期自然演進而成,或如十九世紀
後期形成的德國、義大利,是統治者以政治、軍事、外交的力量
統一或獨立而成為國家。建立民族國家,多由革命手段達成,人
民民族意識未必成熟,故政府透過教育培養民族認同感。在義大
利統一和德意志建國的影響下,許多歐洲的王國,也紛紛要求獨
立,脫離帝國主義而建立自己的民族國家。例如:歐洲的希臘、
比利時、塞爾維亞、羅馬尼亞和保加利亞等國。

強調身為「上帝的選民」的希伯來人,在第二次世界大戰後
建立以色列,也是以歐洲模式追求民族國家的產物。以色列雖然
遲至 1948 年才獨立,觀察猶太人復國運動史,就可以知道以色
列的獨立是十九世紀歐洲民族主義運動的遺緒。[21] 聯合國大會在

---

21 以色列的獨立運動經歷了一段較漫長的過程。十九世紀末,一名在奧地利報社上班
的猶太裔記者赫茨爾(Theodor Herzl)寫了一本著作《猶太國》,鼓吹建立一個猶太
人國家,以解決猶太人的問題。後來組建了「世界猶太復國主義組織」,並於 1897
年 8 月,在瑞士的巴塞爾(Basel)召開第一屆猶太復國主義大會,是政治性的猶太
人復國主義的開端。猶太復國主義者開始頻繁地在海外各地活動,重新掀起一波移
民巴勒斯坦的浪潮。魏茨曼(Chaim Weizmann)領導猶太復國主義,促使英國政府
於 1917 年發布〈巴爾福宣言〉(Balfour Declaration),英國承諾在巴勒斯坦建立一

1947 年 11 月 29 日通過決議案，將巴勒斯坦瓜分為獨立的猶太
國家和阿拉伯國家。綜觀整個發展，以色列人總是仰賴猶太復國
主義運動的聲援，其抱持的信念是：猶太人應該建立自己的國
家。

美洲模式

「民族獨立運動」的美洲模式，迥異於「民族國家模式」的
歐洲模式，是以移民為主體所建立，這裡稱為「移民國家模式」，
不論這裡的移民是否與當地土著結合。西元 1776 年，北美十三
個殖民地聯合發動獨立戰爭，七年後正式脫離英國，創立美利堅
合眾國。在中南美洲受西班牙統治的大部分殖民地，與受葡萄牙
統治的巴西，以同樣的模式先後掙脫西、葡控制的命運，建立自
己的國家；如墨西哥在 1824 年脫離西班牙獨立。要求中南美洲
獨立的行動者，主要是殖民宗主國葡萄牙與西班牙的後裔，他們
在新世界移居一段時間後，開始以當地為家，而要求在此成立新
的國度。

個猶太民族的家園，並得到美、法、義大利及其他歐洲強國的同意。1929 年，在魏
茨曼的領導下，「世界猶太復國主義組織」擴展為「巴勒斯坦猶太人機構」。第二
次世界大戰後，「猶太復國主義」受到納粹屠殺猶太人的刺激，獲得世界各國的普
遍支持。後來以色列立國，魏茨曼擔任第一任總統。參考 Walter Laqueur, *A History of
Zionism.* New York: MJF Books, 1997.

　　美洲的民族獨立運動與歐洲的民族獨立運動互相交迭，互有影響。美國獨立戰爭還發生在法國大革命之前。1789 年法國大革命，帶來民主自由的風潮，這股風潮奠定了歐洲民族主義的基礎。由法國大革命發展出來的自由、平等、博愛的民主革命，取代了原先「效忠國王」的觀念。這一重大轉變，正是近代民族國家的特色。到了十九世紀，在義大利統一和德意志建國的影響下，許多拉丁美洲國家也紛紛要求獨立，脫離帝國主義，建立自己的國家。拉丁美洲的阿根廷、玻利維亞、巴西、智利和祕魯等國，皆為此一時期的代表。

　　美洲模式最大的特色是：由移民構成獨立運動的主體。雖然哥倫布及西班牙的探險家登陸新大陸時，美洲大陸約有三千萬到三千五百萬的印第安人在此定居，而美洲雖有阿茲迪克、馬雅及印加三大文明，各有其複雜的社會、宗教和官僚組織，但在西班牙征服拉丁美洲前後，都走向滅亡之路。西班牙的文明取代當地的文明，拆毀當地的神殿建築，改建天主教堂等。移植來的西班牙文明就成為今日拉丁美洲政治、經濟、社會、文化等活動的基礎，在地位上取得絕對優勢的，主要是白人及混血人種。

　　北美洲的十三州殖民地由新移民主導，而拉丁美洲追求獨立的遠因則是在地白人（criollos）對半島白人（peninsulares）的不滿。前者是來自伊比利半島的白人，他們大半是西班牙王室派在殖民地的官員及其眷屬。後者是在拉丁美洲出生的白人，主要

是大莊園主，掌握了當地的經濟與社會活動。[22] 不論如何，獨立
運動的主體族群是移民，或是與土著混血的移民之後。拉丁美洲
獨立英雄玻利瓦和聖馬丁帶領拉丁美洲各國在 1820 年代先後獲
得獨立，都是同樣的背景。

亞非模式

　　亞非模式則主要發生在二十世紀，特別是第二次世界大戰以
後，即二十世紀下半葉，亞非國家紛紛獨立。這種模式的民族獨
立運動，主要是以掙脫殖民帝國主義的控制為主，獨立過程中充
滿反殖民鬥爭，可稱為「反殖民模式」。

　　亞非模式的民族獨立運動，以第一次世界大戰後，1918 年
美國總統威爾遜提出「關於戰後和平的十四點原則」（Fourteen
Points）之民族自決為發端。第二次世界大戰後，許多亞洲、非
洲獨立後，建立了新興的民族國家，二十世紀可稱為亞洲和非洲
民族主義的世紀。

　　第一次世界大戰結束後，還是產生了不少新興民族國家。隨

---

22 大莊園（hacienda）集合了社會、經濟、政治、軍事的功能。大莊園的土地制度實際
　　上反映出拉丁美洲社會階級（白人、混血、印第安人、其他有色人種）的差異；所
　　得及財富上的差異；政治上的差異，而且這些差異互有關聯。參考 Thomas E.
　　Skidmore and Peter H. Smith, *Modern Latin America*, Fifth Edition , New York: Oxford
　　University Press, 2001.

著奧匈帝國、土耳其帝國、俄羅斯帝國和德意志帝國的瓦解，有六個族國隨即誕生，那就是波蘭、捷克、立陶宛、拉脫維亞、愛沙尼亞和芬蘭。

第二次世界大戰，交戰雙方為了戰爭的勝利，又再度利用「民族自決」來爭取各弱小民族的支持。第二次世界大戰以後，新興的民族國家如雨後春筍般出現。亞洲有菲律賓、韓國、越南、寮國、印度、巴基斯坦、印尼、馬來西亞、新加坡、緬甸、錫蘭（今稱斯里蘭卡）、伊拉克、伊朗、敘利亞、黎巴嫩、約旦、以色列等；非洲則有埃及、利比亞、突尼西亞、蘇丹、摩洛哥、喀麥隆、達荷美、獅子山等數十國之多。

亞非模式的主要模式，既不是建立強調民族概念的民族國家，也不是由特定地域的新移民建立新的國家，而是為了反殖民鬥爭而形成國家，國家的界限有時也因此呈現人為的特性。印度是亞非模式一個很好的例子。第二次世界大戰後，在甘地的領導下，印度終於在 1947 年獨立，但巴基斯坦卻從中分離，後來孟加拉又從巴基斯坦分離出去。[23] 到了 1971 年，雙方爆發內戰，東巴基斯坦在印度的軍事介入下建立孟加拉國。這些發展足以證

---

23 1947 年巴基斯坦和印度分別獨立建國之後，孟加拉成為巴基斯坦的一部分（東巴基斯坦）。巴基斯坦與孟加拉隔著印度遙遙相對，距離相隔超過一千六百公里，人口種族也有很大的差異。西巴基斯坦多為旁遮普人，東巴基斯坦多為孟加拉人，雙方的共同點就是信奉伊斯蘭教。

明：亞非國家的國界充滿人為因素，是在反殖民鬥爭下產生。

太平洋模式

　　如上所述，太平洋模式的獨立運動，與其他地區的獨立運動性質不同。首先，太平洋模式的獨立運動，缺乏強而有力的民族觀念，經常是不同的族群被放在一起，難以推動民族革命運動。其次，移民的因素並非特別突出，移民也不是獨立運動的主體。另外，雖然太平洋地區都受過不同殖民主義的管制，但獨立運動的發展卻不是建立在反殖民主義的基礎上。

　　將太平洋島國的個別國家當成行動主體，而其獨立的歷史視為性格呈現的文本。如同閱讀太平洋的風俗習慣一般，將這種集體性格表現的特色凸顯出來，足以從中尋找一種「太平洋島嶼的智慧」；[24] 可以從其歷史上的集體性格表現看出其中的邏輯，或稱之為生存之道。Francis Hezel 認為：可以從各島在與外界接觸的過程中看出這種智慧。他說「太平洋上每個島群都有包含本地智慧的財富，這種智慧包含在其獨特的文化遺產中，也包含在與外人交往的經驗，文明與殖民都在其中。」[25]

---

24 這裡借用一本書的書名，曹峰，《太平洋島嶼的智慧：海島文明的獨特風格》，臺北：新潮社，2004 年。

25 Francis X. Hezel, "Recolonizing Islands and Decolonizing History", In Donald H. Rubinstein (ed.), *Pacific History: Papers from the 8th Pacific History Association*

　　國際政治討論到太平洋島嶼時，常常只看這個地區的強權，如美國、法國、英國、日本等。這其實是不瞭解弱勢國家的特性所在。在太平洋的公共事務中，強權所扮演的角色誠然舉足輕重，是歷史變遷的決定力量。但是，主動與被動是相對的存在。缺乏弱勢國家的配合，強權也難以推行。因此，弱勢國家誠然弱勢，卻仍可在與外界的交往中因勢利導，選擇自己要走的路。

結語：弱勢國家模式的民族主義運動

　　綜合以上的討論，民族主義運動有四波，分別是美洲模式、歐洲模式、亞非模式及太平洋模式。歐洲模式以民族國家（nation-state）為主要追求典範；美洲模式以移民國家為主體；亞非模式則是以反殖民主義為其主要力量；太平洋模式與上述都不相同，可稱為弱勢國家模式。

　　由弱勢國家模式的型態，我們可以歸納出太平洋國家在獨立運動中的特質。太平洋國家在獨立運動歷史過程中展現極大的耐心，對於獨立的法理形式以及國家的特性表現出彈性，同時在獨立運動的過程中，表現出對鄰邦的支持與重視。最重要的是，儘管太平洋國家的獨立運動漫長而緩慢，方向卻極為清楚：邁向全

Conference. Mangilao: University of Guam, 1992, p. 63.

面獨立。在太平洋的歷史中，相較於世界各地的民族運動史，無疑是獨樹一格。

第四章

南太平洋國家多元族群

　　本章將從太平洋史的立場，討論南太平洋國家的多元族群與國家認同，問題的焦點在於不同族群如何構成一個國家，以及如何使一個國家的族群和平共處。[1] 南太平洋是世界上島嶼國家最多的地區，各島嶼的族群複雜，要以現代國家的形式存在國際社會，本來就是困難的事。因此，南太平洋各國都存在「如何使各族群在現代國家的架構中和平生活」的問題。受限於篇幅，這裡討論的例證主要是發生重大問題的南太平洋國家。首先會就一般的族群問題，以條例方式概括說明，再分析其中的衝突事件。

　　大多數的南太平洋國家都有族群的問題，只是程度不一，多數的情況是各個多族群國家，需要時間慢慢整合內部各族群。整合過程中有的國家發生族群紛爭，還發生族群暴動事件；有的國家甚至因為族群紛爭而發生分離主義運動，或出現軍事政變；但

1　本章由專書論文修改而成，原文見楊聰榮，〈南太平洋國家的多元族群與國家認同〉，《臺灣與南太平洋國際關係》。臺北：臺灣國際研究學會，2007 年，頁 65-88。ISBN:978-986-82090-6-0。

也有許多國家族群不同卻相安無事。本章討論的主要是發生暴力紛爭的族群問題，可分為獨立運動問題、族群暴動及軍事政變。

在各種如何由各族群組成國家的問題中，將分成兩大類來討論。一類單純涉及族群問題，另一類涉及領土問題。前者主要討論南太平洋的族群問題，焦點集中在族群衝突，以及移民所構成的族群問題。許多族群衝突的問題肇因於移民，特別是殖民時代大規模的經濟移民。除此，有些地區人口外移的問題很嚴重，使當地島民的認同難以維持，這也是太平洋島國特有的問題。

涉及領土的紛爭是另一類國家認同的問題，多數也與族群問題有關，即：哪些人或哪些地方可以共同組成一個國家。涉及領土問題的情況比較複雜，問題不單純是哪些地方可以構成一個國家，還涉及其他強權國家的利益，而不只是南太平洋國家的內部問題。在涉及領土問題的族群問題上，我們將討論分裂島嶼、合併、反殖民獨立運動及分離主義運動。

移民與族群與領土問題

我們必須先從太平洋地區的島國型態談起。太平洋地區多數島嶼，在西方國家到達以前，比較少出現跨島之間的王國，因此缺乏較大的政權統治範圍。位於北太平洋的夏威夷（Hawaii）是在西方人到達並引入西方的武器後，才開始出現一統的王國，算

是比較大的王國。不幸的是,它並沒有保持獨立的政治統治地位,後來被美國兼併,成為美國治下的一個州。南太平洋則只有東加王國,是在西方國家到達之前就存在的統一王國,其他地區都是零星散落的島嶼群。因此,後來在這些地區建立的國家,多數是西方殖民主義當初劃分的疆界所以大多具有多島嶼和多元族群,也都面臨如何整合各族群的問題。

太平洋島國的族群問題主要因移民而產生,大部分來自於移民所帶來的族群,與本地居民發生衝突,特別是大規模的移民。這是一個屬於現代世界的問題,在西方的航海家尚未來到這個地區以前,各島嶼間的來往有限,很難說存在現代意義的移民問題。人類學家發現早期的南島民族善於航海,南島民族分布到太平洋島上,應該也是長程航海移民的結果,或許有不同形式的移民問題。然而,這是難以考證的早期歷史,等到對太平洋島國有詳細記錄時,各島嶼之間仍是相對孤立的狀態。著名的人類學家馬凌諾斯基發現的庫拉圈交換就反映出:存在於新幾內亞東邊的跨島群交易圈,仍以交換行為為主,而非大規模的移民行動。

大規模移民的後果是改變島嶼的族群組合。新的族群組合經常是族群紛爭的來源。以斐濟的族群問題為例,主要的衝突來自本地的斐濟人與外來的印度人。問題是,外來的印度人至今已經在斐濟定居三、四代,成為斐濟的一個族群,應以印度裔斐濟人

（Indo-Fijian）稱之[2]，人口也達到 44％，已足以與占有 51％人口的斐濟土著（Fijian）分庭抗禮。為什麼斐濟會出現這麼多印度裔人士？主要還是跟殖民主義的歷史有關。自 1879 年起，英國殖民政府為了擴大糖業種植，引進印度技術熟練的工人，到了 1920 年才停止大規模從印度移民。但是，自由流動工人仍然可以從印度前來，未曾停止，到了 1960 年代中期也還有人陸續前來。這些移民改變了島內族群組合的生態，原來在殖民統治之下，問題並未凸顯，但獨立之後，族群之間的利益衝突浮現，族群紛爭就此開始，成為日後斐濟一再發生政變的原因。

移民問題除了外來移民之外，島國如果有境內的遷徙，也可能因為移民改變族群生態而產生族群紛爭。以索羅門群島為例，本地最嚴重的族群衝突是馬萊塔（Malaita）島民與瓜達爾卡納爾（Guadalcanal）島民之間的衝突。這兩個族群都在索羅門群島境內，都算是當地的族群，但仍發生武裝衝突。兩個族群各自有自己的武器跟民兵組織，在 2000 年發生武裝衝突，成為內戰的狀態。兩個當地族群會發生這樣嚴重的內戰，仍與移民過程有關。索羅門群島原為英國殖民地，日軍在 1942 年占領索羅門群島，後來美軍又把日軍趕走，美軍因為駐守在首都所在的瓜達爾

2　Pirie, Barbara, The Complexity of Ethnic Conflict in Fiji: Finding Effective Interventions." *Development Bulletin*, 53: 53-57, 2000.

卡納爾島，人手不足，遂將馬萊塔島上的居民帶到瓜達爾卡納爾島，協助海港的搬運工作。戰後，這些馬萊塔人就在首都周圍定居下來，於是形成本地的瓜達爾卡納爾人與外來的馬萊塔定居者之間的衝突。

　　移民也改變族群在當地島嶼的分布，這主要是人口移出所造成。現在南太平洋各國，人口外移最嚴重的地區，可能連國家都很難維持，其中最嚴重的國家可以紐埃（Niue）為代表。紐埃島現在移民到紐西蘭的島民，遠比留在紐埃島上生活者多出許多。早在西元 1999 年，紐埃島上就只有約 1 千 5 百人（Talagi, 1999）；到了 2004 年，熱帶氣旋赫塔（Cyclone Heta）侵襲，人口再度減少，只剩下 5 百人左右。[3] 一般估計，紐埃島民現在約有 2 萬人居住在紐西蘭，已經取得自治領地位的紐埃島，幾乎無法維持自治政府。

　　領土也牽涉到哪些人可以共同組成一個國家。有的問題是分裂島嶼，也就是同一個島嶼上有不同的政治權力分治；也有屬於合併的問題，也就是原來分屬不同政權的島嶼，後來合併成為新的國家。另外，南太平洋仍然存在許多尚未獨立的地區，仍由境外的強權國家控制。這些地區中，少數有強大的反殖民運動，要

3　Fifita Talagi, "Statement of The Government of Niue." Paper presented at The Hague Forum, United Nations Population Fund, Hugue, 8-12 February, 1999.

求獨立的呼聲未曾稍減;在已經獨立的國家中,有的內部也有部分島嶼要求獨立,某些獨立運動甚至已經有武裝部隊出現。

分裂島嶼問題是指同一個島嶼由不同的政治單位分別治理,即「一島分治」。世界上的分裂島嶼數量不多,[4] 在南太平洋地區的新幾內亞島及薩摩亞島就屬於這種情況。新幾內亞島的東部是巴布亞新幾內亞的獨立國家,西部則由印尼管轄。新幾內亞島的西部已出現分離主義運動——西巴布亞(West Pabua)獨立運動,這在過去是在印尼境內最嚴重的武裝分離主義運動,現在印尼進入民主化進程,情勢變得比較和緩。[5] 至於薩摩亞島則分為薩摩亞及美屬薩摩亞,如果美國不改變政策,美屬薩摩亞變動的可能性比較小。原來在薩摩亞島西部的獨立國家西薩摩亞,在認知了這些情況後,已經將國家名稱改為薩摩亞共和國,並不要求改變現狀。

美屬薩摩亞的政治不太可能改變,也與移民的問題有關。[6] 美屬薩摩亞人口外移問題嚴重。美屬薩摩亞人的人口外移問題很

---

4 世界上分裂島嶼的例子是相對少數,主要是火地島(Tierra del Fuego),愛爾蘭島(Ireland Island),塞普路斯島(Cyprus),西班牙島(Hispaniola),錫蘭島(Ceylon),聖馬丁島(Saint-Martin),婆羅洲島(Borneo),新幾內亞島(New Guinea)、帝汶島(Timor),薩摩亞島(Samoa)。

5 Otto Ondawame, "Managing Conflict over West Papua: Community Engagement in Peaceful Dialogue." *Development Bulletin,* 60: 21-23, 2002.

6 George H. Ryden, *The Foreign Policy of the United States in Relation to Samoa.* New York: Octagon Books, 1975.

嚴重，主要移民的地點是在美國，其中的大本營是在美國的西部
地區，特別是在加州；夏威夷也是分布據點之一，約有兩萬人居
住在此。從移民的統計人數來看，移居在美屬薩摩亞以外的美屬
薩摩亞人，約比住在當地的人多兩倍。[7] 在只有少數當地人定居
在此的情況下，有能力要求政治變動的可能性很小，一般預料尚
未發展出成氣候的獨立運動，而美國的政策也尚無改變的計畫，
薩摩亞保持分裂島嶼的狀態應該會持續。

　　分離主義運動是南太平洋國家目前最受關注的問題。分離主
義運動是一種政治運動的主張，其訴求是「與原有的政治範圍分
離」。多數的分離主義運動與族群問題有關──因為族群不同而
形成不同的政治認同，並且要求建立自主政治範圍。在南太平洋
形成現在的政治版圖之前，各個地方分別經歷不同的分分合合過
程，無數不同的爭取與討論。至今仍有許多群島國家，還須要在
內部形成共識，共同組成一個國家。

　　吐瓦魯的獨立也是一種分離主義運動，只是這種分離主義運
動因為開始得比較早，而且雙方都有意願，最後以成功收場，比
較少受到注目。吐瓦魯過去一直與今天的吉里巴斯放在一起，因
為它們都是英國的殖民地。但是，吉里巴斯的人種組成是密克羅

7　Alison D. Nordstrom, "Paradise Recycled: Photographs of Samoa in Changing Contexts."
　　Exposure, 28(3): 8-15, 1991.

尼西亞人，而吐瓦魯是玻里尼西亞人，種族的差異相對清楚。

這兩個群島在 1892 年成為英國的保護領「吉爾伯特及愛麗斯群島」（Gilbert and Ellice Islands），多數是以吉爾伯特來指稱這個地方；1916 年成為英國的殖民地；1971 年成為自治區；兩者有長達八十幾年被放在同一個政治單元之內，關鍵是在 1974 年發生種族紛爭，愛麗斯群島要求分離。最終，愛麗斯群島在 1978 年獨立成為吐瓦魯；吉爾伯特群島則在 1979 年獨立成為吉里巴斯。

在分離過程中，吐瓦魯採取比較積極的態度，經過一段時間爭取而來。吐瓦魯在 1960 年展開憲法運動，要求投票自吉爾伯特分離；1978 年正式宣布獨立後，同時捨棄了殖民時代的名稱愛麗斯群島，改以當地語言吐瓦魯為名。由於時機是在吉里巴斯獨立之前，紛爭較少，是個和平的分離主義運動。

馬紹爾群島是另一個分離主義的例子。馬紹爾群島原來被劃為新幾內亞的一部分，後來又成為密克羅尼西亞群島的一部分。1885 年，德國占領馬紹爾群島，把它劃分到德屬新幾內亞，屬於德國的保護領。第一次世界大戰時被日本占領，後由日本託管，開始殖民，並建立軍事基地，作為前進南太平洋的根據地，並於 1922 年獲得國際聯盟承認。1944 年，美國攻占馬紹爾群島，戰後，聯合國於 1947 年成立太平洋託管事會，將包括馬紹爾

群島在內的密克羅尼西亞群島等島群交由美國託管。1979 年，馬紹爾群島自治政府成立。1986 年宣布獨立，也和美國簽訂《自由聯合協定》。雖是共和國，但卻與美國保持自由聯盟的關係，實際上其外交與國防與美國共同管理。這是因為美國在馬紹爾群島有軍事基地的緣故。馬紹爾群島既不願加入巴布亞新幾內亞，也不願加入密克羅尼西亞聯邦，最後選擇自己獨立，是典型分離主義的例子。

馬紹爾群島的獨立運動主要是在 1970 年代發展，在 1964 年密克羅尼西亞成立自治國會，馬紹爾群島還在密克羅尼西亞之內，後來美國在比基尼島的核子試爆讓馬紹爾群島很不滿，引發強烈的反核運動，1973 年在原來的大酋長領導下，馬紹爾群島撤回了在密克羅尼西亞自治國會的代表，並開始尋找政治上的獨立。到了 1979 年，馬紹爾自治國會通過自治憲法，成立馬紹爾自治政府，可以算是實質獨立。到了 1986 年正式宣布獨立，並於 1991 年加入聯合國。密克羅尼西亞同樣在 1986 年獨立，建立了密克羅尼西亞聯邦，由四個島群組成，經由四個島群個別投票，通過憲法的形式成為同一個國家。

帛琉是另一個不參加密克羅尼西亞群島的國家。帛琉在過去也被安排加入密克羅尼西亞聯邦，卻在 1978 年的投票中，帛琉人選擇不加入聯邦，單獨成為政治體，後來自行制定憲法，在

1981 年選出自己的總統，組成政府，但法律地位仍屬聯合國託管地，直到 1994 年才取得完全獨立，並且在同年加入聯合國，與美國保持自由聯盟的關係。帛琉和馬紹爾群島一樣，在開始要建立密克羅尼西亞聯邦時，已表達希望追求自成一國的意願，是另外一個分離主義的例子。

分離主義運動中還有一類屬於「為反對殖民地地位而生」，到目前主要是法屬海外領地。其他西歐國家在南太平洋的殖民地，若具有獨立的條件，大部分都已經獨立，獨有法國的殖民地一直沒有得到法國支持，並沒有往這個方向發展。法屬領土中，有兩個地方最具有獨立的條件，當地也有獨立運動開始發展，分別是法屬玻里尼西亞及法屬喀里多尼亞。法屬地區的獨立運動相對而言是比較緩慢，法屬玻里尼西亞的獨立運動發展較早，約在 1970 年代後半就開始快速發展，法屬玻里尼西亞的住民，對於長期目標追求獨立，應該是多數意見，然而對於獨立的方式的不同意見是造成進度緩慢的主因。到底應該如何達成獨立，住民的內部陣營中有不同的做法。有要求漸近式地從自治政府開始，也有激進派的要求立刻政治獨立，意見難以整合。法屬喀里多尼亞，獨立運動的發展更為緩慢，同樣是有較多的島民支持長期目標是追求獨立，但是法國政府的態度並不積極。[8] 雖然目前不能

8　Robert Aldrich, *France and the South Pacific since 1940*. Hampshire: Macmillan, 1993.

確定未來的發展方向，總體而言，法屬玻里尼西亞的進度較快，法國政府承諾逐漸增加法屬玻里尼西亞當地政府的自主性，而在法屬喀里多尼亞則沒有這樣的承諾。

　　太平洋島國的政治變遷會改變領土範圍者，除了分離主義運動產生分離外，也有合併的例子。原屬美國的鳳凰群島及萊恩群島的一部分，在吉里巴斯獨立時加入，美國也宣布放棄對兩者的管轄權。吉里巴斯原名吉爾伯特，為了表示是新的國家，在合併這兩個群島後改名為吉里巴斯。這是少數「原本分別被兩個不同的國家管轄，後來卻合併成為一個新的獨立國家」的例子。比較特別的是，原屬美國的鳳凰群島及萊恩群島，人種上屬於玻里尼西亞，與吉爾伯特的密克羅尼西亞是有差別的。雙方共同成立一個國家，獨立過程被認為比較平順，是比較罕見的例子。

　　另外一個合併的例子是巴布亞新幾內亞。該國位於新幾內亞島的東半部，一般仍視之為在太平洋西南的大洋洲島嶼國家，地理位置介於澳大利亞和索羅門群島之間，與西鄰的印度尼西亞的伊利安有陸地邊界。巴布亞新幾內亞由兩個政治單位合成。原有英屬及德屬新幾內亞，後來在澳大利亞的控制下，將兩個單元合併。其中，英屬新幾內亞在 1906 年即交由澳大利亞管理，改稱澳屬巴布亞領地；德屬則是第二次世界大戰後，聯合國委託澳大利亞繼續管理。1949 年，澳大利亞將原英屬和德屬的兩個部分

合併為一個行政單位，稱為巴布亞新幾內亞；1973 年實行自治；
1975 年宣布獨立。

政變個案分析——斐濟

前述各式各樣的族群問題，以及涉及領土的問題中，有一部
分比較嚴重，甚至爆發暴力衝突，包括街頭暴動、軍事政變及武
裝對抗。談到太平洋地區的政變，就會想到斐濟。斐濟已經成為
南太平洋國家政變的代名詞。相較於其他南太平洋國家的和平穩
定，斐濟卻一再發生政變。最近二十年來已經發生四次政變，分
別是在 1987 年、1999 年、2000 年及 2006 年。斐濟與英國的關
係深重，是大英國協之一，並建立了議會共和國，全名為斐濟群
島共和國（The Republic of The Fiji Islands），是南太平洋國家
中較早取得獨立地位的國家。斐濟早期被視為南太平洋民主體制
的代表，卻由於政變頻仍，原為南太平洋政治經濟中心的首都蘇
瓦因此蒙塵，外界對斐濟不再看好，民主之路尚待努力。

斐濟是多民族國家，其中 51％為斐濟族，44％為印度族；
其中斐濟族人世居斐濟，被認為是當地土著。斐濟居民信奉基督
教、印度教和伊斯蘭教，而以信基督教的人數最多，約略過半；
官方語言為英語、斐濟語和印地語，通用英語。1643 年，荷蘭
航海家塔斯曼率先來到斐濟；十九世紀上半葉，歐洲人開始移

入。1874 年，斐濟淪為英國殖民地，直到 1970 年才獨立。斐濟的治體制是共和制，總統是國家元首，擁有行政權；議會實行兩院制，由參議院和眾議院組成，眾議院是最高立法機構，議案由眾議院討論通過，參議院認可後交由總統簽字，公布生效。

最近一次政變發生在 2006 年。總理萊塞尼亞·恩加拉塞（Laisenia Qarase）在 2006 年 5 月宣誓就職，同年 12 月 5 日就因為軍事政變下臺。當時軍方解除斐濟警察武裝，包圍總理官邸，並強行進駐；隨後總理被解除職務，軟禁在住所，國家暫時由過渡政府、內閣和暫任總統管理，完成政權交替。島國斐濟的政治危機一再發生，基本的社會結構卻沒有改變，所以新的局面最後仍會得到相同的結果，導致斐濟政變不斷。國際上第一時間的回應都是不承認政變結果，要求對該國制裁，如澳大利亞及紐西蘭都曾宣布將實施經濟制裁，英國也曾決定要無限期暫停斐濟在大英國協的會籍，但通常過一段時間，又會慢慢接受已經控制局面的新政權。

原本斐濟被認為是南太平洋島國中經濟實力較強的國家，致力於促進投資和出口，逐步發展外向型經濟。斐濟盛產甘蔗，工業以製糖為主，還包括服裝加工、黃金開採、漁產品加工、木材和椰子加工等。此外，斐濟漁業資源豐富，漁業也很發達；旅遊業也逐漸發展起來。斐濟政府利用得天獨厚的自然條件大力發展

旅遊業，目前每年旅遊收入近 4.5 億美元，約占斐濟國內生產總值的兩成，是斐濟最大的外匯收入來源。斐濟全國約有 4 萬人在旅遊部門工作，占就業人口的 15％。每年約有 50 萬外國遊客來訪。斐濟的地理位置很好，是大洋洲與南北美洲海空往來中心，是南太平洋地區重要的交通樞紐。首都蘇瓦港是重要的國際海港與空港。然而，這些優勢都在頻仍的政變後受到打擊。

斐濟的政變過程多半沒有激烈的軍事衝突，也沒有太嚴重的暴力傷亡記錄。但是，每次政變都由軍方發動。每次政變後就重新制定憲法，然後進行選舉，還政於民。但是，過一段時間以後又發生政變，一切重新來過。從斐濟的例子來看，至少願意接受民主選舉制度，然而，民主選舉制度所產生的政府，卻又無法被接受。這主要仍是殖民時代的移民政策所遺留下來的問題，民主選舉的方式在這裡無法解決問題。

族群衝突個案分析——索羅門群島

索羅門群島自獨立以來，發生過幾次性質不同的衝突，被認為是本區局勢比較不穩定的地區。尤其是近年來發生的暴亂較多，還動用國際干預才平息衝突。其中發生的軍事衝突屬於族群衝突。發生衝突的雙方是馬萊塔島民與瓜達爾卡納爾島民。索羅門群島這兩個族群都是當地的族群，但卻仍然發生武裝衝突。衝

突的規模不小，在衝突中有上千人受傷，上百人死亡，是南太平洋中少見的武裝族群衝突。

　　武裝衝突始於 2000 年，而兩者之間的衝突則在 1998 年即已發端，當時瓜達爾卡納爾島上的武裝青年攻擊來自馬萊塔的島民。當衝突愈演愈烈，雙方開始武裝，進行有組織的暴力衝突。馬萊塔島民成立了武裝團體馬萊塔之鷹（Malaita Eagle Force, MEF），宣稱代表馬萊塔島民的利益，一度占領首都。此後雙方零星衝突不斷，最後連警察都參與其中，還因此成為無政府狀態，導致許多人死亡。這些情況又使衝突加劇，導致 25,000 個馬萊塔島民逃離瓜達爾卡納爾島，也有許多瓜達爾卡納爾島民為求安全，暫時離開首都，這樣的衝突持續很長一段時間。

　　武裝衝突的平息主要還是靠國際干預。在索羅門群島中央政府的要求下，澳洲和紐西蘭政府介入調停，協議簽訂停火協定。由於調停是在澳洲的湯斯威爾（Townsville）開會，稱為《湯斯威爾和平協定》（Townsville Peace Agreement, TPA）。後來，根據這個協定，在索羅門群島當地成立和平監督委員會（Peace Monitoring Council, PMC），先取得交戰團體的信任，再收繳武器，以推動和平進程。和平監督委員會雖然取得一定的成就，但是，交戰團體只繳出部分武器，擁槍自重，進而勒索搶劫，時有所聞。而後，應索羅門群島中央政府的要求，由澳洲政府領導一

個多國的區域性和平隊伍，由各國軍警所組成，稱為索羅門群島
和平團（Regional Assistance Mission to Solomon Islands, RAMSI），
重建索羅門群島法律秩序，才算漸漸平息了衝突。

　　分析索羅門群島的族群衝突，一般認為起因於索羅門群島的
中央政府職能不彰，其政策未能照顧不同族群的需求與感受。如
前所述，兩地的島民發生衝突，與前殖民地政權所實行的移民政
策有關。待索羅門群島獨立後，政府卻無法設定一個公共的方式
來處理兩者的利益衝突。其中，問題最大的是土地所有及土地利
用的糾紛。[9] 這其中有治理的問題，但是，考慮到問題發生的歷
史背景，仍是殖民時期留下的歷史包袱。

獨立運動個案分析——布干維爾

　　另一個發生軍事衝突的例子是布干維爾，目前仍屬巴布亞新
幾內亞管轄，而軍事衝突的原因是布干維爾要求自巴布亞新幾內
亞獨立出來，是典型的分離主義運動下的軍事衝突。巴布亞新幾
內亞本身就是一個有眾多族群的國家，族群數量數以千計，以
「在分歧中團結」（Unity in diversity）為國家立國精神。[10] 為

9　H. A. Holzknecht, "Land, People and Governance: Conflicts and Resolutions in the South
　　Pacific." *Development Bulletin,* 60: 8-12, 2002.

10 Bill Standish, "Papua New Guinea Politics: Attempting to Engineer the Future."*Development
　　Bulletin,* 60: 28-32, 2002.

何一個現代國家可以團結數以千計的不同族群，用同樣的方式，
卻無法團結布干維爾呢？

布干維爾島位於太平洋西南部的索羅門海，位於群島北端，
屬巴布亞新幾內亞的北索羅門省，也是索羅門群島最大的島，因
此，布干維爾也被稱為北索羅門，是為了紀念法國航海家布干維
爾（Bougainville, Louis-Antoine de.）而得名。首府位於該島東
岸的阿拉瓦（Arawa），全島呈西北－東南走向。長約 120 公里，
寬約從 64 公里至 96 公里，總面積約 1 萬平方公里。人口連同附
屬島布卡島在內約 13 萬人。主要人種為美拉尼西亞人，白人也
約有 6,000 人左右。布干維爾島在自然地理上屬於索羅門群島的
一部份，在人種上也是如此。雖然布干維爾至今仍屬於巴布亞新
幾內亞，但是，不論就分布位置、主要人種或社會文化型態，都
與索羅門群島比較接近，並不屬於巴布亞新幾內亞。

要討論為何形成的局面，還是要回到殖民主義的歷史。若非
殖民主義，布干維爾本來可以視為索羅門群島的一部分，但是在
1885 年布干維爾成為德國屬地，而 1893 年開始英國占領現今索
羅門群島的範圍，自此布干維爾與索羅門群島分別成為兩個不同
的政治單元。布干維爾島和新幾內亞被放在同一個政治單元，則
是在 1899 年德國將布干維爾島和新幾內亞作行政上的合併，這
種行政安排維持到後來，經歷不同的管轄權轉換，布干維爾島和

新幾內亞都是在一起，第一次世界大戰德國戰敗後，新幾內亞連同布干維爾島一起成為澳洲管轄的殖民地，第二次世界大戰期間，日軍佔領布干維爾，第二次世界大戰後，布干維爾交由澳洲託管，在 1949 年澳洲政府將新幾內亞和巴布亞合併，成為巴布亞新幾內亞，而布干維爾島就成為巴布亞新幾內亞的一部分。

　　考察布干維爾的獨立運動，相較於其他太平洋島國的發展較早，早在 1975 年巴布亞新幾內亞脫離澳洲獨立，布干維爾即要求自己來決定未來的政治安排，並沒有成功，但是獨立運動者開始採取行動，爭取獨立，到了 1988 年，布干維爾人成立武裝部隊，即布干維爾反抗軍，主要就是訴求獨立，也與巴布亞新幾內亞政府軍交火作戰，以武裝叛變的形式追求獨立。[11] 布干維爾反抗軍一度宣布獨立，在 1990 年成立臨時政府，但是未能成功，巴布亞新幾內亞政府則採取交通封鎖的方式對待。澳洲後來出面調停，先是在 1994 年雙方協定停火，1995 年在澳洲和談，1996 年和談不成功，雙方再度開火。到了 1997 年，在紐西蘭的斡旋下，雙方宣布停火，接受調停，到 1998 年由和平觀察團進駐布干維爾島，巴布亞新幾內亞和布干維爾終於在 2001 年簽訂和平協定，巴布亞新幾內亞允許布干維爾未來舉行獨立公投和成立自

---

11 Geoff Harris, Naihuwo Ahai, and Rebecca Spence, eds. *Building Peace in Bougainville.* Centre for Peace Studies, University of New England, Australia, 1999, pp. 1-4.

治政府，因此布干維爾的獨立應該是指日可待的事。[12]

分析布干維爾的獨立運動，現在雖然已經找到解決方案，然而，這種因為獨立運動而發生的武裝衝突也許從一開始就沒有必要。如果當時在幾次政權轉變的過程中，有較好的諮詢工作，也許可以在一開始就安排個程序開始討論。這個問題也是因為前殖民主沒有安排好，而後來成立的當地政府又沒有處理好所致。就獨立運動而言，布干維爾付出的代價也很大。不過，也因為是武裝衝突，巴布亞新幾內亞政府自認無力單獨處理，因此，藉由國際調停的介入，使得獨立的過程得以順利進行。

太平洋島國之族群與國家問題分析

從以上的個案可以知道：太平洋島國中發生嚴重族群衝突的個案，都與國家的構成有關。我們必須回到國家民族主義的基本問題，何謂一國之民？如何才能構成一個國家？劃界本身就是國族編造的一部份。過去的研究比較強調構成一個國家的民族感情。民族國家的神話就是假設：一群人可以構成國家民族的共同體，覺得他們自己是一個被歷史、文化、和共同祖先所連結起來

---

12 Damien Acheson, "Bougainville: Towards Independence?" *The Solomon Islands Archipelago* (http://damien.acheson.online.fr/ Bougainville_article_full_ text.doc) (2007/8/28) 2004.

的共同體。以太平洋島國為例，這種民族國家的神話不易建構。
不單單因為族群的種類很多，彼此的差異很大，無法相信共同祖
先的神話，而且，殖民地政治的影響很大，人們都很明白這些不
同的族群為何被放入同一個政治單元。同時，殖民地的歷史也很
短淺，還可以輕易的追溯殖民的歷程，要發展傳統的民族國家模
式殊為不易。

　　一般討論民族的概念，都會同時討論客觀層面及主觀層面。
就客觀層面而言，包括體型、外表、膚色、語言、宗教、或共同
祖先的共同性。就主觀層面而言，則是強調認知和感情。如果有
共同的歷史記憶，對於共同民族性（nationality）的塑造也有幫
助。一群人覺得他們自己是一個被歷史、文化、和共同祖先所連
結起來的共同體。[13] 這些討論對太平洋島國仍然適用，但是，如
果沒有考慮到地域的特殊性，仍會感到與討論的相關論題格格不
入。在討論太平洋島國的國家組成與民族主義時，我們必須加入
島國的地理。過去的討論較少探究地理學（geography）與民族
國家（nation-state）建構之間的關係。

　　我們首先回到「nation」這個字在現代英文中的意義。
「nation」不只是指中文的「國家」（包括英文的 state 以及

---

13 James G. Kellas, *The Politics of Nationalism and Ethnicity.* New York: St. Martin’s Press,
　1991.

country），也可以指「一國之民」的集合體（包括英文的
people 及 nationality）。「nation」這個英文字在歷史上曾經歷
語義學上的演變過程，原指一群從相同地域來的外國人（a
group of foreigners），後來成了一個意見的社群（a community
of opinion），然後轉變為精英份子（an elite）的意涵，而後指
涉具有主權的人民（a sovereign people），最後變成一群獨特的
人民（a unique people），指涉現代國家及其人民。[14]

　　可是相對而言，在太平洋島嶼的討論中，比較少人使用
「nation」這個字眼。這是因為太平洋島國多半是多群島的國家，
國土多半不連續，要將被殖民地或其他外來因素所劃分的群島及
其居民合稱為「nation」，確實有困難，使用「nation」來討論
太平洋島嶼就會面臨內部分歧的問題。但是，作為一種政治力量
的獨立運動主義（nationalism），卻也真實的存在。可見，在世
界歷史上扮演了重要角色的獨立運動，各地略有不同，性質也迥
異，關於獨立運動主義或國族主義（nationalism）的說法與內涵
應該加以修正。

　　關於國族（nation）和國族主義（nationalism）的定義到底
是什麼？一直是學者爭論不休的問題。有學者表示「在當今政治

---

14 Liah Greenfeld, *Nationalism: Five Roads to Modernity*. Cambridge, Mass.: Harvard
　University Press. pp. 1-12, 1992.

分析的詞彙當中，『民族主義』是最混淆的一個概念之一」。[15]
我們大抵可以說：國族主義（nationalism）是一種自決的政治主
張（political doctrine of self-determination），許多情況下等於獨立
運動的思想。因此，至少在獨立運動的意義上，使用
「nationalism」一詞，還算有清楚的意義範圍。這也是討論太平
洋國家的獨立運動時，仍然使用「nationalism」來討論的原因。
綜合上述的情況，太平洋的獨立運動就成為沒有國族意味的國族
主義（nationalism without nations）。[16]

　　國族是某一類型的團體（group），如果我們考慮外在客觀
的因素，會將國族的構成加入很多客觀標準，比如：共同地域、
血緣、族群、宗教、或共同信仰等等。[17]特別是在西歐地區，語
言扮演極為重要的角色，所以赫德（Johan Gottfried Herder）才
會將民族視為一種「具有特殊性的語言和文化團體」，或如費雪
（Johann Gottlieb Fichte）主張：每一個獨特的語言團體都是一
個獨立的民族，要有自己的生活，也應該控制自己的生活。[18]

---

15 Peter Alter, *Nationalism.* 2nd ed. translated from German by Edward Arnold.　New York: Edward Arnold. p. 1, 1994.

16 Clifford Geertz, *Old Societies and New States: The Quest for Modernity in Asia and Africa.* New York: The Free Press, 1963.

17 Anthony D. Smith, *The Ethnic Origins of Nations.* Cambridge, Mass.: Blackwell Publishers, 1986.

18 Robert Reinhold Ergang, *Herder and the Foundations of German Nationalism.* New York: Octagon, 1966.

　　當我們把諸如國族或國族主義這樣的概念放在特定的區域時，無可避免地，會遭遇到很多概念應用上的困難。許多國族主義的研究，很容易會以西歐的民族國家的型態作為討論的原型。討論國族主義，多是透過知識份子在意識型態上來建構。因此，也注重 19 世紀末國族主義開始襲捲整個世界以來，知識份子在「民族文化」的生產和扮演的重要角色。[19] 學者因此不免重視意識型態，認為國族主義（nationalism）是虛構出來，是意識型態正當化的工具。[20] 國族也可以由主觀因素來建構。有些學者則否認這些客觀特質可以當作定義民族的充分條件，甚至是必要條件。[21] 一個國族是一個由歷史所造成的、穩定的人類社群，以表現於一個共同文化的心理機制為基礎。[22] 然而，以太平洋國家的情況來說，並沒有這樣強烈的意識型態的成分，也很少見到知識份子扮演國族主義的要角。

　　Renan 也認為共同的地理或地域、語言、種族或宗教，沒有一個能視為民族存在的充分或必要條件。民族有兩個彼此相關的

---

19 Paul James, *Nation Formation: Towards a Theory of Abstract Community.* Thousand Oaks, Calif.: Sage Publications. pp. 191-213, 1996.

20 Ernest Gellner, *Thought and Change.* London: Weidenfeld and Nicolson. p, 41, 1964.

21 Eric J. Hobsbawm, *Nations and Nationalism since 1780: Programme, Myth, Reality.* 2nd ed. Cambridge: Cambridge University Press, 1992.

22 Margaret Canovan, *Nationhood and Political Theory.* Cheltenham, United Kingdom: Edward Elgar, 1996.

元素，一是共同擁有對過去記憶的豐富遺產（a common possession of a rich heritage of memories in the past），另一個則是要生活在一起，以便傳承這些遺產的決心（a desire to live together and pass on the heritage）。國族的本質包含由特殊歷史意識所維繫的連帶感（solidarity）。[23] 以Anderson的「想像共同體」（imagined community）這個概念，國族是一種人造體（artifact），是藉由想像成為理解國族特殊性的共同體對象。對不同的人群而言，他們對自己之所以能成為一個民族的宣稱，其實是建立在不同種類的事實之上。我們必須仔細地檢視所有的這些宣稱，並將這些宣稱視為將這群人連結起來的一種信仰。透過「印刷－資本主義」（print-capitalism）的運作，報紙和小說等新的文學文類，可以將國族描摹成可以想像的對象。[24] 就這一點而言，民族國家本身就是一種意識型態的建構。

太平洋島國大部分的國家很顯然並不符合這種情況。在西方勢力到達當地以前，絕大部分的太平洋島國基本上都是部落社會，彼此並沒有很好的整合，因此，找不到有可能構成一個國族應有的共同基礎。

---

23 Ernest Renan, "Qu'est-ce qu'une nation?" in John Hutchinson, and Anthony D. Smith, ed. *Nationalism*. New York: Oxford University Press, pp. 17-18, 1994.

24 Benedict Anderson, *Imagined Communities: Reflection on the Origins and Spread of Nationalism*. Revised ed. London: Verso, 1991.

　　比較太平洋島國的歷史，與西歐的國族主義發展，或亞洲的
國族主義的發展，最大的不同是發展國族主義的歷程，西歐或亞
洲的國族主義發展至少都有經歷一段國族意識發展的歷程，論者
多半把國族當成是自然天成的，彷彿是傳統形成或繼承而來的。
雖然是一種迷思，但卻具有強大的意向性，可以鼓舞大批人群為
此犧牲奉獻。國族主義在西歐或亞洲的發展，有時候會利用先前
已經存在的文化，將其轉化成國族的內涵，甚至加以創造轉化。[25]
在分析國族主義的起源時，就會發現到，很多時候，國族主義同
時扮演了原因和結果的角色。學者認為國族的本質中，很重要的
成分是主觀意識（subjective consciousness）。霍布斯邦將國族
定義為「一群人當中，有相當比例的人認為他們是一個『國族』
的成員（regard themselves as members of a「nation」）」。[26]正
是在這種意義下，Gellner 才會宣稱：先有鬥爭才有國族主義。[27]
太平洋島國的歷史相對較短，就殖民地的歷史而言，發生的年代
較晚。而在西方殖民之前，很多地區內部的整合都不足。即使有
共同的殖民歷史，也缺乏共同努力奮鬥的經驗。

---

25 Ernest Gellner, *Nations and Nationalism.* Ithaca, N.Y.: Cornell University Press, pp. 47-51, 1983.

26 Eric J. Hobsbawm, *Nations and Nationalism since 1780: Programme, Myth, Reality.* 2nd ed. Cambridge: Cambridge University Press, p. 8, 1992.

27 Ernest Gellner, *Nations and Nationalism.* Ithaca, N.Y.: Cornell University Press, p. 48, 1983.

前述分析的三個個案都凸顯同樣的問題，即：被放在同一個國家的不同族群，對於這個新國家的感情與看法並不相同，因此，最後發生衝突。三個個案也都是因為前殖民主的政策，才使不同族群被迫在一起生活，而雙方對於要如何一起生活尚未達到共識。由太平洋史的角度來看，這些太平洋島國的歷史都太短，內部的整合尚未達到足以形成民族國家的地步。因此，提早讓這些國家獨立，使得日後國家的治理出現問題時，它們並無法自行解決，最後都要藉由國際干預才能平息衝突，這使得太平洋國家能否包容多元族群還是問題。

結語：太平洋模式的族群及國家型態

如上所述，太平洋模式的族群問題及國家組成，與其他地區的相同問題性質不同。在太平洋模式中，因族群問題而產生的獨立運動，缺乏強而有力的民族觀念。這是因為太平洋島國政治經常是不同的族群被放在一起，難以推動民族革命運動。太平洋模式中，移民的因素並非特別突出，移民也並非獨立運動的主體。此外，太平洋地區雖然都受過不同殖民主義的管制，但是，獨立運動的發展並非建立在反殖民主義的基礎上，至少反殖民主義不

是其中的主要動力。[28]

　　由於太平洋島國的歷史經驗與西歐或亞洲不同，我們不能假設所有地區的族群與國族主義的議題都有同樣的模式。一如其他地區的國家，太平洋島國的族群問題，許多是由殖民地時代留下來的問題。本文分析的幾個個案都與殖民地的政策有關。然而，國族主義的發展並不容易，反殖民地的情緒難以高漲到成為分離主義的動力。不過，太平洋島民仍然發展出屬於自己的認同，島民與非島民的差別仍是巨大的鴻溝。太平洋島國的分離主義運動並非仰賴國族主義的共同歷史精神去發展，地理的區隔與人種的差異仍然是人群區分中最重要的因素。

---

28 Francis X. Hezel, "Recolonizing Islands and Decolonizing History," in Donald Rubinstein, H., ed. *Pacific History: Papers from the 8th Pacific History Association Conference*, p. 63. Mangilao: University of Guam, 1992.

第五章

從南島文化外交看帛琉

2009 年 3 月 21 日至 27 日馬英九總統率團前往 6 個太平洋友邦進行國是訪問，分別訪問了馬紹爾群島共和國、吉里巴斯共和國、吐瓦魯、諾魯共和國、索羅門群島及帛琉共和國，文化外交就是此行訪問的重點之一。在這次的訪問中，外交部設定了六個主題，其中，針對帛琉共和國的主題正是「文化交流」。從表面上看來，是六個主題的其中一個，這個主題設定在整個旅程中看來並不起眼，一般媒體並未對這個主題多加發揮，可能是以一國一主題方式，在上述六友邦分別依序推動「醫療合作」、「漁業合作」、「職業訓練」、「糧食安全」、「潔淨能源」與「文化交流」計畫，給人一種標題口號式的感受，媒體在這些部分著墨不多。然而，這是在馬英九總統上任以來，多次宣示要推動「文化外交」之後，首次啟動多項文化計畫的太平洋友邦行程，其中，南島文化正是在這次太平洋旅程中文化外交強調的重點。[1]

---

1 本章主要由研討會論文修改而成，原文見楊聰榮，〈南島文化與文化外交：以臺灣帛琉關係為例〉「探索太平洋——島觀「海洋大陸」國際研討會」臺北：國家圖書館，2011 年 2 月 16-17 日。

這篇論文將討論臺灣與帛琉之間的文化外交。南太平洋是臺灣邦交國中的幾個重要區塊之一，歷任中華民國總統總會在任內前往訪問。雖然「文化交流」過往並不是臺灣對外關係的主題，文化外交也不是臺灣外交的強項。最近幾年，現任總統馬英九一再宣示將推動文化外交。在此將討論以南島文化為文化外交對象的意義。本文將以筆者親自考察帛琉文化的經驗為核心，討論文化外交的可能性與侷限性。

臺灣開始以南島文化與國際社會聯結，是最近十年的事，也收到很好的互動訊息，但是，過去的互動主要表現在慶典上短暫的表演活動。以南島文化作為臺灣與國際社會的聯結，這種呼聲已經討論了一段時間，但尚未清楚如何落實。臺灣歷任政府提倡文化外交，使得過去以政務為主導的外交工作有了新的內涵。本章將檢視文化外交的理論與內涵，並討論實務工作的執行情況。以帛琉為個案分析，檢視臺灣與帛琉的關係，以及最近開始以南島文化為主要目標的文化外交工作，並以此發展為開端，討論臺灣與太平洋國家的文化外交可能的開展。

文化外交的意義

文化外交是現在執政的政府強調的外交政策，但是文化外交並不是現在才有的外交活動。自有外交活動開始，兩國之間交換

具有文化意涵的禮物，安排兩國人士互相學習對方的文化，是歷來存在的做法。如果文化外交是指將文化事務當作外交上的作為，則文化外交已經存在相當長的時間。在文化交流史上重要的旅行家，都能用文化外交的角度解讀，從日本的遣唐使，到耶穌會教士利瑪竇等，都是文化的使者，在歷史上留下輝煌的記錄，都可以列為文化外交的先例。到了文化交流頻繁的現代，一般人很容易就可以接觸到各國不同的文化，文化外交仍然是外交活動中重要的面向。促進文化交流至今仍然是兩國交流的重要形式，而文化外交就是要啟動或促進這種交流，以產生長遠的利益，建立關係，加強對彼此社會文化的瞭解，以促進國家利益。

美國政治學家密爾頓・卡明斯（Milton C. Cummings）對文化外交的解說為：文化外交是執行一組有效的作法，以文化材料為處方的一種外交形式，透過這些文化交流——包含思想、資訊、價值、系統、傳統、信仰和其他方面——能促進相互理解的文化交流。[2] 這些文化交流與文化動態有助於理解與尊重彼此的基本價值與行為，並遵守基本對話的原則。這種文化交流可以包括藝術、體育、文學、音樂、科學、經濟的領域，甚至生活方式

2　Milton C. Cummings, *Cultural Diplomacy and the United States Government: A Survey,* Washington D.C.: Center for Arts and Culture, 2003, p. 1. 原文是 "the exchange of ideas, information, values, systems, traditions, beliefs, and other aspects of culture, with the intention of fostering mutual understanding."

等。這種交流意味著溝通和參與，文化間的各自尊重，減少對思想與行為模式的誤解。

　　文化外交可以用多項不同形式或一系列多元目的的不同作為，增加社會交換，增進彼此的認識，建立有助於相互瞭解的平臺，文化外交在兩國的交往上具有重大的意義。現代外交的作為，有時需要執行外交政策的成員認識不同社會的文化動態，以提高國家之間文化對話的能力。要使不同國家或不同文化的成員相互瞭解，須要長時間用心培養，要以瞭解傳統、歷史、語言和生活方式作綜合性的理解。兩種文化相接觸，一開始，雙方不免以自己的文化眼光來理解對方，過程中很容易察覺到文化的差異或文化誤解。不像政治或經濟行為直接明白，又能立即產生效果，不同地區的人民互相認識和瞭解，需要長時期有效的交流。然而，考慮長期的交往關係，應該用長期的作為來提高雙方基本對話的能力。因為文化理解是長期累積而成，要培養相互理解的眼光，並非一蹴可及，應該不斷地進行對話，累積文化理解。在很多情況下，兩國之間很多交流與交往，都不是在有明顯政治意圖的情況下進行，但也有學者指出，最上乘的宣傳，其實是在非刻意而沒有意識的情況下進行。[3]

3　Frances Stonor Saunders, *The Cultural Cold War: the CIA and the world of arts and letters*. New York: New Press, 2000.

　　文化外交對長期的友邦或鄰邦特別重要。文化外交講究理解
與對話。如果長期須要與一國交往，若能有長時間與多面向的交
流，這是有助於雙方合作的對話。為了促進抽象層次的對話，語
言層次的溝通能力也很重要。因此，在文化外交中，培養能使雙
方溝通交流的能力十分重要。當雙方直接溝通的能力越強，溝通
的效力就越強。非語言的交際行為也扮演重要的角色，同樣的動
作或行為，不同文化可能會有不同的解讀。為了避免不必要的誤
會，必須如實地理解對方的看法。文化外交有助於提昇文化溝通
能力，這種溝通能力不一定是指當地的語言。現代國家的交流可
以選擇透過翻譯來進行對話，也可以使用國際通用的語言文字。
溝通能力還包括對雙方事務熟悉的程度，也就是一般所謂的文化
理解。提高對話能力，文化的理解很重要，而文化理解須要長期
而穩定的交流與交往。

　　除了國家之間溝通能力的培養之外，國家形象的管理也很重
要。一個國家在對手國家的民眾心中到底留下什麼印象，常常不
一定和實際的情況相符。特別是在當前國際媒體消息發達的年
代，很多消息都會累積對一個國家的印象，[4] 有學者因而討論國
家的公眾形象。有時國家的公眾形象受媒體事件的影響很大，若

4　Anthony Giffard, Nancy K. Rivenburgh, "News Agencies, National Images, and Global
　Media Events". *Journalism and Mass Communication Wuarterly,* 77(1): 8-21.

能善加利用媒體事件，國家形象也成為可以特別經營、維持或改變的一項業務，管理國家形象變成外交事項的工作。[5]

而文化活動本身也是建構外交行為可用以協作的平臺。由不同形式的文化活動所搭建的各種平臺，如果善加利用，就可以創造出擴大對話的基礎。例如：自 1972 年之後，日本對東南亞國家就特別成立專門的基金，從事與東南亞國家的文化交流活動，主要目的就是希望能促進日本與東南亞各國的相互理解。[6]不像經濟行為或政治行為是充滿利害的計算，文化外交的前提是以文化理解為主，增加彼此的熟悉度。理解與信任本身就是文化外交的目的。在許多情況下，文化外交可與其他各種外交行為配合，發揮相輔相成的力量。

文化外交的成效經常超過文化層面。許多外交爭端的發生，不在於各方對爭端議題持不同的看法，而在於對處理爭端的態度與表達有不同的理解。有些文化活動不能立刻增進彼此的理解，但是，文化活動本身代表對彼此的尊重，這些文化外交的形式對於雙方互相表達意思的理解仍有很大的助益。從另一個角度來說，文化外交也是一個國家文化實力的展現，當一個國家的經濟文化水平提高，可以透過文化的交流使其在國際社會更有影響

5　Jarol B. Manheim, *Strategic Public Diplomacy and American Foreign Policy*. New York: Oxford University Press, 1994. pp 39-41.

6　丁兆中，〈日本對東盟的文化外交戰略〉《東南亞縱橫》，2008(10): 8-12.

力。這是考察東亞地區的文化活動時，經常可以看到的現象。

帛琉：新國家的歷史

帛琉是個有趣的國家，正式的名稱是帛琉共和國，位於菲律賓的東方。許多臺灣旅客到了帛琉看了地圖才知道：原來帛琉離臺灣不遠，至少在太平洋地區所有的邦交國中，它是最接近臺灣的國家。帛琉是 1994 年才正式獨立的太平洋島國，在此之前由美國託管。帛琉人口只有兩萬多人，在主權國家中算是小國。

2011 年 1 月 20 日，我在帛琉唯一的一所大學帛琉社區大學（Palau Community College, PCC），聆聽帛琉總統陶瑞賓（Johnson Toribiong）對帛琉高中生演講，主題是「帛琉為何選擇獨立」。在演講中，陶瑞賓總統詳述帛琉追求獨立的過程。這是一個漫長的過程。其中，陶瑞賓本人參與了自 1980 年代的討論協商過程，遂以參與者的身分與帛琉高中生分享這個過程。帛琉是在密克羅尼西亞地區第一個決定要獨立的國家，而自從帛琉決定獨立之後，引發了馬紹爾群島的獨立運動，隨後密克羅尼西亞各地分別獨立，但後來帛琉反而成為最後獨立的國家。在這個過程中，一部分是因為準備獨立的過程分成好幾個階段，慢慢協商而完成獨立，另一部分是因為帛琉內部有不同的討論，花了很長的時間才達成共識。

帛琉在獨立以前的歷史可分為西班牙時期、德國時期、日本時期和美國時期，這些強權分別統治過帛琉。西班牙在 1885 年取得統治權，美西戰爭被擊敗後，1899 年西班牙把帛琉出售給德國，德國統治始於 1899 年，終於 1914 年第一次世界大戰爆發；日本統治從 1914 年到第二次世界大戰期間。第二次世界大戰以後，帛琉在聯合國主持下由美國託管領土的一部分。在這四個不同的時期，帛琉並不是一個獨立的政治單元，在西班牙時期及德國時期，帛琉都是加羅林群島（Caroline Islands）的一部分；在日本時期，帛琉是南洋群島的一部分；在美國託管時期則是密克羅尼西亞聯邦的一部分。從這裡可以看出：帛琉獨立在太平洋歷史上的特殊性，不僅僅是從美國的統治中獨立出來，也是從其他太平洋島嶼中劃分出來，成為獨立的政治單元。

臺灣與帛琉關係的回顧

帛琉與臺灣的關係建立得很晚。民間的關係最早可以溯及 1970 年代，當時臺灣有少數漁民及商人到帛琉來。到了 1980 年代，有少部分臺灣家庭到帛琉定居，開展了臺灣與帛琉的民間商業關係。同時，帛琉海域也是臺灣漁船的重要漁場，是臺灣漁船

在太平洋漁業的重要基地。[7] 在帛琉尚未正式獨立之前，臺灣與
帛琉就已經開始接觸。1989 年帛琉總統表示希望進一步加強臺
帛兩國的友好關係，希望臺灣對帛琉加強商業投資及農業援助。
後來，在 1989 年 7 月 6 日，臺帛兩國發表公報，於帛琉正式獨
立後建交。帛琉共和國總統中村國雄（Kuniwo Nakamura）於
1995 年 3 月 21 日來臺灣訪問。1999 年 12 月 2 日，交通部長林
豐正在臺北與帛琉共和國商業部長戴吉東簽署臺帛雙邊航空協
定，使臺灣成為第一個與帛琉簽訂航約的國家。從此，臺灣商人
到帛琉投資飯店及旅遊業，將臺灣遊客帶往帛琉。[8]

　　1999 年 12 月 29 日，臺灣與帛琉兩國在帛琉首都科羅
（Koror）簽署建交公報，正式建立外交關係，自此展開臺灣與
帛琉雙方政府高層的頻繁互訪。當時帛琉總統雷蒙傑索（Tommy
Remengesau Jr）、帛琉眾議院議長吉伯特（Mario Gulibert）、
帛琉副總統皮蘭朵茲女士（Sandra S.Pierantozzi）、帛琉國務部
長徐慕（Temmy Shmull）、眾議院議長梅薩貝魯（Augustine
Mesebeluu）等人都正式訪問過臺灣；臺灣的總統及副總統也多
次訪問帛琉。

7　陳憲明，〈帛琉臺灣漁業基地：漁場與日本市場的連結〉《地理研究》，53 期，頁 1-22，
　　2010。
8　鄭錫欽、李明儒，〈觀光發展與環境永續的省思：帛琉個案研究〉《島嶼觀光研究》，
　　2（2），頁 32-50，2009。

　　在地方政府層級，臺灣地方政府與帛琉州政府締結為姊妹市。例子很多，如：基隆市與帛琉熱切隆州（Ngarchelong），臺東市與艾美利克州（Aimeliik），以及三重市與科羅州等都是姐妹市。由於臺灣在太平洋的邦交國之中，帛琉是設備較完善的國家，因此，重要的活動都在帛琉舉行。如 2006 年在帛琉舉行的「第一屆臺灣與太平洋友邦元首高峰會」，由臺灣與帛琉、諾魯、吐瓦魯、馬紹爾群島、索羅門群島與吉里巴斯等六國領袖共同出席。2008 年 4 月，臺灣的原住民委員會與八國共同設立「南島民族論壇」，也是在帛琉舉行的。帛琉在臺灣的太平洋友邦中所占的地位不言可喻。

臺灣的帛琉計畫評析

　　讓我們回到馬英九總統 2010 年的太平洋友邦之旅。馬英九總統於 2010 年 3 月 21 日到 27 日依序訪問馬紹爾群島、吉里巴斯、吐瓦魯、諾魯、索羅門群島以及帛琉，以六天時間親訪太平洋六友邦。「有效合作、永續發展」，以一國一主題的方式，在上述六個友邦分別推動「醫療合作」、「漁業合作」、「職業訓練」、「糧食安全」、「潔淨能源」與「文化交流」計畫。

　　這一趟行程在臺灣的新聞版面花邊不斷。關注太平洋事務的媒體卻特別點出：這是馬英九總統一再宣稱要改變臺灣過往的金

錢外交之後，第一次的太平洋友邦之旅。比如：澳洲媒體「澳洲人報」從一開始就認為：馬英九總統的太平洋之旅，對於臺灣在太平洋地區的外交關係，是一次傳遞新訊息的重要旅行。最後「澳洲人報」認為，馬英九總統利用各種外交場合的談話，已清楚傳達了臺灣已經改變其外交政策的訊息，以期洗刷臺灣在南太平洋「支票外交」之惡名。[9]澳洲的觀察家十分清楚這其中所散布出來的外交政策訊息，也在文中清楚地意識到訪問團強調的南島文化訊息。[10]

　　外交部在設計這個行程時應該相當用心，但是，在新聞媒體的表現上卻並不顯著。外交部相關文宣及說明文件中，引述了臺灣規劃推動六項有助於當地經濟發展與民生需求之合作計畫，並在每一友邦擇定、並公開宣示一項合作計畫。例如：在馬紹爾群島宣示「醫療衛生」計畫、於吉里巴斯宣示「漁業復育」計畫、於吐瓦魯宣示「職業訓練」、於諾魯宣示「農業合作──360計畫」、於索羅門群島宣示「太陽能源」，以及於帛琉宣示「文化交流」等。看來有多項業務，卻缺少整體性的論述，其中的意涵也有彰顯不足的問題。新外交政策在此淪為業務的條列式並排，也並未凸顯南島文化在其中的意涵。

9　Greg Sheridan, "Taiwan Purges Pacific Island Graft." *The Australian,* March 29, 2010.

10 Greg Sheridan, "Australia Sways Taipei Approach to South Pacific." *The Australian,* July 15, 2010.

　　從馬英九總統此行隨行人員的安排，不難看出此次旅程在南島文化的安排：偕國安會胡秘書長為真、外交部楊部長進添、蔡國策顧問定邦、新聞局江局長啟臣、衛生署楊署長志良、原民會孫主委大川，並特別邀請立法院孔委員文吉、楊委員仁福、林委員正二、廖委員國棟與簡委員東明等五位原住民立法委員及八位「原舞者」表演團隊隨行出訪。另有三位專長原住民藝術的藝師，分別是排灣族的琉璃珠工藝師施秀菊、太魯閣族編織工藝師連美惠（Yuli Taki）以及布農族陶藝家李文廣。他們幾位被安排隨團訪問，然後留在帛琉開臺灣原住民傳統工藝展。

　　南島文化在此行的意涵，臺灣媒體似乎未曾特別留意。對於這一趟旅程，臺灣媒體將注意力的焦點擺在總統送了什麼禮物，例如：送了駕駛座在左邊的納智捷（Luxgen）汽車，是否適合靠左邊駕駛的吉里巴斯與索羅門群島，以及贈送 HTC 的手機，是否適合住在索羅門群島偏遠部落的酋長等等。至於隨行的原舞者的原住民歌舞表演，臺灣的媒體也許是看多了，也沒有特別注意。即使這次出訪，原住民事務相關的官員都隨行在側──包括原住民委員會主委孫大川也隨行，也少有媒體報導。至於原住民傳統工藝的藝師隨行，也沒有人特別注意。此行在帛琉只停留一天一夜。在這次訪問中，設定與帛琉共和國的主題是「文化交流」，並沒有引起太大的注意；總統訪問結束以後才展開的「Alii Taiwan 臺灣原住民族傳統與現代工藝文物特展」也沒有得到媒

體的青睞。

　　然而，「Alii Taiwan 臺灣原住民族傳統與現代工藝文物特展」可以說啟動了最近一波臺灣與太平洋國家以實質的南島文化為交流主軸的文化外交。原本馬英九總統到訪，是為了在此特展中，與帛琉總統陶瑞賓共同主持開展。這是由 3 月 6 日至 4 月 5 日為期 11 天的特展，幾位原住民族工藝老師留在當地主持工作坊。三位專長原住民藝術的藝師，分別是專長琉璃珠的施秀菊老師，專長編織之連美惠老師以及專長原住民陶瓷的李文廣老師，在當地與帛琉人有相當多的互動。臺灣原住民族的工藝與 DIY 引起當地廣大的迴響。三位藝師並參與帛琉年度婦女節活動，與當地的文化界及意見領袖進行實質的交流。

　　就我們從公開資訊可以掌握的資料，這些文化交流並不是一次性的，許多後續的計劃會次第展開。這次的出訪也促成帛琉博物館與原民會文化園區管理局合作，在總統馬英九與帛琉總統陶瑞賓的見證下，原民會文化園區管理局與帛琉博物館信託基金會簽署文化合作協議，雙方未來將進行交流。此次特展開啟了「南島民族交流計畫」，未來將推動與太平洋友邦在南島傳統、習俗、語言、藝術等多面向的交流與合作，目前公告的駐帛琉的陶瓷工藝師計劃就是長期延續的計劃。

從南島文化交流看文化外交

　　南島文化是臺灣現在經常使用的名詞，然而南島
（Austronesian）一詞，本來只是語言學的名詞，將南島語言的使
用地區視為南島文化。南島語（Austronesian languages）是分散
在整個東南亞地區和太平洋群島等地的一個語言家族（language
family）。分布的範圍很廣，從復活島到馬達加斯加島，是許多
學者提到南島語言時，經常表達的一個範圍。分布的地區以地球
緯度而言達地球周長的一半以上，被認為是地理跨度最大的語言
家族之一，也被認為是世界上語言種類最多的語言家族之一。南
島語言有相對來說很清楚的語言特徵，任何留心文化交流的人必
然很容易會注意到南島語言的特色。

　　南島語言分布的地區也涵蓋臺灣。臺灣的原住民使用的語言
就是南島語言。早期臺灣學者只關注臺灣本地的問題，對於臺灣
原住民的討論集中在臺灣本地事務。這些年受到相關研究的影
響，也特別留意臺灣原住民與其他地區的南島民族的關聯。現在
我們都知道：臺灣原住民語言是南島的一部分，而且，可能是相
當重要的一部分。比較強烈的說法是：臺灣原住民是南島語言的
起源地（homeland）之一。相關學術仍有許多不同的討論，但
共同的看法是：臺灣原住民的語言是南島語言中比較古老的一
支，在探求南島語言的歷史時，臺灣原住民語言必然占有一席之

地。南島語言分布的地區，包括：臺灣（原住民）；多數族裔群體的東帝汶，印尼、馬來西亞、菲律賓、汶萊、馬達加斯加、密克羅尼西亞聯邦，以及紐西蘭和夏威夷，玻利尼西亞人民和美拉尼西亞南島人民。在這些地區的人們，當他們以自己的語言互相接觸，都會發現語言的親近性，很快地拉近不同國家人與人之間的距離。

這種利用南島文化在外交上開展的策略，若以外交部與總統府網站所提供關於 2010 年太平洋友邦之旅的資訊來看，對於新的太平洋外交政策雖然有所著墨，但仍以十分古板而制式的文字表達，並未呈現明確的理念，一般民眾很難感受到其意義和內涵。其文字如下：「太平洋 6 友邦向為我國外交重鎮，彼等亦多次在國際場合助我並為我發聲。為使我未來能針對 6 國獨特議題進行深入探討並以雙邊、直接而有效途徑，推動符合當地民生需求並創造臺灣商機之合作計畫，總統乃透過實地訪問 6 友邦之方式，認識友邦發展現狀，並向國際宣示我援外政策白皮書之精神。本案定名為『太誼專案』，代表我與太平洋友邦之邦誼永固，出訪主軸則為『有效合作、永續發展』，不僅代表馬總統以親訪方式彰顯我對友邦邦誼之重視，亦宣示我將以前瞻、創新、具體、有效之模式，推動與友邦之合作計畫，共同致力太平洋地區之整體發展。」

從文化外交的角度來分析，在臺灣與帛琉的關係中，南島文

化的交流的確是一個重要的面向，但重點是：如何重視南島文化的實質內容。如果臺灣本地社會對南島文化的重視只是形式上的，其實質內容並未列入國家施政的核心，也沒有將之升級為國家的重要文化資產，而只是聊備一格，那麼，將南島文化列入臺灣與南太平洋國家的文化交流中，也一樣是個被邊緣化的議題，也只是聊備一格，徒具形式。至少，從事後各種資料看來，太誼專案的活動前前後後，南島文化只被當作一個形式上的安排，沒有受到重視，也沒有任何價值與精神層面的交流。從這樣的發展可以得知：目前我們的文化外交，仍只是形式上存在的一項業務安排，沒有提昇到文化交流的層次。

從帛琉文化看文化外交

　　筆者在 2011 年 1 月曾帶領臺灣藝術大學的博士班與碩士班研究生，到帛琉進行考查，過程中訪問了帛琉的總統及部會首長，包括文化部與觀光部。筆者訪問帛琉時，帛琉文化部長十分肯定這些文化活動的重要性，並且表示希望推動在南島文化方面的長期交流。帛琉的文化部長曾數度親自造訪臺灣，並與臺灣的原住民藝術家交流，結下深厚的友誼。以下的討論將以筆者的文化之旅，對比政府的太誼之旅，看看：從雙向的文化交流所能看到的重點有何不同。以下分別以獨立自主的精神、環境保護與氣

候變遷、保護鯊魚、南島語言的保存、戰爭記憶的反省、華人文化與太平洋文化交流以及南島文化的潛力等面向來討論。

　　在訪問期間，我們經常聽到帛琉相關人士談到：帛琉爭取獨立的核心價值，是帛琉人對於他們所居住島嶼的熱愛與尊重。帛琉是很晚才獨立的太平洋國家，獨立過程經過長時期的討論，而且，有許多其他太平洋島嶼的例子可供參考。帛琉在獨立過程中的討論，最核心的價值是環境保護。帛琉當時反覆討論的問題是：採用什麼樣的政治體制，對帛琉這個島群最有利？最後參考了各地的情況，認為還是獨立對他們最有利，所以決定往獨立的方向進行。帛琉人認知：帛琉最重要的資產是上天所賜予帛琉人的特殊的島嶼，遂以「如何保護這個自然資源」為最高準則來考慮，這個獨立的過程是最令外界動容的一章。

　　掌握了這個立國的核心價值，就能理解帛琉在各方面的安排與設計。首先，我們到處都可以看到的是國家形象（National Icon），是岩石島（The Rock Island）的圖象。帛琉的自然環境是帛琉最重視的核心，而最足以反映這個價值的是帛琉的國家象徵──岩石島。這是帛琉首次被人發現的島嶼，其島嶼的地質與生態形成特殊的景象。其實，陶瑞賓總統曾擔任帛琉駐臺灣的大使。他很希望外界能理解帛琉人如何爭取獨立，以及帛琉以環境保護做為立國精神。因此，我們看到：在太誼專案的訪問中，帛琉總統特別安排了搭船訪問岩石島的行程。我們老師與研究生訪

問帛琉期間，也有機會和帛琉文化部長一起到岩石島查訪，聽到有關帛琉的歷史變化。

對比馬英九總統訪問帛琉期間，帛琉政府特別安排了搭船訪問岩石島的行程，也預計由帛琉總統陶瑞賓陪同馬英九總統進行出海的保育活動。在整個行程緊湊的太誼之旅中，還特別安排了一整天的時間從事這兩項活動，顯見帛琉方面重視的程度。很不幸的是，在出海前，我們的政府收到消息，得知韓國天安艦事件，馬總統透過電話連線，緊急召集國安首長開會，宣布啟動國安機制。正在帛琉訪問的馬總統，緊急在海外連續召開兩場國安會議。總統雖然出海，整個心思卻在國安會議上。事後，沒有任何報章雜誌談到對這個行程的看法，也沒有談到：因為這趟行程而對帛琉有任何更進一步的認識。可以說，從總統到政府官員，從媒體到隨行的立委及專家，都沒有把「對帛琉歷史文化的認識」放在心上。他們並沒有因為親身參與、體驗這趟帛琉的精神文化之旅，而對其歷史文化有更深的理解。

其實帛琉雖然國家很小，但在環境保護這個議題卻十分突出，所以國際能見度很高。例如：帛琉在世界環境保護的議題上十分積極，促成氣候變遷的國際會議，並經常在國際場合中大聲疾呼，國際社會必須對氣候變遷採取立刻的行動。帛琉在國際上因此被認為是「呼籲國際社會重視氣候變遷」的重要國家，當然，帛琉會在國際上扮演這個角色，也是因為帛琉本身是受到氣

候變遷的衝擊最嚴重的國家之一。[11] 然而，以一個小國而能在國
際上發聲，帛琉的角色十分突出，帛琉的氣候變遷政策白皮書
（the Palau Climate Change Policy for Climate and Disaster
Resilient Low Emissions Development）是相關的議題中最完整
的政府文件。帛琉總統雷蒙傑索在 2015 年的聯合國大會上，對
各國領袖發表演講，要求國際社會在氣候變遷的議題上採取更積
極的行動，其主張也得到歐盟、太平洋國家及澳紐美國等的支
持。

　　除了氣候變遷的議題，帛琉在保護漁業資源方面的努力也很
可觀。帛琉前總統陶瑞賓於 2009 年 9 月 25 日在紐約的聯合國
大會上宣布，帛琉全境海域禁止商業獵捕鯊魚，以保護瀕臨滅絕
的鯊魚族群。帛琉也成為世界第一個成立「鯊魚保護區」的國
家。到了 2015 年，帛琉現任總統雷蒙傑索更提出要設立世界上
最大的海洋禁獵區，使得海洋生物得以恢復生機。如果文化外交
是雙向交流的話，臺灣應該可以向帛琉學到許多不同的價值觀。
然而，我們在不同的場合，從來沒有想要向這些太平洋的友邦學
習。我們看到的只有單向的交流，只有從我方的角度來看待兩者
的交流與交往。

---

11 William Brangham, "Paradise lost in Palau: Island Nation Fights back against Climate
　Change", *Grist*, 22 August 2012.

此外，在南島文化方面，筆者特別注意到帛琉的族語保存問題。帛琉語是南島語言的一員，以人口數來說，是南島語言中使用人數較少的一種語言。在我們訪問帛琉期間，在主要的公共地區，會有帛琉語的標語。同時，帛琉當地也有一份使用帛琉語的報紙。我們訪問當地的領導人後才得知：有一段時間，因為英語盛行，帛琉語也一度出現傳承的問題，即：年輕人缺乏帛琉語的能力。獨立以後，國家有扶持帛琉語的政策，而當時帛琉語還只是口語，並沒有書寫的傳統。經過十幾年的努力，現在已經有使用帛琉語的報紙，每天持續發行，而在「年輕人恢復帛琉語能力」這方面也頗見成效。

筆者訪問帛琉期間，也特別注意到帛琉對於保存戰地文化所作的努力。其中，位於帛琉南方的貝里琉島（Peleliu Island）以現地保存的方式，成了第二次世界大戰中最大的戰地文化遺址。貝里琉島是帛琉的第二大島，位於洛克群島礁脈的最南端，是第二次世界大戰中貝里琉戰役發生的現場。我們特別雇了一艘船到當地。在第二次世界大戰結束以後，帛琉就不再開發這個島，只留下一小區有人居住，當時發生戰鬥的現場，全部予以現地保存。因此，現在，原戰場仍保留當時的光景，包括：被砲彈穿過的指揮部，在路中央被炸毀的戰車，以及停留在田野中的零式戰鬥機。這是一個活生生的世界大戰的現地博物館，在這裡可以看到戰場的原貌。第二次世界大戰（或說是太平洋戰爭），對於太

平洋島人來說，是一場刻骨銘心的戰爭記憶。這是太平洋歷史上重大的一頁轉變，因此，戰爭與和平的議題在太平洋地區具有特殊的重要性。理論上，臺灣在這個議題上應該和帛琉一樣有特殊的看法，但實際上，臺灣對於太平洋戰爭的歷史記憶著墨不多，也沒有形成自己的看法，更談不上和帛琉這樣的邦交國有深刻的交流與討論。

結語：文化外交的可能性

在上述的分析中，筆者首先從文化外交的理論出發，指出：大部分的文化外交理論都特別關注到文化外交在當今國際社會的重要性，並且認為這是外交活動中越來越重要的一環。同時，文化外交並非憑藉武力使人就範，也不是利用其經濟實力在國際上造成影響，被認為是比較高明的外交。然而，分析相關的理論可以得知，文化外交要能分享價值，互相理解精神層面，才是文化外交較高的境界。一方面，當國家強盛的時候，文化的影響力也會增加，但另一方面，文化的影響力不是用軍事力量或經濟力量來衡量，是中型國家或小國也能發揮的場域。

文化外交應該是臺灣未來在國際社會最可以發展的領域。一方面，就國際的現實情況，只有在文化外交的場域，臺灣比較能夠發揮，而不會受到刁難或抵制。另一方面，就臺灣目前的國力

以及在國際社會中的評比，也是在文化外交上比較有機會取得成效。但是，如果臺灣的文化外交要發揮力量，則還須要多用一份心力去實踐，才能達到文化外交的目標。

以具體的例子來分析，馬英九總統的太平洋友邦之旅正好是2010 年。同一年，我們也以老師帶領研究生的形式到帛琉訪問。因此，可以比較兩者在文化外交上可以關注的課題。馬英九總統的太平洋友邦之旅，這個被稱為太誼專案的行程，正好把帛琉之行定位為文化外交，也做了相應的安排。其核心就是以兩國的南島文化交流為主軸。筆者則以「強調理解帛琉的南島文化」做考察，正好可以比較出官方活動沒有注意到的議題，列出討論，可以提供一個文化外交的個案分析。

筆者本文分別討論了獨立自主的精神、環境保護與氣候變遷、保護鯊魚、南島語言的保存、戰爭記憶的反省、以及南島文化的交流。在獨立自主的精神方面，帛琉的獨立運動，是以「爭取對自然環境的保護」為最重要的考量，保護環境遂成為立國的核心價值。因此，帛琉在「在國際上推動環境保護運動」這方面發揮了重要的力量，也催生了以氣候變遷為主題的國際會議及行動綱領。這是一個小國，在特定的議題上持續關心，使帛琉成為在國際上發揮柔性文化力量的絕佳範例。

帛琉以一個小國，因為有清楚的立國思想做為引領國民的方向，所以在相關的領域中可以發揮力量。在保護海洋生物方面，

帛琉走在時代的前端，引領國際社會的潮流，從保護鯊魚到設立海洋禁獵區，都是以小國的姿態在帶領全球，而在國際社會上發揮小國的影響力。臺灣做為一個邦交國，即使國情不同，不能相提並論，但是，至少做為互相理解的重點，應該是很容易的事。可惜的是，到目前為止，我們官方的外交行為，仍然以單向的思考為主，缺乏雙向的理解。

除了前述的議題之外，也特別提出在南島文化的議題中，臺灣與帛琉仍然有許多議題可以交流，而不只是形式上以南島文化為裝飾。在我們原來安排的活動中，是以原住民的歌舞表演及原住民工藝的形式呈現。這些當然也是重要的文化活動，但是，如果長年的文化交流，僅只停留在歌舞表演及工藝品，那仍然只是單一層面的交流。筆者特別提出有關南島語言保存以及戰地文化保存的實例做討論，認為：如果臺灣與帛琉之間要進行深度的文化外交，還有很多可以交流的重要課題。

從臺灣與帛琉的文化外交來分析，我們可以知道，文化外交涉及不同的議題與文化內涵，其實須要以更精緻的作業方式才能達成。在現階段，如果要達到文化外交各主題的目標，必須要有不同領域的專家及人員投入，並加以整合，才能提出好的方向及有深度的作為。分析世界各國的例子，其實有許多成功的案例。而如果無法做部門的整合，這些案例的運作方式，以我們既有的運作方式都難以做到。因此，如何以文化外交為思考的中心，提

昇層次，進行細緻的文化交流，是我們未來發展文化外交的一大
考驗。然而，帛琉這個邦交國的例子，透過其政府與民間的具體
作為，已經提供一個值得深思的範例。

第六章

從新國家建構看東帝汶

　　本章主要是從東帝汶的個案看新國家的誕生。[1] 東帝汶問題懸宕已久，卻在很短的時間內確定了解決方案。從印度尼西亞政府改變態度，到聯合國主持公民投票，印尼選出新總統，促成印尼國民協商會批准認可公民投票的結果，即認可東帝汶將可以成為獨立的國家，全部過程只在短短的一年之內完成。1999 年一年之內的進展，解決了僵持長達二十四年的東帝汶政治歸屬問題。現在東帝汶已經正式宣布獨立，但是，獨立已經得到聯合國的保證以及印尼的同意。而且，印尼軍隊已經撤出東帝汶，而由國際部隊進駐。民政則由聯合國接管，協助籌備未來國家獨立事宜。一個新國家的誕生已經是確定的安排。於是，東帝汶將成為新世紀中新成立的國家。

　　縱觀亞洲現代史的發展，東帝汶的例子在許多方面都是具突

1　本章由專書論文所修改而成，原文見楊聰榮，〈東帝汶啟示錄：一個新國家的誕生與其國際政治關係的歷史脈絡〉《國家認同論文集》，臺灣歷史學會編，臺北：稻鄉出版社，2001 年，頁 83-121。ISBN：9789579628860。

破性的。以新國家的產生來說，這是東亞與東南亞地區戰後成形
的現代國家系統中的分離主義運動少數成功的例子，而其他區域
內的分離主義運動，通常很難得到既有的現在國家系統的支持。
新加坡雖然脫離馬來西亞聯邦而獨立，但不是基於分離主義運
動。最後，東帝汶取得獨立的地位是公民投票的結果，這種經由
和平的途徑爭取獨立的例子也相當特出。而這次的公民投票是在
聯合國的安排下進行的，對於一向很少介入分離主義運動的聯合
國而言也是個特例。東帝汶問題的解決，國際政治的互動扮演了
重要的角色。

　　本文打算從國際關係史（History of International Relations）
的角度來討論東帝汶成立新國家過程中具突破性的幾個命題。基
於東帝汶問題的特性，本文重點放在特定國際關係命題前因後果
的解說，而非相關事件實證性的調查。目前在史學界以國別史為
主軸的研究方式，而外交史或對外關係史其實是國別史思維的延
伸，對東帝汶這類國際問題無法提供適切的架構。近現代史中的
許多問題應該放在國際關係架構中來討論。堅持以從事實證史學
的方式來處理問題，有窒礙難行之處，這主要是取決於問題的性
質。國際關係史則以國際關係研究的命題為範圍，提供前因後果
的歷史性說明，而非如國別史以某一特定國家的立場為主軸，也
非如對外關係史把兩國關係當作一個特定的場域來討論。國際關

係史可對國際關係的議題有較具歷史縱深的理解，研究結果也可以提供國際關係研究者進一步發揮的參考。

東帝汶問題：歷史背景與研究取向

　　東帝汶問題是指前葡萄牙殖民地將東帝汶做為一個政治實體，對於其政治歸屬安排爭議的問題。[2] 政治實體在此處不特指獨立現代國家，可以是一個省，或一個自治區等任何其他政治單位。葡萄牙從1566年開始在東帝汶設立據點，直到1974年以前，雖有幾次政制的改變，但政治歸屬並沒有改變。政治歸屬是指何者具有統治權。只有幾種可能，如：葡萄牙所有或印尼所有，或自治、託管或獨立等幾種安排。在1974年之前，葡萄牙並無意改變政治歸屬的安排，不論東帝汶成為里斯本轄下海外領土、由澳門總督兼管或有獨立總督、或給予地方更多參政權等等，在政治歸屬上並未改變。太平洋戰爭中日本占領時期，各方勢力都無意改變東帝汶的歸屬問題，日本始終認定東帝汶為葡屬的地位。[3] 在1974年之前，歷史上，東帝汶本地也沒有發展出足以造成議

2　此處對東帝汶問題的界定，主要參考中村正之〈東ティモール問題〉。《東南アジアを知るシリーズ：インドネシアの事典》。京都：同朋舍出版，1991，頁363。

3　關於東帝汶在太平洋戰爭期間，日本對葡屬東帝汶的外交關係的態度，見後藤乾一、《ティモール国際関係史》。東京：みすず書房，1999，頁146-200。

題的分離運動。[4] 因此，東帝汶問題應以 1974 年為起點，直到
1999 年聯合國接管，準備獨立為止，以所發生有關政治歸屬安
排爭議的相關情況為範圍。

　　東帝汶位於帝汶島（Timor Island）東側，而帝汶島位於印
尼小巽他列島東端。從宋朝以來，福建和廣東的商船即經常至
此。十六世紀葡萄牙人來東帝汶設立據點，成為亞洲最古老的歐
洲殖民地之一。在十七世紀與荷蘭人爭奪此地。1859 年的里斯
本會議，荷、葡雙方畫定勢力，東帝汶屬葡國管轄。一直到二十
世紀初與荷蘭人簽定和約後，才確定邊界，[5] 但在長達四百年的
歷史中，大致可說，東帝汶一直在葡萄牙的控制之下。第二次世
界大戰時，荷蘭軍隊與澳洲軍隊曾登陸東帝汶，使日軍決定攻占
東帝汶，因此，東帝汶也曾在日軍控制之下，但僅為戰時的短暫
狀態，[6] 日軍仍視之為葡萄牙屬地。戰後東帝汶仍歸屬葡萄牙，
政治歸屬並沒有改變。東帝汶開始產生政治歸屬的問題，起因是
1974 年葡萄牙發生政變，並要求東帝汶組織政黨，葡萄牙將解

4　在本文的用法中，分離運動乃為廣泛界定追求特定區域的自有統治權，包含脫離殖
　　民而獨立，或由一個較大的政治統治實體分離出來。即這裡分離運動的用法不包含
　　假定法理上統治權的歸屬性質。
5　1915 年葡萄牙與荷蘭簽訂 Sentenca Arbital，確定東帝汶與西帝汶的邊界。
6　關於東帝汶在太平洋戰爭期間為日本占領的情況，見高橋奈緒子、益岡賢、文殊幹
　　夫《東ティモール：奪われた独立・自由への戦い》。東京：明石書店，1999，第
　　三章。

除殖民統治。於是，東帝汶在很短的時間內成立政黨、競選、成立新政府、政變、內戰、宣布獨立，同時，印尼軍隊以「應東帝汶人民要求平亂」為名，派兵進入東帝汶，將之併為印尼的一省，卻未被聯合國承認其統治權，這是東帝汶問題產生的經過。直到 1999 年公民投票確定，東帝汶問題才告一個段落。

　　東帝汶的歷史很難用實證史學的方式來處理，特別是目前主流的國別史角度下的實證史學。這是由於東帝汶受葡萄牙統治長達三百多年，而荷蘭也統治過東帝汶部分地區，加上太平洋戰爭時期被日本占領與澳洲軍隊的游擊戰，還有二十四年的印尼統治，都是外來統治者的歷史，留下的資料也是從外來者的立場所編寫。在 1974 年以前，這是個被遺忘的地方。除了荷蘭與葡萄牙從歐洲管制者立場留下的大批檔案，[7] 以及少數歐洲人類學者民族誌式的調查報告之外，幾乎沒留下什麼資料，東帝汶人想法如何，外界一無所知。到了 1975 年以後，東帝汶對外界封鎖，直到 1990 年代初期，才特別允許少數西方記者進入東帝汶，[8] 外界對東帝汶的整體情況，所知相當有限，透過少數西方記者與學

7　這是從事東帝汶歷史研究的學者對相關檔案記錄的評價，見 John G. Taylor, *Indonesia's Forgotten War: the Hidden History of East Timor*. Leichhardt, NSW, Australia: Pluto Press Australia, 1991. pp. 1-12.

8　印尼自從合併東帝汶以後，即封鎖東帝汶與外界的消息往來，直到 1989 年才逐漸特許少數外國記者進入參觀，見 Pat Walsh and Kirsty Sword, *Opening Up: Travellers' Impressions of East Timor 1989-1991*. Fitzroy, Vic.: Australia East Timor Association, 1991.

者，利用不同方式突破資訊的封鎖，才使外界得知大致的情況。

　　除了欠缺直接的調查資料以外，相關的書面歷史材料也是造成研究上有困難的原因。首先，就地理而言，資料散布在葡萄牙、荷蘭、日本、澳洲與聯合國所在地的紐約。就語言來說，涉及各種不同語言，以葡萄牙文與印尼文為大宗，荷蘭文、英文與日文次之，而東帝汶人日常溝通主要所使用的共同語是帖通（Tetum），欠缺書面語，無法提供足夠的歷史材料。[9] 而目前最主要的歷史材料所用的語言是印尼語和葡萄牙語，都是從雅加達和里斯本的立場來發聲的。數量雖然不少，但是欠缺客觀性。即使不考慮本地語言問題，將所有不同書面材料都算在內，東帝汶本地的聲音仍不易被聽到。本地人以印尼語和葡萄牙語書寫的材料，通常都受到當權者相當程度地控制或影響。

　　英語世界介入東帝汶問題很晚，雖有大量的新聞報導，但並不深入。1975 年以前，除了澳洲因地理位置以及歷史上的聯結，英語世界並沒有特別關照到東帝汶，因此相關文獻十分有限。[10]

9　Tetum 主要是口語的語言，缺乏書面文獻，其最重要的書面文獻為聖經。同時，因為並未標準化，不同地域有相當差異，還經常混合葡萄牙文，關於 Tetum 在東帝汶的情況，見 Geoffrey Hull, *Mai Kolia Tetun : a Course in Tetum-Praca the Lingua Franca of East Timor.* North Sydney: Australian Catholic Relief and Australian Social Justice Council, 1993, pp. 3.

10　現在能夠找到戰前有關東帝汶的英語文獻十分有限，其素質也不足以讓人明白當時的社會情況，例如 Allied Mining Corporation, *Exploration of Portuguese Timor: Report to Asia Investment Company.* Dilly, 1937. 主要是有關東帝汶礦產資源的報告。太平洋戰

1975 年以後，西方人就未能申請進入東帝汶，遂難有深入的研究調查。而為數龐大、由智庫與國際組織所做的東帝汶問題研究，許多是不痛不癢的。只從國際局勢來分析問題，重覆論述要照顧各大國利益的困難所在，將與印尼的關係當成最重要的前提，而東帝汶人的想法通常不在考慮核心。其中能深入問題核心者，最主要仍是由義務參加非政府人權組織的學者所做的報告。

除了資料本身的限制以外，東帝汶人缺乏發聲的場域，是造成相關資訊缺乏的主要原因。囿於和印尼的外交關係，許多國家在官方場合，刻意避免觸及東帝汶問題，以免被印尼當局認為是刻意冒犯，因此，東帝汶人的聲音一直缺乏正式的傳遞管道。一直到聯合國安排公民投票時，國際協商的對象主要是印尼和葡萄牙，東帝汶的代表仍被排除在會談之外。因此，如果用一般實證史學觀點來看東帝汶問題，書面材料不足以呈現歷史事實，也無法呈現東帝汶人的想法，更談不上東帝汶的主體性。

本文主要取材於英語世界中非政府人權組織所出版的資料，以及為東帝汶運動付出心力的學者所出版的著作。另外，對印尼官方立場的理解，則是以印尼官方出版的宣傳品為主，輔以印尼文報紙當時的報導。至於其他語言方面的材料，因為相關課題在

爭期間有盟軍軍事單位的報告，例如 Allied Geographical Section, *Area study of Portuguese Timor.* S. L.: S. N., 1943. 戰後則有為數極少的研究報告，例如 Margaret King, *Eden to Paradise.* London: Hodder and Stoughton, 1963.

文中涉及較少，僅選取少數代表性文件，要參閱更全面性的相關
材料，則有不少東帝汶問題的相關書目可供進一步參考。[11]

　　以下的討論分別就東帝汶問題發生原因與冷戰結構的關係、
要以戰爭手段或和平手段來解決東帝汶問題的歷史抉擇、東帝汶
問題與印尼之大國民族主義的關係、東帝汶人如何在印尼強大的
整合政策下仍保持獨特的認同、東帝汶問題如何打破內政不干預
原則，以及在解決東帝汶問題上友邦的作用等，分別進行討論，
闡釋這些不同面向的國際關係之間的邏輯。

問題的根源：冷戰格局中的犧牲品

　　東帝汶問題其實是一個悲劇。這個在印尼群島中最東南角的
小島之東半邊的小地方，因為成為葡萄牙的殖民地，而被遺忘數
百年。在 1975 年印尼入侵前，只有 70 萬人口，[12] 五年後，在印
尼的人口統計上卻只剩下 55 萬人口。這 15 萬人的差額加上人口
自然增長和外來移入人口，約 20 萬人，和一般估計有 20 萬人死
於屠殺和饑荒相符，是人間少有的悲劇。現在東帝汶問題已經有

11　例如 Sue Rabbitt Roff, *East Timor: a Bibliography, 1970-1993.* Canberra: Peace Research
　　Centre, 1994.
12　東帝汶本地族群的主要成分，根據葡萄牙方面的報告表示，"Esta popuiacao pertence
　　aos grupos etnicos proto-malaios-melanesios." 見 Francois Rigaux, *Sessao Sobre Timor
　　Leste.* Lisboa: Tribunal Permanente Dos Povos, 1981, pp. 8.

了確切的解決方案，正是回顧歷史、探詢問題根源的時候。很荒謬的是，悲劇的根源其實是東帝汶成為冷戰時代共產與反共產陣營對峙中的犧牲品，而肇因只是一個歷史的意外。

　　葡萄牙是最早出現的歐洲海上強權，也是最早沒落的殖民宗主國。其在亞洲地區建立的兩個殖民地澳門和東帝汶，都是不起眼的小地方，四百多年來靜靜地側身東亞及東南亞，並未引起世人注意。和其他歐洲強權的亞洲殖民地不同，葡屬殖民地以缺乏建設著稱。東帝汶在葡萄牙統治期間，除了首府帝力（Dili）以外，道路建設很少，也缺乏衛生及教育機構。熱帶傳染病猖獗，全島卻只在帝力市有一所醫院，兩個醫生，其餘十幾個醫生則軍醫，專為葡萄牙駐軍服務。[13] 當地人識字率低，上過小學的不到一萬人，而上過初中的則不到三百人，所謂的當地精英不過是上過傳教士所辦的中學的畢業生。[14] 經濟以農業和狩獵為主，貿易與貨物流通則是控制在外人手中，葡萄牙特許由華人經營。[15]

　　葡萄牙長期殖民的過程中，不但未曾加以建設，反而極力限

---

13 Soepari Tjokrohartono, *Background Paper Masalah Timor Pertugis.* Jakarta: Pusat Litbang Politik, Departemen Luar Negeri, 1975.

14 天主教傳教士所辦的教育機構名為 Fatumaca Colegio，教育以實用性科目為主，並不提供學位，學生人數也極為有限。Franz Harahap, "Maski Jauh Di Mata Namun Dekat Di Hati" *Sinar Harapan*, 3 August 1977.

15 J. Stephen Hoadley, *The Future of Portuguese Timor,* Occasional Paper, No 27, Singapore: Institute of Southeast Asian Studies, 1975, p. 10.

制開發。因此，即使到了 1960 年代，島上還維持著部落社會的
形態。[16] 以語言來區分，人口不多的東帝汶約有三十七種不同的
語言，最主要的有十種，[17] 彼此不通聲息。因為葡萄牙殖民政府
當局限制自由遷徙，如 Maubara、Atsaba、Letifoho、Maubisse
等地區都還是酋長制的部落。[18] 限制自由遷徙的理由可能是葡萄
牙在當地駐軍很少，分而治之是為了防止串連。島上共同語是帖
通（Tetum），是其中一個小族的語言，而統治階級的語言是葡
萄牙語。帖通的詞彙量不夠，通常會混合葡萄牙詞彙。

　　沒有人相信：這樣的地方有一天會成為一個獨立的國家。
1960 年代到東帝汶旅行的 Josef Gert Vondra 曾表示：這是個被
文明遺忘的地方。[19] 在 1974 年以前，沒有任何足以引起注意的反
抗殖民統治運動。多數人連基本溫飽都有困難，遑論其他。從
1974 年印尼外交部長寫給東帝汶團體的信可以明顯看出，在此

---

16 Gerard J. Teklkamp, *De Ekonomische Struktuur van Portugees-Timor in de Twintigste Eeuw: Een Voorlopige Schets*. Amsterdam : Centrale Bibliotheek, Koninklijk Instituut voor de Tropen, 1975, p. 15.

17 島上原住民由不同部族所組成，較大的有 Alunat, Tafuli, Kabu, Nisnai, Linome, Bien, Manao Beo, Fai 等族。Soenarjo, *Laporan Hasil Survey di Masyarakat Sukuanas*. Jakarta: Departemen Sosial. 1967, p. 4.

18 J. S. Dunn, *Portuguese Timor Before And After the Coup: Options for the Future*. Canberra: Parliament of Australia, 1974, p. 2.

19 Josef Gert Vondra 是少數得以在東帝汶被印尼合併以前，到東帝汶旅行並留下旅行記錄的西方人之一。見 Josef Gert Vondra, *Timor Journey*. Melbourne: Lansdowne, 1968, p. 2.

之前印尼也沒有併吞東帝汶的心理準備，[20] 後來是因為東帝汶的
情勢開始變化，印尼才開始準備出兵東帝汶的行動。[21]

　　1974 年的葡萄牙政局改變，左派政黨取得政權後，要求解
放所有殖民地，東帝汶人也被要求自組政黨，於是在 1974 年 5
月倉促成立了三個政黨，分別是親印尼的人民民主協會
（APODETI），親葡萄牙的民主聯盟（UDT）以及主張獨立的
社會民主會（ASDT），[22]ASDT 後改名為東帝汶獨立革命陣線
（Fretilin）。1975 年各派協商如何結束殖民成立政府，成立委
員會舉辦選舉，Fretilin 贏得過半數支持，但 UDT 發動政變並於
葡萄牙政府撤離後，隨即爆發內戰，數千人被殺，富左派色彩的
Fretilin 最後取得勝利。Fretilin 要求東帝汶總督轉移政權遭到拒
絕，遂宣布成立東帝汶民主共和國。十天後，印尼軍隊進攻東帝
汶，合併東帝汶成為印尼的領土；隔年宣布東帝汶成為印尼的第
二十七個省。[23]

---

20 1974 年 6 月，當時印尼外交部長 Adam Malik 在接見東帝汶的代表之後，寫信給當時
　　ASDT 的代表霍塔（Jose Ramos-Horta），表示印尼支持東帝汶獨立的主張。見 Jose
　　Ramos Horta, *East Timor: the Struggle for Self-Determination and its future in Southeast
　　Asia*, Lodon: Royal Institute of International Affairs, 1996.
21 印尼軍隊直到 1974 年 10 月才成立東帝汶行動組，到了 1975 年 2 月開始演習，決策
　　過程十分匆促。
22 Francois Rigaux, *Sessao Sobre Timor Leste.* Lisboa: Tribunal Permanente Dos Povos, 1981,
　　pp. 16-17.
23 印尼對於在東帝汶建省的態度，見 Amrin Imran, *Timor Timur, Provinsi ke-27 Republik
　　Indonesia.* Jakarta: Mutiara, 1976.

悲劇產生的原因是，殖民地宗主國葡萄牙不負責任改變政策，卻無力收尾，再加上印尼改變態度，決定強行介入。為什麼印尼會決定出兵兼併東帝汶？其實是受到當時幾個國家的慫恿，包括葡萄牙部分國會議員以及澳大利亞的總理惠特林（Gough Whitlam），後者甚至公開鼓勵印尼干預；[24] 而其中最重要的關鍵可能是美國的暗中鼓勵。這些國家都不願看到左派取得政權，害怕東帝汶成為亞洲的古巴，這是在當時冷戰氛圍中形成的態度。當時美國在亞洲寧可支持獨裁政權，也要反共，當時印尼的軍事強人蘇哈托，就是以鎮壓共產黨而上臺掌權，所以鼓勵印尼取下東帝汶，成為最快速簡易的解決之道。[25]

印尼出兵兼併東帝汶即是出於這樣的冷戰格局，以親美反共來鞏固自己地位的蘇哈托，才剛在 1965 年以剷除共產勢力而奪權上臺，軍方以反共為職志，自然樂於對東帝汶採取行動，然而他打的旗號卻是應東帝汶人要求，弭平內戰並解放殖民。於是，在冷戰的大洪流中，將近兩億人口的印尼合併了只有七十萬人口的東帝汶。印尼和盟邦並沒有考慮東帝汶人的意願，只認為這是防止東帝汶赤化成本最低的方案。

---

24 Hill Helen, *The Timor Story.* Melbourne: Walker Press, 1976, pp. 5.

25 各種跡象顯示，美國表達支持印尼之舉，並對印尼軍隊提供協助。見 Mark Aarons, *East Timor: a Western Made Tragedy.* Sydney: Left Book Club, 1992.

印尼當初以為大軍開入，短期內即可弭平所有反對勢力。然而，東帝汶人的堅強意志在此時充分展現。他們群起反抗，支持打游擊戰，使印尼軍隊蒙受重大損失，憤怒的印尼軍隊因而對市民展開報復，在東帝汶進行大規模的殺戮，[26] 升高東帝汶人和印尼人之間仇恨的情緒。印尼最後以優勢的武力鎮壓成功，但東帝汶人始終不屈服，游擊抵抗從未間斷，一有機會就抗議示威，也以和平手段到各地爭取支持。雖然付出很大的代價，許多年輕人都成了政治犯而被囚禁，新生代卻堅持不屈不撓，繼續反抗。[27]

東帝汶人民人數雖少，獨立運動卻釋放出很大的能量，國際友人也給予協助，[28] 並在各地成立組織，聯合國也始終不承認印尼在東帝汶的統治權，相反地，聯合國還將東帝汶問題列為主要工作項目，積極介入協調。然而，國際的壓力始終無法讓印尼改變態度，主要原因還是西方盟國沒有真正施壓印尼，其中以美國的態度最曖昧，是印尼感到有恃無恐的原因。[29] 舉例來說，雖然

---

26 關於印尼軍隊在東帝汶的入侵與殺戮，最詳盡的研究見 John G. Taylor, *Indonesia's Forgotten War: the Hidden History of East Timor.* Leichhardt, NSW, Australia : Pluto Press Australia, 1991, pp. 68-127.

27 關於東帝汶學生支持參與東帝汶運動，以及許多大學生因而被捕下獄，見 Russell Anderson ed., *East Timor: Dying to Be Free.* Fitzroy: AETA, 1996, pp. 4.

28 例如學者 Noam Chomsky 即投入支援東帝汶的運動，見 Noam Chomsky, *Statement Delivered to the Fourth Acommittee of the United Nations General Assembly.* East Timor Special Report, 1978.

29 James Dunn, *Timor, a People Betrayed.* Milton, Qld.: Jacaranda, 1983, pp. 207.

聯合國通過多次決議，要求印尼從東帝汶撤軍，但每次都有大批國家棄權、不投票，包括美國、英國、法國等西方大國，自然對印尼無法構成壓力，[30] 這也可看成是冷戰思維造成的結果。

國際關係講求實質利害，在這種情況下，弱勢的東帝汶獨立運動發聲困難。但是，在目前的國際關係中，非官方的組織所扮演的角色越來越重要，如人權、環保、教育、文化等非政府組織也可以發揮相當的力量。東帝汶的例子顯示：透過這些組織，人權議題的道德力量也有發揮的地方。幾位西方記者一直持續設法報導東帝汶的情況，出版書籍和記錄片，讓外界得知東帝汶的議題，[31] 使東帝汶問題的能見度在國際上始終很高。幾個非政府組織協助東帝汶人長期抗爭，也設法訓練流亡在外的東帝汶人學習以和平的方式爭取國際認同。印尼政府也做了很多宣傳，始終無法得到國際輿論的支持，當 1996 年諾貝爾和平獎決定頒給兩位東帝汶運動的領袖時，印尼已經明白：它在國際輿論的戰場上敗

---

30 1975 年聯合國所通過的解決方案，以 69 票對 11 票，要求印尼自東帝汶撤軍，並承認東帝汶的自決權，但是有 38 個國家的代表棄權。1976 年，內容相同的法案以 75 票對 20 票通過，卻有 52 票棄權，以後歷年投票棄權比例都很高，其中包括如美國、英國與法國等大國，以及亞洲地區臨近國家，見 John G. Taylor, *The Indonesian Occupation of East Timor 1974-1989: a Chronology.* London: Catholic Institute for International Relations in Association with the Refugee Studies Programme, University of Oxford, 1990.

31 Michael Chamerlain ed. *East Timor International Conference Report.* New York: Clergy and Laity Concerned, 1980, pp. 8.

給了東帝汶。

東帝汶問題的啟示是，以小搏大，必須在國際輿論上爭取認同。而只有在國際輿論上能清楚地表達自己的意志，才能打破國際強權之間的私相授受。雖然是冷戰格局下的犧牲品，東帝汶人民卻不願受強權所擺佈，堅持在國際間發出自己的聲音，表達自己要掌握自己命運的意志。東帝汶人的努力贏得世人的尊重，東帝汶人選擇自己未來命運的權利得到承認，東帝汶也將成為國際間不畏強權、爭取自主權的最佳範例。

戰爭與和平：東帝汶問題的歷史抉擇

長期擾攘不安的東帝汶經由公民投票的方式取得獨立，是少見以聯合國為核心的國際介入取得重大成就的分離主義運動，遂成為國際媒體矚目的焦點。由於新聞報導的特性，報導的重點都是在公民投票過程中的衝突事件，使得東帝汶問題給人的印象總是環繞著戰爭與暴力。然而，東帝汶能取得今日的成就，肇因於獨立運動轉向追求和平手段，而東帝汶獨立運動的成功，正象徵和平主義的勝利。

東帝汶歸屬問題一開頭就和戰爭脫不了關係，註定了後來以暴力相伴的基調。當 1974 年不負責任的葡萄牙左翼政權上臺，

匆匆宣布放棄東帝汶殖民地，當地人民分別組織了親葡派、親印尼派及獨立派，最後以內戰的方式決定了獨立派的優勢。當地人民無法用和平的方式把握歷史契機，必須以兵戎相見的方式來解決問題，是東帝汶問題始終蒙上戰爭暴力的悲劇色彩的原因，以致即使到了公民投票之後，親印尼的民兵團仍然相信暴力可以遂其所願，使暴力的陰影始終揮之不去。

　　暴力是歷史的延續，一旦開頭便很難停止。東帝汶和戰爭的關係可以上溯到第二次世界大戰。當時日軍攻占東帝汶時，盟軍即在當地人協助之下打游擊戰，使部分東帝汶人受到軍事訓練，並得到打仗的經驗。當印尼決定揮兵入侵，獨立派東帝汶人立刻決定打游擊戰，再加上東帝汶多山的地形，讓印尼軍著實吃了苦頭，也引起印尼軍毫不留情地殺戮。[32] 以暴易暴，成為沒完沒了的戰爭悲劇。

　　如果當初東帝汶的獨立運動仍然堅持以武裝鬥爭的方式來進行，東帝汶至今也許如緬甸的撣國獨立運動，菲律賓的摩洛獨立運動，缺乏國際奧援，成功的希望渺茫。比起東南亞其他長時間爭取獨立的武裝反叛運動，東帝汶獨立運動的領導團體 Fretilin 還更脆弱。東帝汶本身人口稀少，教育程度低落，多半以農漁民

---

32 關於印尼入侵東帝汶時的戰況，見 Richard W. Franke, *East Timor: the Hidden War.* New York: East Timor Defense Committee, 1976.

為主，社區群眾能提供的資源和人力都很有限。更嚴重的問題是，東帝汶獨立運動並未得到所有東帝汶人的支持。[33] 別忘記東帝汶問題是由東帝汶打內戰的情況引起的。印尼合併東帝汶以後，原本親印尼派成為新的得勢的一方，武裝鬥爭將使獨立運動註定成為弱勢的一方。

　　東帝汶獨立運動的領導人都是打游擊出身，卻能自我提升，提高獨立運動的格局，轉向和平運動，以爭取國際友人的支持。[34] 東帝汶獨立運動的游擊隊並未解除武裝，仍然保持一定的實力，但是運動路線明顯致力於採用和平的方式，這與國際社會的支持有直接關係。[35] 當東帝汶獨立運動將重點轉向以和平手段爭取國際支持，逐漸得到更多國際人權團體支持，[36] 也促成更多學界與輿論的支持。[37] 若非如此，國際間不會有這麼多支持東帝汶的聲音，領導人不會得到諾貝爾和平獎，聯合國也不會積極介入東帝

---

33 Franz Harahap, "Fretilin Masih Mimpi Di Atas Tulang Berserakan" *Sinar Harapan*, 5 August 1977.

34 東帝汶獨立運動的轉向，可以 Fretilin 決定接受和葡萄牙當局一起在聯合國的方案下協商為代表，見 Frente Revolucionaria do Timor Leste Independente and Union for a Democratic Timor, *UDT - Fretilin Joint Statement.* London: Tapol, 1986.

35 David Scott, *East Timor: Towards a Just Peace in the 1990s.* Canberra: Australia Council for Overseas Aid, 1990.

36 Tapol (Organization, the Indonesian Human Rights Campaign), *East Timor: United Nations Resolutions,* 1975-1982. Surrey: Tapol, 1991.

37 Australian National University, *Peacemaking Initiatives for East Timor: Conference on East Timor held at the Australian National University 10-12 July 1995.* Canberra: Australian National University, 1995.

汶的公民投票。

　　得到各界支持的東帝汶運動的三位領導人，都是以和平手段
解決東帝汶問題的堅定支持者。天主教領袖貝洛主教（Bishop
Belo）雖未直接參與獨立運動，[38] 但是他身先士卒，努力救助受
難者，堅定支持以和平的方式取得獨立地位的態度，贏得各方的
尊重。[39] 自 1989 年開始，他不斷寫信給國際人士如葡萄牙總統、
聯合國秘書長及天主教教宗等，要求協助東帝汶以公民投票的方
式解決東帝汶問題，引起國際各界人士的關切，是使東帝汶問題
能得到許多國際支持的關鍵。[40] 而長年流亡海外的霍塔（Jose
Ramos-Horta），[41] 原來是游擊隊的發言人，在海外致力於東帝
汶的宣傳工作。後來努力提昇自己，成為一名大學教授。他不斷
以演講及公開發言的方式爭取各界支持，導引東帝汶獨立運動成
為一個國際和平運動，厥功甚偉，是將東帝汶獨立運動轉型為國

---

38 貝洛主教全名為 Carlos Filipe Ximenes Belo，1948 年 2 月 3 日出生於東帝汶北部的鄉
　 間。父親早逝，主要在教會學校接受教育，後來在羅馬及葡萄牙接受長期的傳教士
　 訓練。1981 年回東帝汶擔任神父，1988 年成為主教，在東帝汶當地則致力於教育與
　 社區重建工作，建立東帝汶人的信心。
39 他不只贏得東帝汶與國際社會的支持，也得到印尼方面的敬重，見 Frans Sihol
　 Siagian and Peter Tukan, *Suara Kaum Tak Bersuara.* Jakarta: Obor, 1997.
40 於 1996 年和霍塔得到諾貝爾和平獎。
41 霍塔於 1949 年 12 月 26 日在東帝汶首府帝力出生。母親為東帝汶人，父親為葡萄牙
　 人。本人曾接受天主教學校教育，後來在東帝汶擔任記者，並支持東帝汶獨立運動，
　 而成為 Fretilin 早期領導人之一。他在印尼出兵東帝汶前三天離開東帝汶，前往紐約
　 聯合國總部，為東帝汶請命，就此展開流亡生涯，長期成為 Fretilin 國際發言人。

際人權運動的主要角色。[42] 而原是游擊隊領袖的古斯茂（Xanana
Gusmao）[43]，在被捕入獄之後，卻轉型為東帝汶獨立運動的精神
領袖。他的發言格局宏偉，致力於包容反對派的立場，讓東帝汶
的和平成為可能，也使得東帝汶獨立運動的正當性得到很多支
持。連逮捕他的印尼當局也不得不將他奉為上賓，認可其領導地
位，而必須尊重其對東帝汶事務的意見。[44]

　　東帝汶獨立運動能得以成功，領導人扮演很重要的角色。和
其他地區的分離主義運動不同，東帝汶出現了幾位具有國際聲望
的領導人，這在爭取國際支持方面有很大的助益。難能可貴的
是，幾位領導人之間目標一致，團結合作，沒有因為路線或立場
不同而有不同的聲音。共同清楚地尋求和平手段，以解決東帝汶
問題，贏得國際間良好的聲譽，才使得國際支持的力量得以集

---

42 霍塔流亡海外期間，不斷充實自己，分別在歐美各國進修國際法、人權法、和平研
　究等課程，後來在國際人權運動組織中擔任講師，將自己的視野放大到國際人權運
　動與和平運動中，得到國際人權團體的肯定。

43 古斯茂原名 José Alexandre Gusmão，別名 Kay Rala Xanana Gusmão，1946 年 6 月 20
　日出生於東帝汶的 Manatuto。父親為教師，古斯茂甫受完中學教育即開始在首府帝
　力擔任繪測員及教師等工作。後來參加 Fretilin。1978 年原 Fretilin 首領過世，古斯茂
　被推為領袖，領導反抗運動。並於 1988 年成立以動員民眾為目標之全國性反抗組織
　CNRM。1992 年被印尼軍隊逮捕入獄，後被判刑二十年。

44 古斯茂在獄中學習英語與印尼語，並學習國際法，同時寫詩作畫，一邊思考東帝汶
　運動策略而寫作政治論文。人雖然在獄中，反而成為國際媒體的注目焦點，因此得
　以將其對東帝汶問題的理念表達出來。他要求以和平與協商的方式達到追求東帝汶
　自由的目的，使他成為東帝汶運動的精神領袖，被國際媒體譽為「東帝汶的曼德拉」
　（Mandela of Timor）。

結。後來,兩位領導人得到諾貝爾和平獎,得到更大的道德力量,成為以道德力量打敗武力脅迫的範例。

東帝汶問題的啟示是,能夠扭轉戰爭與暴力的宿命,而採取和平手段來解決政治歸屬問題,才是解決問題的長久之道。東帝汶轉向尋求以公民投票的方式來解決問題,期間雖然衝突不斷,但畢竟是以和平的手段解決分離主義運動的方式進行,和平主義發揮了強大的道德力量。在這種狀況下,迷信武力的印尼軍方和民兵團所能起的作用變得十分有限。在傳統民族主義意識型態深重的亞洲地區而言,不能不說是一大異數。在思考東帝汶運動的可能意義時,和平主義的信念成為東帝汶運動的主軸,領導人堅定的態度不因一時的暴力激情而搖擺,改變了長期以來以武力解決分離主義的傳統思維,是最珍貴的歷史教訓。

轉捩點:大國民族主義與民主牌

東帝汶問題長期僵持的局勢忽然在一夕之間有了逆轉性的改變。1999 年初印尼政府突然一改過去二十多年對東帝汶主權的強硬說法,從強調東帝汶是印尼不可分割的一部分,變成不排除讓東帝汶獨立的可能性。雖然只是表示增加不同的選擇方案,並非在政策上支持獨立方案,但是,這個態度的轉變其實是後來東

帝汶問題得以解決的關鍵。一個富有強烈大國心態的國家，向來以民族主義為主導意識型態的政體，願意接受調整傳統上被視為神聖不可侵犯的國家統治主權的領土範圍，承認並尊重具有不同歷史經驗的人民有權選擇自己的未來，這個轉變可視為亞洲現代政治發展的新的里程碑。

　　這個轉變當時立刻引起國際間極大的反響。美國政府立即表示，印尼政府願意考慮讓東帝汶獨立之舉是「正面的發展」，讓東帝汶人民在決定自己命運方面享有發言權，美國表示歡迎之意。澳洲政府表示歡迎印尼這項宣布，並形容為「一個非常重要的轉變」，對問題的解決有幫助。長期關心東帝汶的各國友人也紛紛表示這個轉變對解決問題的重要性。

　　後來的發展進度很快，原來已成僵局的東帝汶問題，因為印尼態度的改變而有很大的進展。密集的協商討論，外界的關切與內部的壓力互相折衝，到決定由聯合國安排東帝汶公民投票，一切都在快速的動態中形成，甚至在多數印尼人還感到錯愕時，東帝汶的解決方案已拍板定案。從決定公民投票到實際上舉行公民投票，中間只間隔短短兩個月的時間。東帝汶問題懸宕已久，然後在一夕之間解決，這個過程是東帝汶問題得到解決的特色，值得進一步分析。

　　什麼是造成東帝汶局勢進展的主要原因？為什麼突如其來的轉變，勝過以往二十多年來東帝汶人的犧牲、國際社會的抵制、聯合國的干預以及人權團體的聲援？印尼政府如何能在一夕之間克服傳統上視分離主義運動為大逆不道的禁忌，轉而以開放胸襟去接受並尊重當地人自主的意見選擇？印尼廣大的人民如何能在一夕之間由長期支持印尼強化整合東帝汶，視東帝汶為印尼不可分割的一部分，到後來坦然接受東帝汶人自己的選擇？

　　仔細觀察東帝汶問題的歷史與印尼政局的發展，就會發現：印尼的民主化才是主要關鍵。雖然東帝汶人民爭取自主的堅強意志，與國際社會對東帝汶的強烈支持，也是很重要的因素，但是，單有內在堅強的意志和外在強烈的支持仍然不足以對抗像印尼這種國家的「大國民族主義」，過去二十多年來的僵局就是明證。如果不是從 1998 年以來，印尼內部的民主運動快速進展，要承認東帝汶人民有權決定自己的命運絕無可能。在蘇哈托中央極權的時代，任何分離運動被視為對印尼主權的挑戰，對印尼民族主義的背叛，皆會引發血腥的軍事鎮壓。如果沒有印尼的民主化，支持東帝汶人有權選擇建立自己的國家是不可想像的。有人認為：印尼受到金融危機的打擊也是重要原因。金融危機固然可以視為蘇哈托集權統治倒臺的原因，我們卻無法直接將經濟因素當成改變契機的原因。因為，光是經濟危機很難改變民族主義的

立場，而且，經濟危機也沒有直接要求印尼改變對東帝汶的態度，強調國際經濟因素的影響力，在東帝汶問題上難以成立。

我們必須從「大國民族主義」的角度來分析問題的困難程度。民族主義也許可以分為兩種類型，一是小國民族主義，或分離型的民族主義；一是大國民族主義，是整合型的民族主義，大小是相對而言的說法。雖然方向相反，訴諸民族主義情緒則一致。大國民族主義通常是在族群複雜的國家，為了維持內部整合而產生的強烈情緒。把不同族群的整合視為愛國的表現，而視反對整合為叛逆。如果國體不民主，更容易把這種民族主義上綱上線，把民族主義視為神聖的無上價值，作為穩定政權的工具。這種民族主義也經常利用過往的歷史、文化的特性來創造新的國家神話，作為強力整合各族群的意識型態。

印尼是個大國民族主義的絕佳例證，因為他們在第二次世界大戰後，以武裝鬥爭的形式爭取國家獨立，終於脫離荷蘭的殖民統治。由於是經由反殖民鬥爭而獨立，民族主義情緒特別強烈，國家的意識型態也特別強調多元族群的整合性。軍方的勢力特別強大，也是以內部整合需要為由，軍隊的主要任務向來是撲滅內部反對勢力，而非抵禦外侮。新的國家神話則以上溯古代國家滿者伯夷（Madjapahit），下延新興民族的塑造與融合，強調各族群最終將融合為單一語言的單一民族，即印度尼西亞民族。其民

族主義情緒之強烈，比起以「中華民族」為基底的中國民族主義
情緒有過之而無不及。在印尼，到國外投資、移民國外，以及不
講印尼語等，都會被視為不愛國，印尼軍方鎮壓分離主義運動從
不手軟。這是為什麼發生在東帝汶、亞齊及伊利安的大屠殺頻
傳，而鮮少聽到印尼知識分子或反對人士聲援的原因。[45]

　　面對這種大國民族主義，東帝汶獨立運動的處境一直非常艱
難。印尼主流思想一再強調東帝汶人和西帝汶島的居民人種相
同，都是印度尼西亞民族不可分割的一部分，並把整合東帝汶到
印尼之中視為立國精神的徹底實踐，[46]而將帝汶島一分為二是歐
洲殖民主義的餘緒。既然西帝汶人整合到印尼大家族沒有問題，
東帝汶人整合也不該有問題，否則就是中了殖民主義餘毒太
深。[47]再加上於 1975 年併吞東帝汶後，在東帝汶強力施行印尼
國民教育，印尼政府更以為勝券在握，認為時間一久就可成功整

---

45 在印尼知識圈中，即使反對人士表明追求民主，但也強調民族主義，因而少有站在
　　東帝汶的角度發聲者。離開印尼在澳洲任教的 George Junus Aditjondro 是極少數的例
　　外，見 George Junus Aditjondro, *East Timor: an Indonesian Intellectual Speaks out.* Deakin,
　　A.C.T.: Australian Council for Overseas Aid, 1994.
46 表現這種思想最具代表性的文件，見蘇哈托關於東帝汶問題對印尼人民協會的致詞，
　　Soeharto, *Address by His Excellency Scehanto President of the Republic of Indonesia Before
　　the Extraordinary Session of the Regional House of the People's Represents alives of East
　　Timor, Dili, July 17,1978.* Jakarta: Dep Penerangan, 1978.
47 印尼當局對東帝汶所抱持的態度與想法，見 Departemen Penerangan, *Government
　　Statements on the East-Timor Question.* Jakarta: Departemen Penerangan, 1975.

合東帝汶。[48] 因此，立場強硬，一向排除東帝汶獨立的可能性，絕不鬆口。國際間的支持雖然持續，但也感到十分悲觀。澳洲政府幾年前和印尼政府簽署合作開發帝汶海域的石油，等於間接承認印尼對東帝汶的管轄權，幾乎已經認定東帝汶獨立運動是沒有前途的。即使在 1991 年發生帝力屠殺事件，東帝汶的情況重新受到國際的矚目，但是印尼當局始終態度強硬，而且挾有強大的民意為其後盾，使得國際間的關切也難以改變局勢。

印尼政府態度忽然轉變，表達願意接受東帝汶人自行決定的任何自主方案，逆轉了大國民族主義的強橫與霸氣。改變的來源，源自前半年所發生的民主運動，將在位長達三十一年的蘇哈托總統拉下臺，並展開新的民主化政治進程。主導這次對東帝汶採取開放態度的哈比比總統，一上任就知道自己和舊政權淵源太深，必須打民主牌才有權力基礎，不斷宣布新的民主化措施，和反對人士在民主改革項目上互相競逐，終於克服了大國民族主義的侷限與僵固，在東帝汶問題上有所轉變。

印尼 1998 年民主化運動的特色是由下而上。本來蘇哈托在位時仍不可一世，無人可攖其鋒，三十幾年來所建立的黨政軍特

---

48 印尼政府對東帝汶的教育政策及對其同化整合東帝汶人的信心，見 Basennang Saliwangi, *Kedudukan dan Fungsi Bahasa Indonesia di Timor Timur.* Jakarta: Pusat Pembinaan dan Pengembangan Bahasa, Departemen Pendidikan dan Kebudayaan, 1985.

結合的強固體制難以搖撼。但是，長期執政也導致政治腐敗、官僚僵化。到了金融危機時，反覆搖擺的政策使局面擴大成經濟危機與糧食危機。後來，學生運動打前鋒，要求蘇哈托下臺，由經濟危機擴大為政治危機，引發全面性的抗議。蘇哈托黯然下臺，由副總統哈比比繼任。由於這一波民主運動是由下而上，哈比比要穩定政局，祇能施行民主化，和反對派人士互別苗頭，以爭取民眾的支持與國際社會的認可。民主化強調尊重人民的意志與人民的自由，那麼，同意東帝汶人民選擇自己未來的權利也應該得到尊重，也成為這一波民主化浪潮的一環。

　　東帝汶問題的啟示是：大國民族主義並非牢不可破，無法改變，說不定一夕之間忽然就改變了。然而，改變最有效的關鍵還是民主牌。如果大國能夠發展出尊重人民個人意志的民主制度，才有可能尊重以公民投票解決政治歸屬的和平方案。也只有大國能夠發展出為人民福祉著想的民主思想，才有可能接受尊重人權解決爭端的和平思想。而任何有大國心態的人也必須認識：只有尊重人權而講求民主——而非堅持採取窮兵黷武的強硬手段——才是維持和平穩定的良策。

統與獨之間：想像的共同體之可能與不可能

　　為什麼東帝汶人不願意加入印度尼西亞這個大家族呢？自從印尼在 1975 年合併了東帝汶之後，這個問題始終是印尼當局和知識階層無法理解之處。印尼當局不能理解不足為奇，因為他們並不想理解。可是，印尼的知識階層也不理解東帝汶人的感情，也包括民間人士，甚至反對人士，顯示大國民族主義不易超克。這裡引發的問題可以進一步細究：為什麼印尼其他族群有強烈的愛國精神和民族主義情緒，而東帝汶人卻缺乏印度尼西亞認同，[49] 反而不惜犧牲也要脫離印尼而獨立？

　　對比東帝汶和印尼境內其他族群對印尼的感情，東帝汶的情況的確比較特殊。若說是因為東帝汶加入印尼的時間較短，其他各族群開始融合到印尼的時間也不長。印尼是個新興獨立的國家，遲至 1928 年才確定以印度尼西亞為新國家的名稱，1945 年才宣布獨立。但獨立以後，各族群都願意為建設這個新國家而放棄部分族群特色。爪哇人數量最多，人口超過 60%。他們為了新國家的建立和各族群的和諧，自願放棄爭取爪哇語為國語。其他如巽他人、馬都拉人、米南加保人、峇厘人等民族素來都有強

---

49 關於東帝汶人在文化上與政治上的認同，見 Teresa Farreras Morlanes, *East Timorese Ethno-Nationalism: a Search for an Identity - Cultural and Political Self-determination.* Ph. D. Thesis. University of Queensland, 1991.

烈的文化特色,也都願意為形塑印度尼西亞文化而努力。印尼年青一代已迅速融合,他們說一樣的語言,受一樣的教育,到印尼各地工作,不過數十年的工夫,僅僅一代人即取得高度整合的成就,一度被各國學者認為是國家整合成功的範例。既然其他各族都可以,為什麼獨獨東帝汶人做不到?

如果用政治學者 Benedict Anderson 的術語來說,現代民族主義即是創造想像的共同體的過程。既然是想像的共同體,不同的人群與土地的組合,如果能開創出想像的政治空間,共同組成一個國家即為可能;而東南亞是最佳的舞臺,讓新興國家開創想像的政治空間。即使「印度尼西亞」這個概念的歷史淺短;新加坡和馬來西亞作為國家的概念還不到五十年;汶萊的領土甚至是畸零地,照常形成國家的共同體。此外,菲律賓、越南、緬甸和印尼,各自包含了超過一百個以上的不同族群,顯示不同的想像共同體的各種可能性。一群人能否和另一群人共同組成同一國家,主要還是看當初是如何形塑想像共同體。

在理論上,印尼將東帝汶包含進來,比起其他國家要整合不同族裔要容易多了,想像空間的可能性比較大。地理上,東帝汶是小異他群島的一部分,這一海域所有鄰近群島共同構成了印尼的版圖。人種上,東帝汶和西帝汶沒有兩樣。其種族成分雖然複雜,有許多不同成分的混合,但這種情況在印尼群島到處都是,

種族並非構成東帝汶人難以在印尼的架構中整合的原因。[50] 在社會文化方面，1975 年，東帝汶主要還是部落文化型態，[51] 在印尼境內上千個部族文化之中不足為奇，部族文化並不構成整合到現代國家的障礙。在歷史方面，東帝汶和印尼都是歐洲人的殖民地。雖然葡萄牙人在十六世紀就來到東帝汶，但是，荷蘭和葡萄牙在帝汶島互相競逐，到了 1915 年才劃定今天的界線，葡萄牙人也未深入影響民間。要說東帝汶人受葡萄牙殖民影響太深，沒有道理。葡萄牙在東帝汶完全漠視教育投資，殖民期間只在首府帝力有幾間小學，傳教士辦了一間中學。[52] 多數東帝汶人識字都有問題，殖民主的文化完全不構成整合到印尼的障礙。

　　也有人認為是宗教因素造成東帝汶和印尼難以整合的主要原因，這可能是由於許多報導將東帝汶問題歸因為宗教衝突。然

---

50 種族的劃分也要看以什麼標準而定，有不同的分類方式。大致來說，東帝汶人在種族上與印尼其他族群的差異並沒有任何顯著的意義。即使不考慮西帝汶，東帝汶人在種族上的不同成分都可以在鄰近島嶼中找到。這裡主要是說明種族並非造成東帝汶與印尼其他地區的差異所在，尤其是在東印度尼西亞地區。以印尼本地人的看法，以 Orang Malayu 或 Orang Asli 的概念即足以整合不同的族群。若有人說：東帝汶人與印尼人屬不同種族，是比較牽強的說法，至少未見東帝汶運動人士強調過種族差異。

51 關於戰前東帝汶的部落組織與土王的政治型態，見 Anselmus Dominikus Meak Parera, *Sejarah Pemerintahan Raja-raja Timor: Suatu Kajian Atas Peta Politik Pemerintahan Kerajaan-Kerajaan Di Timor Sebelum Kemerdekaan Republik Indonesia.* Jakarta: Yanense Mitra Sejati: Pustaka Sinar Harapan, 1994.

52 Machmudi Romli, "Di Sini Belum Ada Sekolah Lanjutan Atas dan Sederajat", *Berita Buana,* 3 August, 1977.

而，這是以統計數字的結果來作推論，卻未深入當地情況與歷史過程，是簡化問題的廉價論證，容易引起誤導的歸因，這種說法其實難以成立。東印度尼西亞向來是基督教徒人數比穆斯林人數多，其他地方並沒有因此而主張分離主義。[53] 東帝汶本地的穆斯林族群人數雖然不多，卻有四百多年的歷史，是十足的本地社群。有趣的是，印尼是多宗教國家，特別保障宗教自由；而多數東帝汶島民在 1975 年時，其實是民間多神信仰，印尼統治後天主教徒直線上升，才有今天的局面。[54] 換言之，因有印尼統治，天主教徒人數才增加，不能倒果為因，認為宗教因素是東帝汶人分離意識的主要原因。[55] 而且當地也沒有出現以宗教為分類結構的仇殺事件，衝突的主要分類結構仍在於統獨意識的不同。因此，東帝汶的獨立運動並未強調宗教因素。最多只能說，宗教因素引起國際上部分宗教組織的特別關注，[56] 卻無法論證宗教因素

---

53 在印尼革命期間，南馬魯古共和國的叛亂可說是唯一的例外。然而，其受到荷蘭人的鼓動有較直接的關係。在此之後，當地並未出現任何有實質影響力的分離運動。別忘記西帝汶也是天主教徒占多數之處，卻沒有同樣要求與印尼分開的訴求，單單宗教因素並不是導致無法整合的原因。

54 原因有二，一是印尼反無神論。要登記宗教，必須在制式宗教擇其一。第二，由於特別保障宗教自由，東帝汶人發現天主教徒受到的保障比較大，因此人數增加很快。

55 關於天主教在印尼統治期的發展，以及宗教因素並非構成東帝汶分離主義主因的論證，參考 Benedict Anderson, "Imagining East Timor" *Arena Magazine,* No.4 1993.

56 例如：天主教便特別重視東帝汶問題，見 Catholic Institute for International Relations, *East Timor: an International Responsibility.* London: Catholic Institute for International Relations, 1992. 以及 Catholic Institute for International Relations, *International Law and the Question of East Timor.* London: Catholic Institute for International Relations, 1995.

是東帝汶無法整合到印尼的主要障礙。

　　就物質條件而言，印尼給東帝汶的條件比葡萄牙好多了。印尼合併了東帝汶之後，每年撥給東帝汶的建設經費比印尼其他省份要優厚許多，[57] 基礎建設也比葡萄牙殖民時期更好。在教育投資、醫療設備以及道路等交通建設方面都有很大的改善。[58] 就比較的意義而言，對一般人基本生活條件的改善應該沒有問題。[59] 印尼並且大力投資教育建設，蓋了幾百所各級學校。儘管印尼方面的宣傳不難找到「宣稱生活改善，而樂意效忠印尼」的人士來見證，[60] 印尼當局也信心滿滿地宣稱他們在東帝汶的施政足以贏得人心，[61] 但公民投票的結果卻證明：印尼並沒有贏得人心，再多建設始終都改變不了東帝汶人希望自己當家作主的決心。

　　現在的問題是：為什麼印尼這個想像的共同體吸引不了東帝汶人的感情？原因其實很簡單，既然是想像的共同體，那麼，歷

---

57 印尼自從合併東帝汶以來，前十年就投入了四千三百億印尼盾來建設東帝汶，見中村正之〈東ティモール問題〉。《東南アジアを知るシリーズ：インドネシアの事典》。京都：同朋舍出版，1991，頁 363。

58 House of Representatives of the Republic of Indonesia, *Facts about East Timor*. Jakarta: House of Representatives of the Republic of Indonesia, 1989.

59 至少印尼主流社會如此認為，特別是對一般平民而言，經濟生活確實改善了，見 Rumhardjono, "Integrasi dan Artinay yang Dirasakan Rakyat Kecil" *Kompas*, 15 August, 1977.

60 Sekretariat Kordinasi Urusan Timor Timur, *Data Timor Timur Propinsi Yang Ke 27*. Jakarta: Sekretariat Kordinasi Urusan Timor Timur, Departemen Dalam Negeri, 1979.

61 Eliza Meskers Tomodok, *Hari-hari Akhir Timor Portugis*. Jakarta: Pustaka Jaya, 1994.

史的共同記憶扮演更重要的角色，而非地理條件或人種文化相似
性所能決定。當印尼人民共同經歷了獨立革命的洗禮，東帝汶人
並沒有經歷相同的過程，當然對印尼也不會有相同的感情，即是
缺乏共同歷史經驗所致。[62] 因此，1975 年印尼出兵東帝汶，不論
理由是平定內戰、防止左派執政或解放殖民地，對東帝汶人來
說，都是以武力入侵，強迫併吞。印尼當局雖然扶持少數親印尼
派人士組織議會，發表聲明：要加入印尼，但，在大多數東帝汶
人眼中，只是傀儡組織，缺乏正當性。[63] 即使後來印尼採取強力
的同化政策，[64] 以印尼文與印尼建國精神來教育民眾，[65] 但當地
人並不因此就改變認同，反而強化東帝汶人特殊歷史經驗的認同
意識。[66] 在國際間，印尼入侵東帝汶也一直無法得到認同，連聯
合國也不承認印尼在東帝汶的主權。

　　想像的共同體無法憑武力塑造。用武力只會增加仇恨，讓受
鎮壓的一方漸行漸遠。印尼政府在併吞東帝汶之後，投入大量金

---

62 BCIET (Organisation), *Integration Never! : East Timor's Struggle Against Indonesian Aggression.* London: B.C.I.E.T, 1981, pp. 19.

63 Peter Carey and Steve Cox, *Generations of Resistance: East Timor.* London: Cassell, 1995.

64 關於印尼政府在東帝汶實行的印尼化政策，見 Carmel Budiardjo and Liem Soei Liong, *The War Against East Timor*. London: Zed Books, 1984, pp. 96-126.

65 關於印尼政府在東帝汶的教育計劃，見 Proyek Pembinaan Pendidikan, *Inventarisasi Kesenian Propinsi Timor* Timur. Dili: Kebudayaan Nasional dan Pembinaan Generasi Muda, 1977.

66 European Christian Consultation on East Timor, *I am Timorese: Testimonies from East Timor.* London: CIIR on behalf of the European Christian Consultation on East Timor, 1990.

錢開發東帝汶，希望爭取東帝汶認同，甚至在東帝汶開辦大學，
這是殖民時代所無法做到的。其他各種努力促進整合的施政也大
力推行，得到的成效卻很少。[67] 支持獨立運動的東帝汶人數不斷
增加，東帝汶大學成為培養年輕一代支持獨立運動的大本營。[68]
再加上過去印尼軍隊在東帝汶殺戮太多，仇恨很深，日後當地人
抗議不斷。印尼則以對待異議人士的方式，將所有積極分子關進
監牢，東帝汶人就更不可能接受印尼。[69] 印尼強行合併東帝汶的
舉動不但使印尼付出很大的代價，人員的傷亡和金錢的代價都很
可觀，但反過來，印尼的聲譽受到的嚴重打擊。它一度曾是不結
盟國家運動的領袖，反殖民主義的代表，後來反而成為國際社會
違反人權惡名昭彰的國家。[70]

　　想像的共同體應該如何塑造，還是要看人民共同的歷史記
憶。為什麼不同種族可以共組一個國家，如新加坡、馬來西亞？

---

67 東帝汶的情況對於以強調整合各族文化而自豪的印尼而言，是嚴重的心理挫折，見
　　Mubyarto (Indonesia Resources and Information Programme, Australia), *East Timor: the
　　Impact of Integration: an Indonesian Socio-anthropological study.* Northcote, Vic:
　　Indonesia Resources and Information Program, 1991.
68 關於東帝汶學生運動反抗印尼當局的情況，見 Anderson, Russell ed. *East Timor: Dying
　　to Be Free.* Fitzroy: AETA, 1996, pp. 4-10.
69 關於東帝汶人反抗印尼統治的情況，見 Ian Bell, *East Timor: the Hidden War: the
　　Struggle for Justice at Home and Abroad.* Melbourne: Australia-East Timor Association,
　　1989.
70 Benedict Anderson, "Indonesia: What is at Stake in East Timor", *East Timor International
　　Conference Report,* Michael Chamerlain ed., New York: Clergy and Laity Concerned, 1980.
　　p. 14.

為什麼同種族的人卻未必能共組同一個國家？想像的共同體之可能與不可能之間有很大的彈性。找到共同的想像空間，固然有助於共組國家，但仍須要一段互相接受的過程，而且不能保證最後結果如何。然而，如果以力脅迫，則一定難以讓人民接受。這是東帝汶獨立運動史所傳遞的清楚訊息。

東帝汶問題的啟示是，想像的共同體因共同歷史記憶而形成，須要長時間的培養與歷史契機。一旦形成，就很難改變。想像的共同體也可開創，但須有長期良好互動與新的歷史契機。共同體的塑造必不能以武力相脅，否則只會造成反效果。因此，不論想像的共同體形成的過程是受到殖民主義、冷戰、內戰、意識形態、政治實體、經濟發展程度、宗教、或政治體制等歷史因緣形塑，一旦發展出共同的獨特認同，都應該予以尊重。這是因為認同只能培養，不能強迫。

國際新規則：阻止違反人道罪行重於內政不干預原則

東帝汶問題還把亞洲的國際關係提昇到另一層次，打破了戰後以來，亞洲國際關係中，堅持以既存的國家體系為主體，強調主權國家內政不受干預的原則，拒絕各種國際社會以不同原則進行直接干預。東帝汶不但有國際干預，由聯合國安排公民投票，聯合國甚至進一步派遣國際和平部隊進駐，並要求設立國際法

庭，審查違反人權的事例。東帝汶問題開創了一個先例，即：由國際介入爭端，成功改變既成事實的案例。

衡量近現代國際關係的歷史，強調主權國家內政不受干預的原則已行之有年，而這個原則在東南亞地區又是最敏感的話題之一。這是由於東南亞國家的前身多為歐洲殖民地，對外國干預最為反感，其中又以印尼的態度最為強烈。印尼的反殖民鬥爭被認為是第二次世界大戰結束後最具代表性的先聲。印尼獨立以後也以此自豪，並發起不結盟國家運動，反抗世界超級強國運用其影響力的意味濃厚。後來，印尼又成為東南亞國協的發起國，更把內政不干預原則推到極致，在東協內部各國也強調內政互不干涉，拒絕各種人權、民主、自由等觀念等普世價值應用在各國內部事務。印尼當局在排除外力干預上頗為堅持，立國以來的外交政策即以此為主要原則。特別是軍方的態度特別強硬，向來以捍衛國家主權為最高使命，要說能接受國際和平部隊的進駐，那是難以想像的事。

那麼東帝汶問題為何能使國際社會積極介入？為何能突破印尼以內政不干涉原則阻絕其他國家介入的強大防線？為何能改變不結盟國家與東南亞國協長期抗拒外來勢力干涉的傳統？為何能讓長期由軍方主政的國家接受聯合國和平部隊的進駐？

很多人以為聯合國之所以積極介入東帝汶事務，主要是由於

聯合國從未承認印尼在東帝汶的主權。[71] 這顯然是錯置重點。因為，每次聯合國集體決議採取行動時，總要考慮印尼的感受與反應。而東帝汶的主權是否被承認，並不是聯合國可否採取介入行動的關鍵。別忘記印尼曾有因為不滿聯合國決議而一度退出聯合國的記錄。如果印尼始終悍然拒絕外來干預，聯合國可以採取的行動仍相當有限。

國際社會認為有必要採取積極的行動介入東帝汶問題，是因為例來由國際人權團體所做的報告，一再揭露印尼強行合併東帝汶，而東帝汶人則始終表達出反對的態度。[72] 而印尼在東帝汶的人權記錄，更是造成國際間無法承認其主權的原因，這是不同國家的人權團體持續關心東帝汶問題的主要原因。[73] 而印尼在東帝汶的暴行的規模，早已讓國際間認定有違反人道而觸犯種族滅絕的罪嫌。[74] 早在東帝汶問題剛發生時，就被國際人士視為是一個人權與人道主義的問題。只是在當時冷戰的國際關係結構下，人

---

71 聯合國自從東帝汶問題一開始，就沒有承認印尼的統治權，但同意其為地位有待解決的前殖民地。 見 United Nations. Dept. Of Political Affairs, Trusteeship And Decolonization, *Issue on East Timor*. N.Y: United Nations, 1976.

72 有關人權團體在聯合國所做的報告，例如 TAPOL, *Statement on East Timor to the UN Committee of 24 August, 1987*. Croydon, Surrey: TAPOL, 1987.

73 關於各國對東帝汶問題的協助與關心，見 Torben Retboll, *East Timor: the Struggle Continues*. Denmark : International Work Group on Indigenous Affairs, 1984.

74 以種族滅絕（genocide）及違反人道主義問題來討論東帝汶問題，見 Arnold Kohen and John Taylor, *An Act of Genocide: Indonesia's Invasion of East Timor*. London: Tapol, 1979.

道主義的問題還不足以引起權力結構的改變。然而，人權問題始終是讓東帝汶問題一直受到高度矚目的原因。[75]

如果只考慮統治權的問題，國際社會能對印尼施加的壓力有限。最初幾年，聯合國以決議要求印尼撤離東帝汶。印尼置之不理，問題一直沒有進展。有的國家反而以承認既成事實的態度，慢慢調整了對東帝汶問題的態度。後來卻是因為人權問題，使各種國際組織持續發聲。[76] 1991 年再度傳出大屠殺事件，[77] 使這個問題又受到高度重視。聯合國重新展開另一波介入東帝汶問題的行動。[78] 到了親印尼民兵攻擊支持獨立的人士，東帝汶精神領袖貝洛主教呼籲：以違反人道的戰爭罪行來調查印尼軍方的所作所為，國際領袖即以此向印尼施壓，聯合國人權委員會也要求召開國際法庭，這顯示東帝汶危機的性質已經提昇到另一個層次。這

75 Australia-East Timor Association, *East Timor, Betrayed but not Beaten: the Ongoing Struggle for Independence in East Timor 1975-83.* Fitzroy, Vic.: Australia-East Timor Association, 1983, pp. 10.

76 例如：天主教會對東帝汶的問題，主要的訴求集中在人權問題，而非統治權問題，見 National and International Catholic Church Agencies, *The Church and East Timor: a Collection of Documents.* Melbourne: Catholic Commission for Justice, Development and Peace, 1993.

77 有關 1991 年 11 月 12 日在帝力發生的聖克魯斯（Santa Cruz）屠殺事件，見 Australian Section International Commission of Jurists, *Timor Tragedy: Incident at Santa Cruz, November 12, 1991: a Report of the Australian Section International Commission of Jurists.* Sydney: Australian Section, International Commission of Jurists, 1992.

78 有關聖克魯斯屠殺事件引發對東帝汶問題重新重視與後續發展的情況，見 Stephen Sherlock, A Pebble in Indonesia's Shoe: Recent Developments in East Timor. Canberra: Department of the Parliamentary Library, 1995, pp. 15.

已經不是印尼是否堅持內政不干涉原則的問題，而是亞洲地區繼東埔寨波帕政權之後，另一次毀滅人道的慘劇。

　　早在第二次世界大戰，國際間便已將毀滅人道的罪行當成人類世界的公敵，戰後立刻審判戰犯，也形成具有國際共識的判例。然而，戰後長期的冷戰使得國際不易達成共識，違反人道作為罪行的標準難以實行。一直到發生盧安達的種族屠殺事件，國際社會才漸漸覺醒，必須將有計劃的屠殺事件當成最嚴重的反人道罪行，才能阻止人間悲劇一再發生。冷戰結束以後，幾次的國際行動都是在阻止違反人道的名義下進行的，從索馬利亞，波士尼亞到柯索伏都是如此。這顯示國際社會視屠殺罪行為最嚴重的事，必須聯合國際社會的力量加以干預。

　　當總統哈比比同意聯合國部隊進駐東帝汶，印尼國內許多人的情緒立刻反彈，認為是國際對印尼主權的侵犯。有人要求聯合國部隊必須由東南亞國家領軍，或以亞洲臉孔為主。也有人在聯合國及美澳等使館前抗議，背後的理由不外乎捍衛國家尊嚴。這顯然又是錯置重點，不能以拒絕國際干預或其他什麼方式維護國家尊嚴。國際干預主要是因為出現了違反人權的事例，特別是以武力脅迫平民，被認為有違反人道的罪嫌。要維護國家尊嚴，不是護短，而是找出故意違反人權的元凶。

　　印尼軍方在東帝汶所扮演的角色，是否構成毀滅人道的戰爭

罪行，有待進一步調查，但一向以捍衛印尼民族主義自居的軍方，被外國領袖以「可能涉及毀滅人道罪行」威脅，也不得不改口，軟化先前強硬的態度。國家主權神聖不可侵犯，各國內政不受外國干涉的原則，一旦被指控可能涉及毀滅人道，都不得不低頭，阻止違反人道的罪行，將成為國際社會最基本的道德標準。東帝汶危機發展至今，已經超越主權或區域安全的層次，而被嚴肅地思考是否冒犯這個最基本的人類道德準則。

東帝汶問題是人間悲劇，悲劇源自同胞相殘的內戰，而被印尼合併又加深了悲劇。不幸的是，如同世間多數的悲劇，總是在發生之後才受到世人的重視。東帝汶的悲劇原本不該以這麼荒謬的方式發生，但是，也由於東帝汶人一再的犧牲，反而引起國際社會的高度重視與積極干預。由這裡可以清楚地看出，國家主權與國家尊嚴不是無限上綱，「阻止違反人道罪行」重於「內政不干預原則」。

東帝汶問題帶來的啟示是，國家主權不是至高無上的。國際關係發展使國際政治產生新的準則。違反人道主義的種族滅絕以及戰爭罪犯被認為是世界公敵，應該加以懲處。不論是以什麼為名的戰爭，殺害沒有武裝的平民，即違反了人道主義，有朝一日可能會被指控為戰爭罪犯。殷望國際政治的發展向上提昇，得以讓這種準則具體落實。

友邦的作用：澳大利亞在東帝汶問題中所扮演的角色

分離主義運動能否成功？最主要的關鍵在於：是否得到外國的支持。以印尼其他地區的分離運動和東帝汶問題來比較即可看出：論分離運動的意志與民眾的支持程度，亞齊未必在東帝汶之下，但是，國際間很少給予關注。論人種與文化和印尼的差異程度，西巴布亞還在東帝汶之上，國際提供的支持也很少。而東帝汶問題則相當特別。除了和東帝汶問題直接相關的國家，如葡萄牙以外，有澳洲長期的關心，得以在關鍵時刻採取必要的步驟，終於得到解決。[79] 東帝汶問題與友邦的關係值得特別探討。

許多由前歐洲殖民地轉變而成的新國家都與前殖民地主關係密切，但葡萄牙作為東帝汶原殖民宗主國，雖然一直不承認印尼在東帝汶的統治權，也不斷在聯合國提案，但在支持東帝汶方面並非實質上的重要角色，反倒是作為東帝汶鄰居的澳洲扮演最具關鍵性的角色。舉例而言，當東帝汶親印尼的民兵開始展開報復行動，企圖否決公民投票的結果時，正是澳洲積極向聯合國建議，以聯合國的名義，由澳洲領軍，率維和部隊進駐東帝汶，確

---

79 關於東帝汶的國際交涉的歷史過程，參考 Grayson J. Lloyd, "The Diplomacy on East Timor: Indonesia, the United Nations and the International Community", In James J. Fox ed. Out of the Ashes: Destruction and Reconstruction of East Timor. Adelaide: Crawford House, 2000, pp. 79-105.

保公民投票的結果。就聯合國派駐和平部隊的決策過程來看，這
是國際間共識程度最高，決策速度最快的一次，短短幾天內就完
成所有必要的決策程序，和過去盧安達及科索伏等種族屠殺事件
比較，實不可同日而語；其中澳洲積極的角色功不可沒。

　　東帝汶危機發生以後，澳洲總理何華德（John Howard）立
刻建議國際派遣和平部隊進駐。剛開始呼應的國家很少。派遣和
平部隊的確是勞民傷財的事，而且有很大的風險。再加上傳統上
印尼反對國際干預的態度和印尼軍方的勢力，使得國際間並不看
好這項提議。澳洲為了減輕各國的疑慮，一再承諾願意派遣更多
兵力，並就近在達爾文提供基地，協助聯合國工作人員與難民撤
離，並隨時提供最新消息，然後分別游說印尼及其他盟國。澳洲
的積極態度很快就說服了西方盟邦。部分亞洲國家也一改過去不
干預的政策，願意在聯合國和印尼同意下參與和平部隊。美國一
開始也很猶豫，澳洲總理何華德因此數度親自打電話給美國總統
柯林頓，說服美國採取更積極的態度。甚至在奧克蘭的亞太經合
會上，敦促各國給印尼更大的壓力。於是局面急轉直下，美國也
轉趨積極，各國紛紛跟進，連傳統上反對和平部隊的俄羅斯和中
國代表都表示支持，印尼在國際強大的壓力下不得不低頭。美國
代表說得很明白，基於美國與澳洲長期的盟邦關係，美國支持以

澳洲為首的和平部隊進駐東帝汶。這次若非澳洲強力動員,聯合
國派兵一事可能一如往例,經年累月的討論才做得成決策。

　　為什麼澳洲在東帝汶危機中如此積極?澳洲並非當事國,不
像荷蘭或葡萄牙有過往長期的殖民關係,充其量也只是印尼的鄰
國而已。[80] 不過,印尼的鄰國很多,如:菲律賓、馬來西亞、新
加坡、巴布亞新幾內亞等國,向來少有願對印尼事務主動表態
者。澳洲在東帝汶的事務上一向扮演最積極的態度:東帝汶獨立
運動的大本營就在澳洲,而澳洲各地都成立支援東帝汶的民間團
體,國際間最出名的幾位為東帝汶問題發聲的西方人,如 Jill
Jolliffe, James Dunn 等都是澳洲人,[81] 東帝汶獨立運動領袖霍塔
更長期以雪梨為基地從事國際交涉,澳洲的退伍軍人協會更以東
帝汶人曾在太平洋戰爭中協助澳洲部隊為由,認為澳洲政府有道

---

80 分析 1975 年印尼進軍東帝汶時,澳洲身為東帝汶鄰邦的處境,見 J. Stephen Hoadley,
　　The Future of Portuguese Timor. Occasional Paper, No 27, Singapore: Institute of Southeast
　　Asian Studies, 1975, p. 22.

81 Jill Jolliffe 為自由作家,一直為東帝汶問題做調查工作,出版相關研究,例如 Jill
　　Jolliffe, *East Timor: Nationalism and Colonialism.* St. Lucia: University Queensland Press,
　　1978. Jill Jolliffe, *Portuguese Timor, World War II: Thirteen Years After Decolonisation,*
　　Lisbon Archives Yield Their Secrets. Australia, 1987. 至於 James Dunn 為前駐印尼大使,
　　在印尼入侵東帝汶前後,做了許多調查報告,例如 James Dunn, *East Timor: from*
　　Portuguese Colonialism to Indonesian Incorporation. Canberra, A.C.T.: Legislative
　　Research Service, Parliamentary Library, 1977. 後來持續研究寫作,出版 James Dunn,
　　Timor, *A People Betrayed.* Milton, Qld.: Jacaranda, 1983. 等書,兩位都在早期即投入研
　　究工作,後來的許多研究都是奠基於這兩位的研究成果。

義協助東帝汶人。[82]

　　澳洲對東帝汶問題的積極態度與其他國家的差異在於民間的參與，意即：澳洲與東帝汶的關係，最重要的是公民社會的關係，而不是外交的關係。對於東帝汶問題，和其他國家一樣，因為考慮和印尼的關係，澳洲的外交政策反而一直向印尼方面傾斜，[83]所能發揮的空間很小。澳洲官方對於東帝汶的協助，主要是在國際援助方面，[84]卻仍受限於印尼政府的政策。[85]而民間的參與則空間很大。在 1975 年印尼兼併東帝汶時，澳洲學生即前往東帝汶從事實地調查，協助外界理解東帝汶問題的情況，[86]今天有關東帝汶的研究報告，很多是出自澳洲人的手筆。當時新聞記者也立即前往東帝汶報導，因而發生五名記者被殺害的事件，引起澳

---

82 澳洲退伍軍人一向訴諸歷史經驗，因太平洋戰爭期間，東帝汶人協助以澳洲軍隊為主的盟軍打游擊戰，遂認為：澳洲政府有道德義務協助東帝汶人，成為最有力的遊說團體，見A. B. de Almeida, "Relationship Between Timor and Australian Before 1975", *The People of Timor.* N. T.: Department of Education, 1981, p. 17.

83 有關澳洲對東帝汶問題的政策，一開始站在比較支持印尼政府的立場，見 Sue Rabbitt Roff, *Timor's Anschluss: Indonesian and Australian Policy in East Timor, 1974-76.* Lewiston: E. Mellen Press, 1992.

84 印尼是澳洲對外援助的主要接受國，見 "Australian Perceptions and Indonesian Reality" by Carlyle Thayer, University College Canberra, 1994.

85 關於澳洲對東帝汶援助所受到的限制，見 Australian Council for Overseas Aid, *East Timor: Keeping the Flame of Freedom Alive.* Canberra: Australian Council for Overseas Aid, 1991.

86 Jill Jolliffe, *Report From East Timor: AUS Representative on Australian Delegation to East Timor, March 12-20, 1975.* Canberra: ANU Student's Association.

洲社會對東帝汶問題的高度關切。[87] 在澳洲民間自行成立的東帝
汶協會，長期以來追蹤東帝汶的政治犯，予以報導、捐款與安
置。[88] 東帝汶危機傳出以後，民間強烈的反應促使澳洲政府全力
以赴，協助處理東帝汶危機。[89]

澳洲對亞太地區的事務有強烈的參與感，這不單單只是澳洲
政府的外交政策，也是民間人士努力的方向。這是澳洲在 1960
年代以後，經過一連串長期的辯論，所產生的新的認同方向，即：
認為自己雖然文化根底來自歐洲，但是和歐洲國家並不相同，而
是亞太地區的國家，必須對亞洲事務有更深切的瞭解與參與。亞
太經合會（APEC）即是在澳洲的提議下所創立，成為區域內最
重要的國際組織之一。這種認同的轉向使得民間人士對亞洲事務
產生莫大的興趣。從語言文化的學習、友好團體的組織、經貿的
往來、國際援助的參與，到共同合作的計劃，都有很好的成績。
最重要的是，對亞洲事務有長期的關注與承諾，成為朝野的共
識，這是其他國家難以比擬的。

---

87 關於記者被殺害的事件，官方報告請見 Tom Sherman, *Report on the Deaths of Australian-based Journalists in East Timor in 1975.* Canberra: s.n., 1996. 唯這份報告也因考慮印尼立場，被認為是避重就輕，引起不少批評。

88 Australia East Timor Association, *Travesty of Justice: East Timor's Political Prisoners.* Fitzroy, Vic.: Australia East-Timor Association, 1994, p. 7.

89 Jim Aubrey, *Free East Timor.* Milsons Point, N.S.W.: Random House Australia, 1998, pp. 21.

此次協助處理東帝汶危機，凸顯澳洲在對亞洲事務參與上的誠意及有利地位。澳洲具有亞太國家的色彩，也處於西方國家的陣營，因此方便協調各方勢力。而且因為是個中型國家，傳統上少有與外國為敵的記錄，不會引起霸權主義的聯想，也不會引起不必要的麻煩。就澳洲政府與民間各階層對東帝汶人民的支持與協助來看，身為亞洲鄰國的澳洲，在亞太地區國際事務中所扮演的角色與重要性，也在這次和平部隊的派遣中表現出來。

東帝汶問題的啟示是，友邦的數目不在多，一個積極支持的友邦勝過眾多無所作為的友邦。更重要的是，與公民社會的關係，有時比外交上的關係更重要。特別是當國際關係向非外交領域挪移，以國際救助、人權與和平、文教科技、醫療保健、金融經貿等層面而言，公民社會與公民社會之間的交往越形重要，這是十分顯著的趨勢。而這些領域的交往，才是人民福祉之所在。

結語：東帝汶獨立運動的啟示

東帝汶最後邁向獨立，掙脫歷史加諸鎖鍊，成為一個新國家，這究竟是歷史的必然或歷史的偶然？從「東南亞國家不論其種族、語言、宗教的差別，最後形成的國界大抵是由殖民地轉化而成」的角度來看，東帝汶獨立成為一個國家，有歷史的必然

性。由於殖民經驗不同，而形成獨特的認同，有必要形成自成一格的政治單元，是現代國家形成的主要原則。如果不是因為1974年到1975年間發生的事件，也許順勢發展，東帝汶最後仍可成為一個獨立的國家，而不必受盡磨難，橫生許多枝節。

　　然而，如果考慮被印尼兼併後的狀況，則似乎是歷史的偶然成分較高。如同其他以大國民族主義為號召的國家，印尼要承認錯誤，並放棄既成事實的領土，萬萬辦不到。如果不是因為印尼民主化將強人拉下臺，繼任者又急於在民主與人權上力求表現，正常情況下大概很難輕易同意以公民投票解決政治歸屬問題。如果不是掌握這樣的歷史契機，則獨立的訴求可能遙遙無期，難以實現。

　　在歷史的必然和偶然之間，最重要的是東帝汶人的意志。如果不是東帝汶人在尚未見到希望時仍奮勇向前；如果不是東帝汶的領袖同心協力；如果沒有東帝汶的年輕人前赴後繼；如果不是東帝汶人漂泊四方，嘗試以各種方式爭取支持；如果不是東帝汶人不畏強權、不懼犧牲，恐怕歷史的必然就不能存在，歷史的偶然也無法掌握。

　　東帝汶人在過程中也付出相當大的代價。殺戮與暴力不斷發生，甚至在公民投票，仍然演出同胞相殘的悲劇；而建國問題沒有因為獨立就自然解決。以東帝汶的條件，經濟發展與人力資源

都不足，未來仍要面對很大的挑戰。此外，語言文化政策的制定、消弭派系鬥爭裂痕、治療在暴力中受到的傷害，和區域內各國——尤其是印尼——和平相處，都考驗著這個新成立的國家。

第七章

從人權事件看東帝汶

2008年2月11日，東帝汶前總統霍塔遭到刺殺，生命垂危。消息傳出，舉世震驚，連國際新聞版面十分有限的臺灣報紙，也有幾份報紙以此作為當天的頭條新聞。東帝汶於2003年正式獨立，是國際社會新的成員國家，獨立是在聯合國的協助下，以公民投票的方式，選擇脫離印尼而獨立。有關東帝汶的新聞向來受到國際社會矚目。這次刺殺總統事件傳出，震驚國際社會。本章的主要焦點，放在東帝汶的人權事件，將在東帝汶發生的侵害人權的事證，提供一個脈絡來理解。[1]

東帝汶的總統遭到刺殺一事，表面上看與人權事件是兩回事。這些事件主要肇因於2006年4月，600名政府軍官兵的叛變，多數報導將之理解為派系鬥爭。實際上，刺殺事件應可視為人權事件的延伸。叛軍主要來自西部，即來自西帝汶，也就是在

---

1 本章修改自專書論文，原文見楊聰榮，〈亞洲侵害人權實例：東帝汶個案研究〉，《大國霸權小國人權》。臺北：二二八事件紀念基金會，2009年，頁214-229。ISBN: 978-986-85106-1-6。

印尼統治時期來到東帝汶的人。過去東帝汶的人權事件主要是由印尼軍隊迷信暴力的手法開端，後來又組織民兵，是人權事件的主要當事人，其中不少民兵來自西帝汶。因此，這一暴力事件，是過去人權事件的延伸。東帝汶的人權事件，至今仍然都還沒有處理得很好，因此，這個新國家至今仍然受到這些事件的影響。

東帝汶的獨立運動與東帝汶的人權事件相伴發生，兩者不能切割討論。在臺灣，多數對東帝汶的研究興趣著重在獨立運動，但卻對伴隨著發生的人權事件墨不多，只是輕描淡寫地交代。實際上，東帝汶人權事件在國際上一直是關注的焦點，東帝汶的國際能見度一直很高。獨立之後，東帝汶仍然在國際間頗受重視，都集中在人權事件的討論。本論文主要在提供東帝汶人權事件的個案研究。將發生在東帝汶的侵害人權事件作全盤性的理解，並分析其所引起的連鎖效應。

東帝汶人權事件的歷史背景

直到 1974 年，東帝汶仍為殖民地，葡萄牙在此地已經統治了 455 年，當地沒有強大的反對勢力足以與葡萄牙統治當局抗衡。東帝汶一如當時的澳門，平靜維持既有的生活方式，為世人所遺忘。1974 年，葡萄牙的左派政黨突然宣布撤離東帝汶，東帝汶也在 1975 年 11 月 28 日宣布獨立，成立東帝汶民主共和國。

可是獨立才十天，印尼軍隊就進攻東帝汶，併為印尼領土，隔年宣布東帝汶成為印尼的第二十七個省。

東帝汶如果只是被印尼合併，也不會引起國際干預，因為此時仍然在脫離殖民地統治的歷史高峰，葡萄牙也不打算長期統治東帝汶，或是說不打算為維持東帝汶的政權付出太大的代價。印尼是新興民族主義國家，西帝汶便是印尼的領土，同文同種的西帝汶既然加入印尼，若東帝汶視印尼為其主權宗主國，在國際間處理民族問題也都還說得過去。印尼在此時是美國反共的盟友，時值冷戰的重要時期，國際間很難會為東帝汶一事強力干預。然而，印尼軍事入侵，並強行占領東帝汶，卻在此地發生嚴重的流血事件，這才是導致國際干預的主要原因。印尼軍隊對接踵而來的獨立抗爭運動感到震驚，因此，對抗爭運動實行大規模的軍事鎮壓與屠殺。一般估計，東帝汶在 1975 到 1999 年間死於大屠殺者約有二十萬到三十萬人。這樣的合併過程，是印尼在統治東帝汶時，始終得不到當地認同的主要原因，也是國際社會持續關注東帝汶問題，並進行國際干預的主要原因。

然而，東帝汶土地狹小，經濟貧苦，早年所受到的人權迫害，並沒有受到國際媒體應有的關注。最主要的原因是：當時是冷戰的關鍵時刻，世人關心的重點並不在人權議題上，反共才是當時的焦點。印尼當初即是以「擔心東帝汶成為亞洲的古巴」為由出

兵。印尼對東帝汶的併吞行為，甚至還受到美國一億多美元軍援
並提供軍事訓練，就是出於這樣的時代脈絡。這種情況，也得到
與印尼有商業往來及在冷戰時期與之結盟的其他西方國家的認
可。這個被忽略的狀況直到 1990 年代帝力大屠殺事件才改變。
也就是說，人權問題改變了東帝汶問題的性質，人權問題才是國
際社會關注東帝汶的焦點，東帝汶的獨立其實只是東帝汶人權問
題的副產品。

強硬派印尼總統蘇哈托在 1998 年被迫下臺，由副總統哈比
比（B. J. Habibie）繼任，出乎眾人意料之外，他宣布東帝汶獨
立應由全民公投決定。這項宣布引發了支持者與反對者更激烈的
武力對抗，聯合國贊助的公投活動更因此被迫延期兩次。1999
年 8 月 30 日投票結果，78.5% 的東帝汶人支持東帝汶脫離印尼
統治而獨立。然而接下來一連數天，印尼的正規軍與東帝汶代理
民兵（pro-Indonesian militias）卻展開一連串的報復行動，包括
焚城與殺戮，殺害了大約一千人，迫使數十萬東帝汶人逃離家
園。

東帝汶人權問題的歷史分期

東帝汶人權事件可分為三個階段。第一階段是公民投票以前
所發生的侵害人權事件，人權侵害問題以屠殺為主。印尼軍隊為

鎮壓當地的獨立運動，經常採用屠殺的方式，使無辜民眾受到牽連而被殺害，這是引起國際干預的主因。第二階段是發生在1999年公民投票前後的侵害人權事件。由印尼組織親印尼的東帝汶民兵，對支持獨立運動的民眾加以滋擾。在公民投票之後發動暴亂，並驅趕東帝汶人，造成大規模的難民。第三階段是東帝汶獨立以後，重點在如何以司法來救濟東帝汶人權事件的正義，目前司法鬥爭仍在進行當中。三階段的情況分述如下。

第一階段：帝力事件

第一階段的違反人權事件以大屠殺為主。印尼為鎮壓當地的反抗運動，屠殺無辜的人民，是嚴重的違反人權事件。根據不同的調查報告，在印尼占領期間發生不同規模的屠殺事作。在不同的報告中，死亡總數或許有出入，但至少有十萬名東帝汶人喪生，較高的估計為三十萬人。葡萄牙在1975年撤離東帝汶不久，印尼就藉著打擊共產主義之名入侵，並予以併吞，然後強行鎮壓憤懣的東帝汶人和爭取獨立的遊擊隊。

首先是1975年12月7日被稱為蓮花行動（Operation Lotus，印尼文為Operasi Seroja）的大屠殺。印尼軍隊直接登陸東帝汶，並接管東帝汶首都帝力市。印尼軍隊對東帝汶採取全副武裝的軍事行動。印尼軍隊知道當地發生內戰，有游擊隊，因此以軍事行

動進行接管。印尼船隻和飛機轟炸首都帝力，上岸士兵見人就殺，並掠奪房屋及教堂的財物，姦淫婦女；數以百計的人民被逮捕槍決後，直接扔進海裏。兩天的屠殺造成帝力市兩千人死亡。隨後，士兵又向內地其他主要城市進攻，到了 1976 年 2 月，已有六萬人被殺，如果以當時的人口不到六十萬來計算，光是印尼接管東帝汶的軍事行動，就屠殺了當時總人口數的十分之一。同年 7 月 17 日，印尼併入東帝汶。

在印尼統治東帝汶期間，由於新聞封鎖，外界對東帝汶的情況所知有限，許多是事後的報導。有幾次的大屠殺事件，如 1979 年 Matebian 大屠殺，1981 年 Lacluta 大屠殺，以及 1983 年 Kraras 大屠殺等。屠殺的規模須仰賴零星資訊的推估，如：Kraras 大屠殺造成全村 287 人死亡。因為當時禁止外人進入東帝汶，外界對於大屠殺的詳情並不清楚，屠殺的規模或有估計上的出入。至於是否還有其他的屠殺也不清楚。這種情況一直到 1991 年發生帝力大屠殺才有所改變。這一事件引起世人關注，才有強力的國際干預出現。

帝力大屠殺又稱聖克魯斯（Santa Cruz）事件或聖十字事件。1991 年 11 月 12 日，示威群眾聚集在摩泰教堂（Motael Church），抗議印尼統治，並悼念 10 月 28 日被印尼軍隊在此教堂外射殺身亡的學生 Sebastiao Gomes。示威群眾多為學生所

組成，隊伍並遊行到 Sebastiao Gomes 的埋葬地聖克魯斯公墓
（Santa Cruz Cemetary）進行追悼儀式。到後來，抗議氣氛節節
升高，要求獨立的聲勢很大，惹惱了跟在一旁監視的軍隊，最後
導致流血鎮壓，造成 271 人死亡，382 人受傷，和 250 人失蹤。
這次的大屠殺最不同的地方在於：鎮壓過程被國際媒體拍攝錄影
並報導，血腥的畫面令人震驚，東帝汶進行了十六年的獨立運動
才逐漸引起國際社會的注意。直到 1996 年首都帝力的主教貝洛
（Carlos Filipe Ximenes Belo）與反抗運動領袖霍塔共同獲頒諾
貝爾和平獎後，東帝汶尋求獨立的鬥爭成為國際注目的焦點。

第二階段：公投期違反人權事件

　　第二階段主要是在 1999 年聯合國主持的東帝汶獨立公民投
票期間前後發生的暴力事件。這段時間的暴力事件雖然不像前一
階段是軍事鎮壓，死傷的規模也不同於前一個階段，但由於這事
件是在國際社會強力介入之後發生的，仍使國際社會震驚無比。
同時，造成暴動的不只是印尼的軍警人員，還加上親印尼的帝汶
民兵，一般估計，其中也包括西帝汶人，這些情況都增加了日後
追究責任的困難。

　　1999 年，印尼終於同意讓東帝汶人自行投票決定前途，將
近有 99% 的合格選民參與聯合國於 8 月底主辦的公民投票，結

果 78% 的人贊成獨立。但是，反對獨立的民兵卻在印尼軍隊協助下重新展開恐怖行動，造成一千多人死亡，25% 的人口逃離家園。

在公民投票之前，1999 年 4 月發生的利基薩（Liquica）天主教堂大屠殺造成約兩百人死亡，這事件警告的意味濃厚。當年東帝汶獨立選舉結果一出來，印尼的軍隊和它的代理民兵立刻引發了一場暴亂。1999 年東帝汶人投票選擇獨立後，親雅加達的民兵組織大肆屠殺，並攻擊獨立運動領袖 Manuel Carrascalão 的住所，造成多人死亡。除了屠殺之外，民兵也強力驅趕民眾。許多民眾為安全考量離開家園，使超過三十萬的東帝汶人流離失所，被迫住在東帝汶的難民營或西帝汶。在國際輿情壓力下，聯合國於 9 月 12 日才開始介入，在被破壞的地方進行重建的工作。

第三階段：侵害人權事件的救濟手段

第三階段是東帝汶獨立，人權事件的重點在於：如何讓東帝汶人權問題得到司法審判。由澳大利亞領導的維和部隊平息了那場暴亂後，由聯合國 Transitional Authority in East Timor（UNTAET）託管東帝汶地區兩年半的時間，直到 2002 年 5 月 20 日才把權力交回給東帝汶人。東帝汶最終於 2002 年 5 月 20 日宣告獨立，成為一個獨立的國家。同一天，東帝汶也正式成立

獨立前人權事件真相與和解委員會，設法撫平舊創。印尼也設立人權法庭審判須對 1999 年暴力負責的軍方人士。從此展開了一場以司法為侵害人權事件的救濟手段的過程。

以司法來救濟侵害人權問題，至今尚未得到令人滿意的結果。前印尼東帝汶省省長（governor）阿比裏奧·蘇亞雷斯（Abilio Soares）受到審判，他是東帝汶人權事件第一位公職人員被判刑者。2002 年 8 月，雅加達人權法庭作出裁決，在 1999 年東帝汶獨立公民投票期間前後，蘇亞雷斯擔任省長，因未能有效制止嚴重違反人權的暴力事件，故被判刑求處三年監禁。蘇亞雷斯不服此一判決，他認為印尼軍方和警方的領導人才應該對流血事件負責，因而向最高法院提起上訴。第一次上訴沒有成功，最高法院宣布維持原判。第二次上訴卻成功了，最後，在 2004 年 11 月無罪開釋。蘇亞雷斯在 2004 年 7 月開始服刑，因此，服刑期間約半年。

在軍事人員方面，幾位相關的負責人都一度被判刑，最後卻無法定罪。以亞當·達米里（Adam Damiri）準將為例，他當年是負責東帝汶保安的軍區司令，是印尼東帝汶人權案被判刑的最高級軍官。他被指控在當年沒有能夠阻止武裝民兵對東帝汶人發動的暴力襲擊，民間盛傳他是出面組織民兵發動暴力行動的軍區司令。他是第一位被判刑的軍事首領。印尼人權法庭於 2004 年

8 月 5 日判處三年徒刑，他的罪名是：在東帝汶 1999 年獨立公決後的暴力事件中侵犯人權罪。但是，達米里將軍最後仍以罪證不足無罪開釋。警方負責人西倫準將被指控縱容下屬在東帝汶犯下暴行，但印尼人權特別法庭卻判他無罪。另外五名被指控參與東帝汶屠殺的印尼安全部隊成員也統統被宣判無罪。

印尼人權法庭經過幾年的審理，最後尚不能將任何印尼軍政當局的人物定罪，使得以司法來落實人權正義的想法至今仍無法實踐。印尼人權法庭雖在 2003 年判定十八名被告中的六人犯下侵害人權罪行，但是，上訴法庭次年八月即推翻其中四名安全官員有罪的判決。前任東帝汶總督蘇亞雷斯（Dionísio Soares Babo）雖在 2004 年 7 月 17 日成為唯一入獄服刑的被告，印尼最高法院 11 月初也以「當時東帝汶是由軍方主管，蘇亞雷斯無法負責為由」判他無罪開釋。只有惡名昭彰的東帝汶民兵首領古提瑞斯還在等待上訴的結果。

東帝汶人權事件分析

對國際社會而言，一個人權事件一旦開始了司法程序，就不會被遺忘。我們可以看到在東帝汶獨立以後，東帝汶的人權事件仍然持續受到關注。雖然在亞洲地區，人權事件常會受到息事寧人的傳統影響，當地人不一定想認真追究，這從印尼法庭由判刑

到最後無罪開釋可以看得出來。對此，東帝汶的領導階層也十分低調，不願對這些判決結果表示強烈的意見，擔心會刺激印尼的情緒，這是亞洲的政治文化所致。儘管人權團體與外國政府普遍抨擊印尼人權法庭，東帝汶政府對審判的重要性卻輕描淡寫帶過，聲稱：與雅加達維持良好關係當優於尋求伸張正義。瞭解東帝汶情勢的人應該不難推斷，東帝汶雖然已經獨立好幾年了，但東帝汶如果要尋求和平發展，仍須與印尼合作。無論是極具群眾魅力的古茂斯總統，或諾貝爾和平獎得主霍塔，只要領導階層希望與印尼維持良好的關係，東帝汶對印尼人權法庭的判決，態度就強硬不起來。

東帝汶總統古斯茂曾是最出名的反抗占領鬥士，此時卻強烈主張和解，儘量避免刺激印尼，甚至公開擁抱 1999 年領導印尼軍方的國防部長威蘭多。時任外交部長的霍塔表示，東帝汶獨立本身就是足夠的正義。後來霍塔繼任總統，一般相信他仍會延續與印尼親善的政策。儘管東帝汶與印尼共同成立的真相委員會已在 2005 年 8 月開始運作，著手調查東帝汶獨立公投後發生的暴力，但它卻無權起訴任何涉案者。

何以東帝汶領導階層對印尼的態度在獨立前後有這樣大的差別與轉變？原因可分析如下：第一，東帝汶在貿易上相當依賴印尼。東帝汶是世界上最貧窮的國家之一，全國四分之一的人口都

生活在貧窮線下。多數的民生必需品等仍靠印尼進口,而非從昂貴的澳洲進口。另一個原因是:東帝汶與西帝汶土地連在一起。前年參與暴亂的民兵多數仍住在西帝汶,也有回到東帝汶者。如果把氣氛搞得很緊張,反而加深安全顧慮。

結語:人權事件成為獨立運動的背景

國際社會對於亞洲的傳統政治文化有所瞭解,東帝汶並非唯一的個案。之前如柬埔寨對赤柬的審判也是同樣的情況。但是,國際社會並不會因此就接受息事寧人的做法。聯合國人權事務主席(U.N. High Commissioner for Human Rights)瑪麗‧羅賓遜(Mary Robinson)在不同的場合中持續表示,如果印尼不能將在東帝汶事件中犯下暴行的罪犯繩之以法,就應另外建立一個國際法庭,重新加以審判,聯合國秘書長安南也同意這個看法。

聯合國於 2005 年 2 月成立專家委員會,幾個月後在調查報告中指出,須對嚴重侵犯東帝汶人權負最大責任的人都未受到法律制裁。印尼人權法庭並未以可信的方式起訴被告。聯合國在東帝汶設立的戰爭犯罪特別法庭也未能接觸印尼的嫌犯,聯合國應該設立一個國際法庭,將侵害人權者繩之以法。

因此,雖然美國、歐洲聯盟與聯合國都認為正義尚未伸張,但是,東帝汶領導階層似乎選擇忘懷那段血腥往事。不論東帝汶

政府立場如何，國際社會都必須設法將涉及 1999 年暴力事件的嫌犯交付審判。1999 年東帝汶舉行獨立公決前後，一千多名東帝汶人死於暴力事件。人權組織聲稱這些暴行是由親印尼的民兵武裝所進行的有系統的暴力運動，並得到印尼保安部隊的支持。

印尼人權法庭宣布被指控在東帝汶違反人權的印尼警方負責人無罪，這件事引發許多連鎖效應。首先是國際人權組織團體大力抨擊：印尼的人權法庭有很大的缺陷，無法為東帝汶人伸張正義。人權組織團體指責印尼軍方組織了這些民兵，協助進行這些暴力活動。印尼官員則認為，聯合國主持的東帝汶公民投票較偏袒獨立派，致使後來民兵採取激烈的行動。國際社會向印尼施壓，要求審判那些在東帝汶製造暴力的官員。印尼在國際社會的施壓下成立一個特別人權法庭，但是，人權組織認為，這個法庭的許可權從一開始就有缺陷。聯合國有關官員一再呼籲印尼當局確保人權法庭遵守國際標準流程。

本章介紹東帝汶人權事件的歷史背景以及歷史分期。東帝汶一開始的屠殺規模太大，死傷慘烈，使得東帝汶人對印尼的接受始終感到十分遲疑。分析東帝汶的近代歷史，本文認為東帝汶的獨立運動與人權事件的發展是伴隨著發生的。獨立運動引發人權事件，人權事件進一步促成獨立運動。東帝汶的獨立運動不應單獨對待。東帝汶獨立運動就是因為人權事件而得到國際社會的協

助。換言之，東帝汶的獨立運動可說是其人權被侵害的事件為代價。獨立運動與人權事件是一體的兩面，兩者密切相關。如果重新考慮其歷史條件，其獨立運動是否一定要付出這樣的代價，才能得到足夠的國際認可？歷史不能回頭，我們只能以假設性問題加以評論。

第八章

從移民與族群看紐西蘭

　　本章將焦點放在紐西蘭的殖民體制與移民體制的歷史形成。殖民體制方面，主要介紹紐西蘭對太平洋島國的殖民歷史，以及紐西蘭在太平洋事務的影響力，以及紐西蘭太平洋島民社群的形成。[1] 在移民體制方面，則討論紐西蘭對於接受外來移民的做法，如何由早期以白種人為中心的移民政策轉變為開放政策。討論並將特別關照在這兩種體制的影響下紐西蘭最主要的兩種族群範疇，即太平洋島民與亞洲移民。本文以體制的歷史成因，及其在族群人口形成及族群關係方面所造成的影響為重點。

　　要理解紐西蘭現今的族群關係，必須理解紐西蘭三種體制的歷史形成，分別是原住民體制、殖民體制與移民體制。這三種體制是構成紐西蘭主流族群與其他各種多元族群關係的主要影響因素。其中最為國際間所稱道的是與原住民的關係，由於是以條約

1　本章主要修改自專書論文，原文見楊聰榮，〈紐西蘭殖民體制與移民體制的歷史形成與影響〉《當代紐西蘭民主政治》。臺北：翰蘆出版社，2006 年，頁 117-138。ISBN：986-82090-0-5。

形式確定權利關係，成為世界各國參考的楷模。然而，紐西蘭的
移民體制與殖民體制，就歷史面而言皆不易定性。早期雖都曾留
下不光彩的歷史記錄，經過時間的變化與轉折，也發展出相當有
自信而進步的移民與殖民體制，這些情況都值得作進一步探討。
本論文將從介紹紐西蘭在內部社會的討論與外界的互動中，如何
建立其移民與殖民體制的特色，進而歸納紐國在這兩方面的制度
特色，及其國家的自我定位（下文用詞：族群形成及族群關係不
合）與移民及殖民體制的關係。

在當今紐西蘭的公共事務中，存在三種與族群事務有關的議
題，分別是殖民、移民與原住民。以下的討論分別以殖民體制、
移民體制與原住民體制名之。這裡所謂的體制是指涉及特定議題
的公共事務，加以專門性安排，包含政府組織上的安排，以及社
會對於相關公共事務的理解與分類處理。在原住民體制方面，主
要是毛利事務（Maori Affairs）。除了政府內部有專責機構處理
之外，社會也認知紐西蘭原住民事務等於毛利事務。在移民體制
方面，雖然移民來自世界各地，但在紐西蘭談到移民時，通常將
英裔人士、毛利人及太平洋島民排除在外（people whose culture
and traditions distinguish them from Maori, Pacific Peoples or
Anglo-New Zealanders），這有特殊的歷史脈絡。本論文將討論
這個歷史脈絡的形成。在上述被排除在外的三種族群之中，英裔

人士即為紐西蘭社會主流族群，毛利人為原住民，在紐西蘭社會
都具有特殊地位。至於另一類太平洋島民則須要另外加以解釋。
在紐西蘭，太平洋島民在紐西蘭享有特別待遇。因為，在歷史上
紐西蘭與太平洋島國關係密切，紐國亦曾對部分太平洋島國進行
殖民主義。這裡以殖民體制稱之，亦為本論文討論重點。

殖民與移民的定義

殖民（colony, colonial, colonialism）一詞在紐西蘭的用法
涉及三個不同的具體範圍。第一義的殖民關係牽涉到紐西蘭的原
住民，主要是毛利人（Maori）。大英帝國一開始將毛利人居住
的紐西蘭，視為大不列顛殖民地（British colony）。在 1840 年
開始即以殖民辦公室（Colonial Secretary's Office）來統治紐西
蘭。雖然是以締約的法律形式來界定與毛利人的關係，但在本質
上，這種關係仍是以武力為後盾，強取原住民的土地。[2] 因此，
在紐西蘭有不少研究，仍直接以殖民主義（colonialism）來描述
來自英國的白人與毛利人的關係。[3]

2　Turner, Stephen, "A Legacy of Colonialism: The Uncivil Society of Aotearoa/New
Zealand", *Cultural Studies*, 13(3): 408-422. 1999.

3　殖民主義的統治形態及政權發展有各種不同的類型，包括以經濟掠奪為主的殖民主
義及以土地拓殖為主要目的的殖民主義，參見 Johnson, Paul, Modern Times: The
World from the Twenties to the Nineties. New York: Harper & Row, 1983, p. 483. 因此，

殖民的第二義卻以形容詞的方式，表達了一種與紐西蘭早期英裔白人移民有關的事務。紐西蘭以「殖民時期的」（colonial）一詞所涉及的事務，也涉及了紐西蘭尚未獨立以前，由英裔白人移民到紐西蘭此一新世界，在開發及拓墾的過程相關的事務。這是殖民（colony）一詞的原意，是指將人民移到另一地定居。這個意義與今日的集體移民比較接近。和移民相比，殖民只是由國家的力量來實踐移民過程，並不一定包含後來人們批評殖民主義所帶的貶義。相反地，在紐西蘭談到「殖民時期的」一詞時，反而表示一種具有古典風格，令人懷念的美好古老歲月。由於這段時期的統治機構是殖民辦公室（Colonial Secretary's Office），紐西蘭的重要基本建制，都是在這個機構總攬政權的情況下建立。殖民時期所指涉的，就是紐西蘭英裔白人建設紐西蘭的關鍵時期。而今日所謂的紐西蘭風格，就是建立在這個時期的建制之上，所以殖民時代的事物，反而成為具有紐西蘭風格的代名詞。

殖民的第三義是指紐西蘭對紐西蘭以外的領土有野心，以外來政權的方式參與了其他地方的管制。這是當今對殖民主義（colonialism）最常見的定義。紐西蘭的確有殖民主義，這一段

不少學者以殖民主義來討論紐西蘭的主流社會與毛利人的關係，參見 Ballara, Angela, *Proud to be White: A Survey of Pakeha Prejudice in New Zealand*. Auckland: Heinemann, 1986.; Spoonley, Paul, *Racism and Ethnicity*. Auckland: Oxford University Press, 1993. Linda Tuhiwai, Decolonizing Methodologies: Research and Indigenous Peoples. Dunedin: Zed Books Ltd & University of Otago Press,. 1999. 。

歷史經常為人所忽略，卻是理解今日紐西蘭與太平洋島國關係的重要面向。紐西蘭雖然是個小國，只有三百多萬人，但仍扮演過殖民主義宗主國的角色，而且，這個角色仍持續在扮演中。本研究中所論述的殖民體制，是在此討論的殖民三種意義中的第三義，係指紐西蘭在歷史上曾扮演殖民宗主國的角色，以及因為這個角色所引發的後續效應，即包含殖民與後殖民的情況。

「移民」在紐西蘭也有特定用法。紐西蘭使用移民一詞，多半會加上字首 im-，表示移入之意（immigrants, immigration）。移民部已經存在紐西蘭政府很長一段時間，歷來都是使用 Ministry of Immigration，也就是只負責外地居民移入事務的移民部。至於紐西蘭人移出，則沒有任何限制。相對於其他國家，紐西蘭仍然認為其人口不足，仍須利用移入外地人口的方式補足人口差額。在短期可預見的未來，仍然會是接受移民的國家。

實際上，紐西蘭的人口都是外來移民，但是，當紐西蘭人談到移民（immigrants）時，通常指非英裔人士、非毛利原住民及非太平洋島民。現在各種研究都顯示，毛利原住民移民紐西蘭的時間約七百年（約為西元 1350 年），比歐洲人發現紐西蘭早上三百年，故要說所有人都是移民並不為過。但是，移民不會用來形容毛利人。以英裔人士為核心的歐裔人士的移民，移民歷史不會超過兩百年。紐西蘭成為英國殖民地，而有大規模的移民，是

在 1840 年簽署了《懷唐伊條約》後,時間很短。但是,英裔人士很少會自稱是移民,亞裔人士與中東人士最容易被稱為移民。即使有些華人早在十九世紀即來到紐西蘭,還是免不了被視為移民或移民之後。[4] 這是基於社會的主流或邊緣位置所造成。

紐西蘭的殖民主義

紐西蘭的殖民主義,最主要是針對太平洋島國。紐西蘭在國際政治的定位中,與澳大利亞相同,將太平洋島國地區視為紐西蘭國家發揮影響力的主要地區。而殖民體制及其影響所及,即是今天我們所看到的在紐西蘭的太平洋島民社群,故今天的政府中有太平洋島民事務部。此外,目前太平洋島民在紐西蘭享有各種僅次於毛利人的特殊福利待遇,都是這種殖民體制的延續。其殖民體制影響所及,可以分為三個區塊。第一是紐西蘭曾經直接參與管制與治理的地區,主要以薩摩亞島、庫克群島(order changed to match the writing order)、紐埃島以及托克勞島(Tokelau)為主。現在這幾個地區都有島民居住在紐西蘭,而

---

4 現在紐西蘭是個強調平等主義的社會,但早期紐西蘭社會有一段反華的歷史,並未平等對待同為早期移民的華人。參考 Ip, Manying, *Home Away from Home: Life Stories of Chinese Women in New Zealand.* Auckland: New Women's Press, 1990.

且，居住在紐西蘭的島民人數已超過仍住在當地的島民人數。第
二個區塊屬於紐西蘭未曾直接參與管制與治理的太平洋島地區。
雖未曾直接參與管制與治理，但是，因為紐西蘭在涉入太平洋事
務時，曾對其居民實施特別優惠簽證待遇，因此，在紐西蘭本
土，現在有很多來自這些區塊的島民。這個區塊的主要國家有東
加、斐濟以及薩摩亞等國。第三個區塊屬於南極地。紐西蘭在南
極大陸也取得屬地，但是，因為南極大陸沒有一定數量的原住
民，故未有移住人口的問題。

　　以下的論述由第三區塊談起，再談第二區塊，最後再談第一
區塊；本研究對殖民體制的討論，主要放在第一區塊。首先討論
極地屬地，紐西蘭很早就對南極洲有興趣，作為一個南半球國
家，紐西蘭認為南極洲地區及南方海域是其生存活動範圍，是對
南極洲最積極的國家之一，很早就組織南極洲的探險活動。[5] 在
1920 年代取得了紐屬羅斯屬地（The Ross Dependency）。該地
位於南極洲地區，面積 414,400 平方公里，於 1923 年成為紐西
蘭的屬地。羅斯屬地被寫入紐西蘭憲法中，是紐西蘭的領土，意
即：任何人若在羅斯屬地出生，即可取得紐西蘭公民資格。

　　在政府體制內，極地紐西蘭（Antarctica New Zealand）是

5　其實紐西蘭的極地探險，是在與英國合作的情況下進行。有關英國早期的極地探險
　　活動，參考相關著作 Alexander, Caroline, *The Endurance: Shackleton's Legendary
　　Antarctic Expedition.*《極地》，游敏譯。臺北：大塊文化，2000。

紐西蘭在 1996 年新成立的部門。政府特別制定《紐西蘭極地機構法案》（The New Zealand Antarctic Institute Act 1996），然後以此成立部會，作為紐西蘭政府發展及管理紐西蘭在南極大陸及南方海域各種活動的主導機構。此外，自 1959 年開始，紐西蘭建立史考特基地（Scott Base），是最早在南極洲建立的永久科學探險站之一。極地雖為紐西蘭屬地，也清楚地列入政府體制之內，但因沒有原住民族，故發生的後續影響較少，在此只是做個介紹，不特別討論。

第二個區塊是指與紐西蘭關係密切，但並未成為其屬地的太平洋島國。1970 年代到 1980 年代，是紐西蘭從事太平洋事務最積極的時期，因此，當時對紐西蘭境內的太平洋島民，即使移民簽證有問題，也採取睜一隻眼，閉一隻眼的消極做法，給太平洋島民開方便之門。此外，在 1980 年代後期，放寬給特定地區的太平洋島民，使其可以取得永久居留的簽證。這方面受惠最多的是東加島民及斐濟島民，以及未在 1962 年薩摩亞獨立以前取得紐西蘭公民資格的西屬薩摩亞島民。

至於第一個區塊，主要是薩摩亞島、庫克群島、紐埃島以及托克勞島。先介紹其與紐西蘭的關係。這幾個地區，後來都成為紐西蘭境內太平洋島民的主要來源，這種結果是特殊的殖民關係造成的。在此先回顧紐西蘭在個別太平洋島國上殖民主義的歷

史，並由此探討後來在紐西蘭境內形成太平洋島民的原因，以及
太平洋島民在紐西蘭社會中的特殊地位。

薩摩亞島

西薩摩亞在 1914 年到 1962 年由紐西蘭管理，在 1962 年取
得獨立，一般認為是第一個取得完全獨立地位的太平洋國家，現
已改名為薩摩亞。薩摩亞包含四個島嶼，在烏波盧島上的阿皮亞
為其首府，以下直接稱薩摩亞島，但不包括美屬薩摩亞島。薩摩
亞島和紐西蘭的關係比較複雜，有些歷史問題一直到最近仍在清
算平反。從考古資料發現，玻里尼西亞人出現在薩摩亞島已有數
千年之久，是玻里尼西亞人歷史遺跡最早被發現的地方之一。

荷蘭航海家雅可布・羅赫芬（Jacob Roggeveen）在 1722 年
發現薩摩亞島，但 1768 年首度登陸薩摩亞島的卻是法國人布干
維爾。從 1870 年開始，美國、德國與英國開始競逐薩摩亞島的
控制權。從 1899 年開始，薩摩亞島的主權就一分為二，德國取
得西薩摩亞島，而美國取得東薩摩亞島。美國取得的部分就是今
天的美屬薩摩亞，至今仍為美國屬地。[6] 西薩摩亞島原為德國殖
民地，第一次世界大戰時，由紐西蘭出兵占領，後來成為國際聯

6　劉富本，《蛻變中的太平洋群島國家》。臺北：五南出版社，2000 年，頁 177。

盟的託管地；在第二次世界大戰後，又改為聯合國託管地（United Nations Trust Territory）。換言之，紐西蘭實際管理該地是從 1914 年到 1962 年，長達四十八年。[7]

紐西蘭在薩摩亞島的統治名聲並不好，與後來紐西蘭自認為是好的殖民主義宗主國的形象並不相符。紐西蘭在薩摩亞島一開始就不順利。1918 年紐西蘭一艘貨輪塔倫號（Talune）抵達薩摩亞島首府阿皮亞，船上有人正好將世紀致命流行感冒帶到薩摩亞島。這個史稱西班牙流感（Spanish influenza）的病毒在薩摩亞島肆虐，造成八千名薩摩亞島民死亡，超過當時 20% 的人口。

出於對紐西蘭統治的不滿，薩摩亞島民開始組織獨立運動團體。第一個團體稱為 Mau，展開了長期抗議紐西蘭統治的政治活動。其中發生過不少事件，最著名的事件是 1929 年的 Tupua Tamasese 事件。Tupua Tamasese 是薩摩亞島民中一位輩分很高的酋長，在一次和平的示威活動中，連同八位其他薩摩亞島民一起被紐西蘭軍警射殺。在那一次事件中，共有九名薩摩亞島民罹難，是一次影響深遠的事件。然而，該事件在紐西蘭的壓制下，外界知道的十分有限。一直到 2002 年，這件事才得到平反。由紐西蘭總理克拉克（Helen Clark）代表政府，正式向薩摩亞道

7　Denoon, Donald, Philippa Mein-Smith and Marivic Wyndham, *Australia, New Zealand and the Pacific Islands: the Creation of Identities*. New York: Blackwells, 2000, pp. 390-408.

歉。和其他殖民主義的歷史一樣,紐西蘭殖民薩摩亞島的早期歷
史,也有以武力鎮壓的記錄。

1962 年薩摩亞島獨立,被譽為第一個取得獨立的太平洋國
家。1946 年到 1961 年是薩摩亞爭取獨立,進而協商,成立自治
政府到制憲的過程,最後,終於以和平的過程完成獨立自主。紐
西蘭一般也自豪地認為:比起各列強的殖民主義,紐西蘭是比較
有良心的殖民主義宗主國。因為在第二次世界大戰之後,紐國接
受了解除殖民統治的世界潮流,率先輔導殖民地獨立。[8]1962 年
薩摩亞島獨立時,紐西蘭還與薩摩亞簽定友好條約(Treaty of
Friendship),表示紐西蘭對薩摩亞的支持。就結果來看,薩摩
亞在和平的條件下,受到殖民宗主國鼓勵,而成為太平洋地區最
先脫離殖民統治的獨立國家,成就日後紐西蘭認知自己的殖民主
義有助於國際社會的佳話。

庫克群島

庫克群島是由英國探險家庫克船長於 1773 年發現,故因而
得名。主要是由珊瑚礁、沙地島及火山島所組成。雖然分布的範
圍很廣,但可以住人的地區只限於其中一部分。主要島嶼是拉洛

---

8 Pitt, David, and Cluny Macpherson, *Emerging Pluralism: the Samoan Community in New Zealand.* Auckland: Longman Paul, 1974.

東加。庫克群島是與紐西蘭關係最長久的殖民地，從 1901 開始
即由紐西蘭治理，庫克群島島民因此可以取得前往紐西蘭工作及
生活的權利。[9]

　　庫克群島雖在 1965 年成立自治政府，但仍與紐西蘭有特殊
的自由聯盟關係，紐西蘭仍然負有協助庫克群島國防外交事務等
責任。因為這層關係，一般國際政治的論述中，並未將之視為獨
立的國家，同時，也不是聯合國的會員國。但在太平洋事務中，
仍視為一個獨立的太平洋政治體，在太平洋區域國際活動中也很
活躍。庫克群島島民自 1970 年代開始大量移民紐西蘭。到了
1980 年代後期，住在紐西蘭的庫克群島民的人數已超過住在庫
克群島本身的人數。

紐埃島

　　紐埃島被紐西蘭統治的時間也很長。自 1901 年被視為庫克
群島的一部分，就一併由紐西蘭來治理。1974 年紐埃在聯合國
的監督下，自願成為自治政府，並制定憲法，惟仍與紐西蘭維持
自由聯盟的關係。根據 1974 年的紐埃憲法，紐西蘭對紐埃的外
交、國防及經濟發展等項目承擔義務，接受紐西蘭外交政策之節

9　Spoonley, Paul, "Cook Islands: Migrating from a Micro-State", *Migration Information Source,* 2004.

制，外交及國防委由紐西蘭代為負責。自 1901 年到 1974 年，這種關係一直維持了 73 年。自 1974 年起，紐埃取得自治政府的地位，同時，紐埃島民開始具有紐西蘭公民權，得以在紐西蘭定居並自由進出紐西蘭。

　　紐埃島民（Niuean）移民紐西蘭的時間相對較晚。從 1936 年開始有統計資料時，只有 54 位紐埃島民住在紐西蘭，到 1943 年也不過 200 人。然而，1960 年代幾個熱帶颶風襲擊紐埃島，大量的紐埃島民才產生強烈的意願，希望到紐西蘭生活與工作。[10]1971 年，紐埃機場完工，移居紐西蘭成為一件容易的事。從 1974 年開始，紐埃島民可以取得紐西蘭公民權，也促使更多人移民紐西蘭。

托克勞島

　　托克勞島則是從 1926 年即交由紐西蘭治理。1948 年的《托克勞島法案》（Tokelau Islands Act）使托克勞島民（Tokelauans）自動取得紐西蘭的公民資格，得以自由進出紐西蘭。紐西蘭政府有意鼓勵在小島上維持生計有困難的托克勞島民到紐西蘭生

---

10 Yarwood, Vaughn and Glenn Jowitt, 'Life on the Rock', *New Zealand Geographic*, 37 (Jan–Mar 1998): 56–86, pp. 85-86.

活，[11] 遂於 1966 年提出托克勞島重新安置計畫（Tokelau Islands Resettlement Scheme），協助他們在紐西蘭社會中生活。到了 2001 年，托克勞島民已有超過六千人在紐西蘭本土定居，同一時間住在托克勞島上的居民不到一千五百人。

托克勞島民在紐西蘭自成一個社會，因為傳統的社群組織 maopoopo 是組織性很強的團體，目前主要居住在北島的波里魯阿（Porirua）及哈特谷（Hutt Valley）一帶。在其他北島的重要都會，如奧克蘭（Auckland）、陶波（Taupo）及羅托路亞（Rotorua）也都有其社區。由於托克勞島民在紐西蘭仍然保持自己的社區，故語言也保存較好。

從太平洋島民社群到太平洋島民事務

太平洋島民社群雖非紐西蘭的主流社會，跟原住民毛利人一樣，他們在紐西蘭社會中也有其特殊的地位，而且其特殊待遇為主流社會所認可。在紐西蘭政府的組織結構中，有個特殊的部門專門負責處理太平洋島民以及太平洋事務，屬於中央部會的層級，名為太平洋島事務部（Ministry of Pacific Island Affairs）。太平洋島事務部的主要職責是照顧在紐西蘭的太平洋島民。紐西

---

11 Scott, Mark, 'Tokelau – Islands of the Wind.' *New Zealand Geographic*, 24 (Oct–Dec 1994): 16–46, p.32.

蘭的中央部會主要著力在政策面，至於執行面，則可能會同各級
政府及不同層級單位合作。因此，在紐西蘭，太平洋島民社群，
不論是政府體制或社會生活，都居於特殊優惠的地位。

　　太平洋島民社群在紐西蘭仍然是弱勢族群。如同其他社會的
弱勢族群，他們的經濟社會情況也都處於社會邊緣，但在能表現
族群特色的舞臺，還是能得到社會的認可。最著名的例子是在運
動場上。紐西蘭社會崇尚運動，出身太平洋島民的運動選手名將
輩出，包括著名的紐西蘭足球聯盟（Rugby Union）代表隊 All
Black 就有好幾位明星選手，都是太平洋島民的後裔。在這種最
受紐西蘭歡迎的運動項目中，他們碩壯的體型很容易表現其優
勢。其他領域如藝術與音樂，也有不少太平洋島民出人頭地。比
起亞裔人士，太平洋島民參與紐西蘭主流社會更為全面。

　　在紐西蘭，將太平洋島民放在同一個社會範疇是有意義的，
因為太平洋島民即使個別差異很大，但在紐西蘭的社會生活中仍
然很容易聚集在一起，也有同類相聚的觀念。太平洋島民在紐西
蘭各個都會和城鎮都有其社區，而太平洋島民也會群聚在一起，
紐西蘭的奧克蘭就公認是世界上最大的玻里尼西亞社區。紐西蘭
社會也出現以太平洋島民為主的社團。例如：紐頓太平洋島民教
會（Newton Pacific Islanders Congregational Church） 於 1947
年成立於奧克蘭，是第一個以太平洋島民為對象的教會。到了

1970 年代及 1980 年代，人數快速成長，現已成為紐西蘭境內最大的族群教會，在紐西蘭各地有三十個分會。

　　太平洋島民其實也並非十分封閉的社區。事實上，個別島民與其他群體通婚的情況普遍，有時也很難以單一島民的數據來論斷。例如：紐埃島民在 1976 年人口普查的結果是 4,395 人，到了 2001 年人口普查的結果則是 5,328 人。似乎顯示這個群體的人口數是穩定的。但在 2001 年的調查中加入複選的選項，結果卻有 20,148 人選擇了紐埃島民，與單選的結果 5,328 人差別很大，顯示島民通婚的情況很普遍。[12]

　　各種太平洋島民雖被放在同一類，但其中最主要的庫克群島民與紐西蘭的原住民毛利族人有濃厚的血緣關係，有時也會被歸類到毛利族的範疇。庫克群島的語言中，有一些和毛利語很接近，被稱為庫克毛利語。而庫克群島島民與毛利族有些家族有共同的家族名稱，如 Paikea 及 Mauke，而口傳歷史傳統中也提到紐西蘭毛利族與庫克群島之間的關聯。

　　紐西蘭確實成為一個殖民宗主國，也和其他的殖民宗主國一樣，出現殖民地原住民，在紐西蘭則出現了太平洋島民的社群。

　　太平洋島民社群的結構，反映了紐西蘭作為殖民宗主國的實踐，因此，與其他太平洋島民聚集的地區不同。在紐西蘭出現的

---

12 Lay, Graeme, *Pacific New Zealand.* Auckland: David Ling, 1996, p.25.

太平洋島民社群，以庫克群島民、薩摩亞島民等為其中主要成員。另外，紐埃島民及托克勞島民因為本來總人口數就很少，故移居總數仍十分有限。但若以其島民在原居島與紐西蘭的比例來看，則可以清楚看出：在這些島民分布的地區當中，紐西蘭占有重要的分量。

紐西蘭移民體制

紐西蘭是個移民國家，除了被認為是原住民的毛利人以外，其他各族群都在晚近才移民紐西蘭。即使是毛利人，在玻利尼西亞人向大洋洲擴散時，都屬於比較晚近的移民，到達紐西蘭的時間估計不會超過一千年，相較於亞洲地區是比較晚。無論如何，現行紐西蘭的體制承認毛利人在紐西蘭作為原住民的地位。既然移民是紐西蘭的重要組成分子，如何對待移民也成為紐西蘭政治體制的一個重要部分。

簡單的移民史回顧當有助於我們對移民體制的理解。紐西蘭是在 1769 年到 1770 年間由庫克船長發現，成為英國的殖民地；在澳洲建立新南威爾斯州（New South Wales）之後，成為新南威爾斯州的一部分。紐西蘭初期的開發十分緩慢，紐西蘭公司（New Zealand Company）於 1825 年在英國成立，向人們出售紐西蘭的土地，到 1840 年代才有 Gibbon Wakefield 成立新的紐

西蘭公司，推動紐西蘭的拓殖，並於 1840 年成為一個獨立的殖民地，吸引大批想要尋求新天地的人，第一批就來了將近六十萬人。[13] 到了 1860 年代，位在南島的奧哥塔（Ogota）發現金礦，更吸引了另一批移民進來。開礦須要大量不怕危險，不怕吃苦的工人，大量華工便適時湧至。這是紐西蘭第一波華人移民潮。由於是由英國的公司運作，主要的移民仍以英裔移民為主，也有來自歐陸主要國家（如法國及德國等）的移民。使人口急速增加。[14]

從 1860 年代也開始找來來自中國的華人礦工。和澳洲一樣，紐西蘭早期的華人移民潮都源於十九世紀末的「尋金熱」。到了十九世紀末，因為受到美國及澳洲限制亞洲移民的影響，紐西蘭也開始採取不同的措施以限制華人入境，與澳洲的白澳政策如出一轍，應稱為「白紐政策」。其中的作法如：向華人徵收人頭稅，或要求移民接受英語測驗等等。到了二十世紀上半，亞洲移民熱歇止後，紐西蘭就引入英國的孤兒到紐西蘭定居。

第二次世界大戰之後，大量德國猶太人與難民湧入紐西蘭，使得紐西蘭的移民日趨多元。到了 1950 年代，又有不少移民從

---

13 Denoon, Donald(ed), *The Cambridge History of the Pacific Islanders*. London: Cambridge University Press, 1997.

14 Bulwer, G., "New Zealand", *Commonwealth History*. London: Blandford Press, 1967, pp.102-110.

東歐進來紐西蘭。[15] 1960 年代由美國民權運動所引發的種族與
族群政策的辯論，對澳洲與紐西蘭的知識階層都影響很大。1970
年代中期，澳洲終於正式宣布終結白澳政策，而紐西蘭亦步亦
趨，將移民的機會向世界各地開放，而不再以種族主義作為考
量。不同的地方是：澳洲因為白澳政策惡名在外，開始與終結的
時候都特別引人側目，而紐西蘭的情況與澳洲類似，但紐西蘭其
實是漸近式的開放，並沒有特別被世人注意。

　　移民政策開放的同時，首先是太平洋島國相繼獨立。因為他
們許多島民具有紐西蘭的居住權，所以比較早移民到紐西蘭。
1970 年代開放移民的同時，亞裔移民是最主要的新移民，其中
又以來自各國的華人為主，比如來自印尼和越南的移民，很多都
是華人。然而，對亞裔移民而言，真正發生改變是在 1990 年代
初期。因為移民政策開始改變，移民申請審核採評分制，建立了
一套技術移民與商業投資移民的評分標準，意味著：只要符合評
分標準，不論來自哪一個國家，或族裔的背景為何，都可以移民
到紐西蘭。這個時間點正好碰上的香港的九七問題、兩岸的緊張
關係、以及東南亞的族群衝突，各國很多菁英都選擇移民到紐西

---

15 這批移民雖然來自歐洲，但東歐各國的移民與英裔移民或澳洲本地傳統仍有許多扞
　格之處，也引起紐西蘭社會極大的震撼。參見 A. D., Trlin, "Immigrants and Crime:
　Some Preliminary Observations", *New Zealand Society Contemporary Perspectives.*
　Sydney: John Wiley & Sons Australasia Pty Ltd, 1973, pp. 397-406. 。

蘭,成為一個新時代的開始。

我們可以將亞裔人士移民到紐西蘭的經驗分為三個時期。首先是十九世紀末的移民,以前來開礦的華工為主。[16] 第二個時期是 1970 年代後期的移民潮,特別是 1986 年以後。這一次移民潮的主因是政治,大批移民來自臺灣、香港、中國和東南亞各國。促成這次移民潮,主要還是因為在 1970 年代,紐西蘭政府放棄自十九世紀末便推行的「白紐政策」,開放讓更多其他移民進入。第三個時期最主要是 1990 年代,新一批具有專業能力的移民進入紐西蘭,這批移民因為人數眾多,引起紐西蘭主流社會的關注。

回顧紐西蘭移民的歷史,我們可以清楚地知道,紐西蘭的移民政策是由封閉走向開放。事實上,跟其他英語系移民國家一樣,隨著民權與人權觀念的啟迪,紐西蘭的移民體制,由最早以西歐人士為主,到後來開放給不同種類的人,包括:同為大不列顛聯邦的成員國,或是有殖民關係的太平洋島民,再開放到東歐人士,最後則對世界各國開放。這種以移民體制來界定紐西蘭為一個移民構成的國家,早在 1960 年代就已經比較清楚地呈現了。

---

16 關於這個時期的華人,可參考 Fong, N. B., The Chinese in New Zealand. Hong Kong: Hong Kong University Press, 1959. Ip, Manying, *Home Away from Home: Life Stories of Chinese Women in New Zealand.* Auckland: New Women's Press, 1990.; Ip, Manying, *Unfolding History, Evolving Identity: the Chinese in New Zealand.* Auckland: Auckland University Press, 2003.。

意即：紐西蘭以移民政策為核心，利用政策辯論來形塑社會對國家的預期。在第二次世界大戰後就逐漸發展，也設立了移民部（Ministry of Immigration），使移民政策成為國會慣常討論的議題。[17]

2001 年，紐西蘭在其內政部之下，設立族群事務辦公室（Office of Ethnic Affairs, OEA），顯示出紐西蘭由於人口結構的改變，而改變了她在國際舞臺上的文化面貌。紐西蘭的族群事務部對其業務有個清楚的定義，即：凡不是「英裔、毛利人及太平洋島民」的其他類屬的紐西蘭公民都是其服務的對象。據估計，這些不屬上述三類的移民，只占紐西蘭人口約 10%。主要是來自亞洲、中歐及東歐、非洲及中東，其中最被注意的仍是亞洲移民。

就國家的意識型態而言，紐西蘭社會強調多元文化主義，移民政策本身是配合此一核心價值而推展。對移民來源地而言，沒有任何偏狹的種族觀念參雜其間。現在已經行之有年了，也廣為社會所接受。但是，在日常生活中，對不同族群的偏見及刻板印

---

17 有關移民政策與立法機關以及於國家體制的關係，參考 W. T., Roy, "Immigration Policy and Legislation", In K. W. Thomson and A. D. Trlin eds. *Immigrants in New Zealand.* Palmerston North: Massey University, 1970, pp. 15-24.

象仍然發生作用。[18] 例如：調查顯示，雖然超過半數的奧克蘭人認為華人對紐西蘭的經濟有正面的貢獻，但他們還是不願意跟亞洲人做鄰居。其中，有三分之一的受訪者認為：華人必須為紐西蘭的犯罪情況負責。這些都顯示紐西蘭的亞裔移民，與紐西蘭主流社會的關係，仍是一個持續受到爭議的論題。

結語：紐西蘭族群關係和諧的特殊性

1970 年代初期，紐西蘭學者 Keith Sinclair 於回顧幾個英語系的移民國家後躊躇滿志，認定紐西蘭的族群關係是其中最好的。他直接提出一個信心十足的命題：「為什麼紐西蘭的種族關係比南非、南澳和南達科達更好？」（Why Are Race Relation in New Zealand better than in South Africa, South Australia or South Dakota）。他乾脆以此為標題，將紐西蘭和南非、澳洲及美國作比較。[19] 其實，具有這種十足信心的學者不只一人。綜觀紐西蘭的其他學者，也在其文章中顯示了同樣的信心，只是可能沒有直接表達出來。

---

18 Spoonley, Paul, "Migration and the Reconstruction of Citizenship in Late Twentieth Century Aotearoa", In Stephen Castles and Paul Spoonley, *Migration And Citizenship.* Albany, Auckland: Department of Sociology, Massey University, 1997, p. 51.

19 Sinclair, Keith, "Why Are Race Relation in New Zealand better than in South Africa, South Australia or South Dakota" *New Zealand Society Contemporary Perspectives.* Sydney: John Wiley & Sons Australasia Pty Ltd, 1973, pp.18-25.

　　紐西蘭的確在族群關係和諧上有特殊之處，例如：在對待原住民方面，他們對以毛利為主體的原住民，採取形式上較為平等的締約方式，作為兩者關係的基礎，就使得其他國家羨慕不已。儘管紐西蘭的主流社會與毛利人的關係仍存在不少問題，但是，對其他有原住民問題的國家來說，這已經是一項難以望其項背的成就。其實族群關係的好壞，都是在比較的意義上來討論的。我們不要忘記，在同樣的年代，紐西蘭仍如澳大利亞採取白澳政策般，對那些非白人的移民設下諸多限制，只是國際上沒有出現「白紐政策」這樣的名稱。我們也不要忘記，紐西蘭也是殖民宗主國，至今仍有太平洋島國是在紐西蘭的保護之下。今日在紐西蘭境內的太平洋島民，主要是因為紐西蘭的殖民主義時期留下來的政策，而擁有定居紐西蘭的權利，以至於取得紐西蘭公民的身份，在紐西蘭境內擁有僅次於毛利人的特殊權利。

　　紐西蘭目前的各族群之所以如此存在，與紐西蘭的殖民體制與移民體制息息相關。紐西蘭的殖民體制與移民體制，都在歷史上留下了不光彩的記錄。然而我們不能以今日的眼光來看待過去，不同時代有不同的意見與立場。紐西蘭的殖民體制與移民體制，也都是從美國、澳洲等地方比較參考而來的。至少在比較的意義上，紐西蘭是以民主政體來改善其體制，逐漸修改昔日不合理的制度。到現在在討論國家的多元族群發展時，紐西蘭在族群

和諧上的多元開放，還是讓許多國家引為楷模。而如果要理解現今在紐西蘭的族群形成與族群關係，紐西蘭的殖民體制與移民體制的歷史記錄是不可不知的背景。

第九章

從本土認同看澳大利亞

　　澳洲是相較之下歷史較短的新國家。澳洲的文化認同相對來說也是比較晚近的發展。澳洲文化認同的主題，主要是如何發展澳洲自身的認同，而非只是視自己為在偏遠地區的歐洲文化，或是以英國的眼光來看待自己。發展澳洲文化認同，在最近這些年來有很大的進展。現在一般的澳洲人，對澳洲自身的文化有極高的認同感，對於澳洲人的獨特性格引以為傲，並不認為須要以從前歐洲人的眼光來看待自己，與過去以歐洲優位的標準不同。本文認為，澳洲發展自身認同的過程，並未放棄原有文化傳統的優勢，只是以澳洲經驗為核心，同時以澳洲本身的歷史反省澳洲與亞洲國家的關係，改變過往的文化觀念，進一步吸收亞洲移民及原住民的文化刺激，進而發展出兼容並蓄的多元文化主義，是成功塑造澳洲文化認同的關鍵。[1] 這樣的文化觀念又落實到具體的

1　本章主要由期刊論文修改，原文請見楊聰榮，〈當本土成為主流價值──借鏡澳大利亞國家認同的發展〉《國際研究學刊季刊》，第二卷第三期，2006 年秋季號，頁 47-72。

文化政策，發展多元的語言與文化特質，成為澳洲立足於亞太社會，進而在全球政治中扮演重要角色的重要資源。

澳大利亞（以下簡稱澳洲）與臺灣有許多可以比較的地方。澳洲與臺灣儘管國土面積相差很多，仍有不少相近之處，可作為比較的共同基礎。比如說人口總數，澳洲與臺灣大約都是兩千多萬人。臺灣略勝一籌，但差別不大。談到原住民，大約都有人口1%到2%的原住民人口，比例也相當接近。而原住民就組成結構而言，臺灣比較接近澳洲，即原住民內部族群眾多，難以找到共同的語言與文化特質，保存與發揚都有較大的難度。不像紐西蘭以毛利文化為原住民代表即可。除了原住民以外，還有移民的存在，都是晚近才發生的問題。臺灣的東南亞移民與澳洲的亞裔移民問題有類似的地方，主要是由於新移民與主流社會有相當程度的文化差異。除了新移民的問題之外，舊移民的問題持續影響。臺灣的外省移民與澳洲的英裔移民也有異曲同工之妙，隱隱涉及政治前途的主張。臺灣的統獨議題與澳洲的保皇議題應該可以對應參考。最重要的相近之處，是這些族群問題的背後，涉及國家認同與國家定位的問題。

其中有關澳洲本土文化認同的建立，應為值得參考比較的主題之一。早期澳洲是英國流放罪犯的地方，對歐洲而言是遙遠的地方，也是文明不發達的地區，於是，澳洲有很長一段時間存在

著歐洲優越的文化觀念，使得早期的澳洲並未建立自己獨特的文化認同。即使在 1901 年獨立建國之後很長一段時間，都沒有真正發展出對自身文化的自信。同樣地，面對強勢的宗主國文化，澳洲卻漸漸發展出一種以本地經驗為依歸的文化認同。這個過程時間很長，也經歷了不少轉折。但可以說，到了 1960 年代及 1970 年代之間，是快速發展的時期。澳洲發展出新的文化觀念，逐步形成改變。

在這段快速發展的時期，一種以澳洲經驗為核心的澳洲史觀發展出來，澳洲也重新審視澳洲所在的地理位置，檢討澳洲與亞洲的關係，從而放棄長期以來為人所詬病的白澳政策，改變單一文化傳統的政策，而改採多元文化政策。另外一個改變的來源來自澳洲原住民。由於對澳洲原住民的歷史處境有了反省，到後來接受澳洲原住民的文化，在澳洲文化認同中，居於重要核心地位。本文認為在這個轉變之中，刺激澳洲建立自己的獨特文化，亞洲移民所形塑的多元文化，以及澳洲原住民本身的獨特性，是其中的關鍵因素。將以專章討論其影響。

同時，在這個建立獨特文化傳統的同時，澳洲並未放棄其原有的文化傳統，但卻設法調整其中引發的爭論與衝突，而尋求自己的步調。在調整的過程所產生的不同事件，本論文認為應該從歷史的洪流這樣宏觀的角度加以檢討，才能對其中的問題有比較

清晰的理解。在本論文中,將檢討兩個性質不同的個案。一個是
單一民族黨的興起,一個是共和主義運動的發展。這兩種議題的
發展,一個是少數支持,卻引起很大的注意。另一個是多數支
持,結果卻出乎外界的預料。本文認為,這兩個事件應該加以特
殊的解釋才能明白,同時,仍然可以對照大方向的發展。從這兩
個例子中看到,澳洲社會對於多元文化的逆流所採取的因應之
道,以及面對文化認同與政治認同的落差,澳洲有自己的方式來
面對。

從澳洲史的角度看澳洲認同的建立

　　儘管有不少研究顯示,澳洲早在十九世紀就出現了澳洲本地
認同,[2] 而且這一認同導致了澳洲在 1900 年的獨立。不過,在這
個時候的澳洲認同與我們今日所討論的澳洲文化認同有很大的區
別。當時澳洲的獨立只是政治上建立了一個英國式獨立運作的體
制。但是,當時澳洲從人群組合、生活習慣、文化觀念到政治運
作,都理所當然是英國式的。因此,澳洲的獨立與紐西蘭一樣,
以英國女王為國家元首,國旗上以米字旗為主體,同屬大不列顛

2　Helena Michie, *Antipodal England: Emigration, Gender, And Portable Domesticity In Victorian Literature And Culture (Australia)*. Thesis (Ph.D.) Rice University, 2000.

國協（British Commonwealth of Nations）的一員。英國有任何的外交或軍事上的行動，澳洲與紐西蘭一樣，都是以英國馬首是瞻。在這種體制之下，最難克服的是，當時澳洲的文化認同，英式文化是最好的，本地事務相形見絀。

　　構成今日澳洲的文化認同，雖然表面上來看仍以英語為主，英美式的莊園生活型態為基底，文化的內涵卻有很大的不同。其中所包含的不少文化元素，都是在澳洲創造出來的經驗，而以綜合性而具有獨特風格的澳洲文化著稱。這個澳洲文化有各種不同文化的影子。除了最早期英式文化，隨著不同地區的移民加入，配上歐洲各地的文化，以及亞洲各群體的文化，和澳洲原住民文化。雖然是不同的文化元素的綜合，卻都清楚地強調澳洲本土經驗。現今的澳洲文化具有自我個性，也極富自信。[3] 我們可以以澳洲在 2000 年的雪梨奧運會閉幕式為展示澳洲文化的場景。在閉幕式時，一項一項澳洲人引以為傲而代表澳洲的文化象徵，在世人的眼光中大方展示出來，澳洲文化風格就在這個個別的文化象徵中清晰地表達出來。

　　由原來英式文化在澳洲的優越地位，到後來澳洲文化風格卓然成型，引以為傲，其實並不是一件容易的事，其中經過長時期

3　Leonie Huddy, "From Social to Political Identity: A Critical Examination of Social Identity Theory", *Political Psychology,* March 2001 22: 127-148.

的發展。在澳洲開發的早期,位於南半球而地處偏遠的澳洲,因為遠離歐洲大陸,相較於歐洲世界,堪稱蠻荒之地,有很長一段時間,澳洲住民是用歐洲的眼光來看待自身。儘管當時也明白當地原住民擁有獨特的文化,有自己一套與自然共處的生存之道,是樸實未經雕琢的文化內涵,但當時並未得到重視。反而因為澳洲原始天然,原住民未發展出文字系統,無歐洲所定義的高水準文化,而極盡岐視之能事。這是基於當時以歐洲主流白人文化為主要的參考架構。在英國人及其他歐洲移民進入澳洲後,因為當地缺乏與歐洲相仿的文化內容,不但不珍惜本土的文化傳統,還致力於改造原住民的文化傳統。

當時不但對待澳洲原住民充滿岐視的眼光,對澳洲當地的白人也自我岐視。對於澳洲自身的歷史,早年也不重視,而只重視英國與歐洲文明史的教導。僅僅簡單提到英國探險家庫克船長發現澳洲,進而占地為王,將其納為英國殖民地一事。還在其間建構出早年拓荒時期冒險犯難的精神,掩蓋澳洲早期為罪犯流放之地的事實,可以說,仍是以殖民母國(英國)來建構文化特徵,這是澳洲人民借鏡英國文化形成社會建構。

早期澳洲為英國流放囚犯之地。有一段時期,澳洲人避談這一段歷史,也極力將澳洲打造成另一個英國,或另一個歐洲。然而,隨著新移入澳洲的住民帶來許多不同地區的獨特文化,形成極為不同的文化景致,因而慢慢發展出獨特的文化,重新定位族

群，凝聚「澳洲人（Australian）」的形象與文化特質。1788 年
第一批移民中有 736 名流放犯人，一共 1030 人的船隊在雪梨附
近登陸。早年許多澳洲人對這段歷史引以為恥，現在則翻轉過
來。如果家族歷史可以上溯到最早來的囚犯，不但不以為意，反
而成為光榮盛事。新的共同生活經驗成為社會文化建構中重要的
一環，必須先凝聚土地上各族群的共識，才得以發展獨特文化。
新移民來自四面八方，不只歐洲、尚有亞洲東南亞移民，先借用
殖民母國英國豐富的文化內涵及歷史，先以英式風格為底本，再
融入各地區不同的元素，建立澳洲人的形象，形成澳洲的族群形
象。

　　這種文化風格的轉變與歷史意識的轉變有相當程度的關聯，
都是經過長期的討論發展出來的。其中關鍵性的因素，長期刺激
著澳洲知識界不斷地思考，來自澳洲自身經驗的反省，主要是澳
洲與亞洲的關係。澳洲對於自我認同思想的轉變，最後終於能夠
改變原有的文化優越秩序，促成新文化意識的產生。能夠如此迅
速，主要是因為澳洲開始反省其與亞洲的關係，作為積極的亞洲
事務參與者，成為亞洲國家的親善鄰居，功不可沒。估計未來澳
洲在吸收與消化亞洲文化方面，仍會扮演最重要而積極的角色。[4]

4　Andrew C. Theophanous, *Understanding Multiculturalism and Australian Identity.* Elikia
　　Books. Victoria, 1995.

澳洲對亞太地區事務投注相當的心力，以至於改變了澳洲原有的
文化優越秩序，其重要性值得特別加以探討。

由澳洲的歷史來看，雖然澳洲在地理環境上接近亞太地區，
但卻是由歐洲人在近代發現而建立殖民地，因此，在文化和歷史
上更接近歐洲。從 1788 年首批英國移民在雪梨附近登陸後，澳
洲的歷史就成了一部移民的歷史。雖然澳洲是一個多種族的移民
國家，但一直到晚近才承認多元文化主義的價值。翻開澳洲的歷
史，對於多元文化主義的認可，其實出現相當晚。早期在澳洲對
移民都採同化政策，將澳洲視為白種人的國度。後來推到極致，
就成為眾所周知的「白澳政策」。極力排斥非白種移民，制定了
「聯邦移民限制法」，以各種入境條件的限制，達到限制非白人
移民的目的。白澳政策始於澳洲殖民時期，十九世紀末期，到
1901 年澳洲獨立，將各殖民地改為州，正式成立聯邦政府，仍
然持續此一政策。

到了 1960 年代中，澳洲當局開始取消種族隔離的政策，但
仍要求移民接受澳洲的價值觀，將不同族裔背景的人同化到澳洲
的文化中。這種以西方國家文化自居，而看低亞洲國家價值觀的
狀態，產生一種與亞洲地緣文化不協調的狀況。1973 年，移民
部長 Al Grassby 正式從加拿大引進和推行多元文化主義政策，
才算是將聲名狼藉的白澳政策廢除。在多元文化主義政策下，澳

洲政府認可所有的澳洲人都有權利表達和分享他們獨立的文化傳
統，包括民族語言和宗教信仰，而享有平等的待遇和機會。[5]

於是，澳洲就在極短的時間內，由存在具有種族岐視政策的
國家，變為政策上最開放的移民國家。促使澳洲改變政策的原
因，固然存在著外在因素，但最重要的仍是出於澳洲內部的討論
與反省。澳洲在 1960 年代以後，經過一連串長期的辯論，產生
新的認同方向，即：認為自己雖然文化根底來自歐洲，但是和歐
洲國家並不相同，而是亞太地區的國家，必須要對亞洲事務有更
深切的瞭解和參與。1970 年代澳洲白澳政策的廢除，不是受到
外界的壓力而改變，而是澳洲自己認同的改變。而刺激澳洲思考
認同問題的轉變，除了 1960 年代的民權運動與革命思潮之外，
來自與亞洲關係的歷史也是重要的來源。[6] 第二次世界大戰將澳
洲捲入亞洲戰場，亞洲事務成為澳洲對外事務的主要核心，這與
歐洲國家的思維大不相同。澳洲因而漸漸調整腳步，開始將心力
放在亞太地區的事務。影響所及，這已經不只是澳洲政府的外交
政策，也是民間人士致力推動的方向。亞太經合論壇（APEC）
即是在澳洲的提議下所創立，成為區域內最重要的國際組織之

---

5 Barrie Jones, "SBS: Coping with a Strange Idea" in Goodman, Goodman, D; O' Hearn D. J;.
   Wallace-Crabble, C (Eds). *Multicultural Australia, the Challenges of Change.* Newham:
   Scribe Publication Pty Ltd, 1991, p. 14.

6 Brian H. Fletcher, "Anglicanism and National Identity in Australia Since 1962", *Journal of
   Religious History,* October 2001, 25(3): 324-345.

一。這種認同的轉向使得民間人士對亞洲事務產生莫大的興趣。
從語言文化的學習、友好團體的組織、經貿的往來、國際援助的
參與到共同合作的計劃，都有很好的成績。最重要的是，對亞洲
事務有長期的關注與承諾，成為朝野的共識，這是其他國家難以
比擬的。

澳洲多元文化主義的發展

　　澳洲多元文化主義仍存在許多不同形式的爭議，至今仍是如
此。澳洲的移民政策經歷了三個重要的階段，才有今天包含多元
文化主義的澳洲認同。在政府具體的政策推動下，多元文化主義
成為澳洲公民生活的一環。其中以在傳播事業上的成就最大，在
澳洲生活的居民都可以充分感受到多元文化主義在日常生活的影
響。以廣播而言，澳洲在 1978 年，正式成立播送四十多種語言
的特種廣播服務電臺（SBS Radia），在澳洲各地播出。後來
SBS 廣播電臺更發展到播送六十八種地方和民族語言。在電視
方面，1980 年澳洲建立了當時世界上唯一的多種語言節目廣播
服務電視臺（SBS TV），向澳洲觀眾播送從六百多個國家和地
區所選出的、用六十多種不同語言廣播的電視節目，同時向移民
教授英語。SBS 電臺和電視臺的建立是澳洲政府貫徹實施多元文

化主義政策重要的一環，成為各國參考與學習的對象。[7]

　　除了全國統一的廣播和電視外，澳洲政府還鼓勵並資助移民和少數民族建立自己的廣播電視和電臺，例如：有些 AM 社區電臺頻率就讓不同民族社團免費使用，讓他們播出自己語言的節目。除了廣播電視以外，另一個重要的成就是塑造了一個可以提供多語服務的環境。為了方便移民，各級政府機構均對移民提供翻譯服務，移民局的傳譯中心還提供二十四小時翻譯服務，儘量減少非英語背景的移民的種種不便。

　　澳洲社會對於澳洲實行多元文化主義的評價出現很多的看法。[8] 其中影響較大的幾種爭議有學者不同的言論，如 Geoffrery Blainey、Stephen Fitzgerald 和 Ghanssan Hage，他們均從不同的角度對多元文化主義提出異議。然而，我們必須從社會的整體來觀察這些不同的言論。首先是 Geoffrery Blainey 用「亞洲化」來描述政府新改革的移民方案，他反對繼續從亞洲吸收移民。他認為：如果政府不改變吸收移民的方向，澳洲將成為真正「亞洲化」的國家。[9] 而 Stephen Fitzgerald 的報告則認為：澳洲應該增

7　J Stratton & I. Ang, "Multicultural Imagined Community-Cultural Difference and National Identity in Australia and the USA" in Bennett, D (Eds) 1998. *Multicultural States - Rethinking Difference and Identity.* Routledge. London. 1998.

8　Katharine Bett, *The Great Divide-Immigration Politics in Australia.* Sydney: Duffy & Snellgrove. 1999, p.284.

9　Geoffrey Blainey, *All for Australia.* Sydney: Methuen Haynes, 1984.

加移民，但是，移民應該表明願意因循澳洲的慣例，同時不應取
得澳洲的公民權。[10] 還有一位學者 Ghanssan Hage 則強調：從十
九世紀開始，澳洲一直是白人統治，這是事實，也是傳統。土著
和後來的少數族群不該有權參政和決定國家事務。[11] 這些言論最
後並沒有成為政府施政的主流方向，但也代表了部分澳洲人士的
意見。

學者之間其實存在著不同的意見。Katharine Bett 認為：從
不同地區來的移民為澳洲帶來了豐富的物質和文化的財富。澳洲
本身就是一個多移民的國家，移民背景的知識分子對移民的情況
更熟悉，應該更有權利決定國家的事務。[12] 另一位學者 Jon
Stratton 也同樣批評：澳洲本是一個移居者的社會，本身就存在
著多民族，文化也有著自然存在的多樣性，執著於單一主流文化
的論調，和發展多元文化相衝突，不利於各族群間的相互了解和
和諧發展。[13] 儘管爭論不斷，澳洲大抵還是跟隨多元文化主義的
步伐前進。我們必須注意，澳洲的多元文化主義主要是強調包

---

10 Katharine Bett, *The Great Divide-Immigration Politics in Australia.* Sydney: Duffy &
   Snellgrove. 1999.

11 Ghanssan Hage, *White Nation: fantasies of White supremacy in a multicultural society,*
   Annandale, NSW: Pluto Press, 1998.

12 Katharine Bett, *The Great Divide-Immigration Politics in Australia.* Sydney: Duffy &
   Snellgrove. 1999, p. 280.

13 J. Stratton, *Race Daze-Australia in Identity Crisis.* Sydney: Alken Press, 1998, p. 16.

容，而不是要任何人放棄或改變自己的文化傳統。就實際的發展而言，澳洲原有的文化傳統的形式保留下來，而其他各種不同的文化也豐富了主流文化的內容。原有的文化主流並沒有受到威脅，而是增加了更豐富的內容。實際上的狀況並非如學者所言的非此即彼，而是在動態的過程中取得某種平衡。

澳洲在 1970 年代實行多元文化主義政策以來，澳大利亞的人口已從原來的八百萬人，增加到現在的二千萬人，已從二次世界大戰前的小國發展成為中型力量的國家。[14] 移民的前來開啟了多元文化主義的方向，多元文化主義又為多族群社會開展出一條康莊大道。在澳大利亞多元文化主義的背景下，各族群能保持自己的文化特色，各族群文化之間又能互相融合，相互促進，互補長短。澳洲主流文化也吸收其他族群文化的精華，漸漸成為信心十足而具有獨特性的文化。

從移民的角度看澳洲認同

澳洲是個以移民為主所構成的國家，並號稱是多元移民所構成的國家。移民來自世界各國，除了現在被稱為「澳洲原住民」的居民之外（Australian Aboriginal and Torres Strait Islanders），

---

14 Andrew C. Theophanous, *Understanding Multiculturalism and Australian Identity.* Elikia Books. Victoria, 1995, p. 33.

其他都是後來的移民。因此,理論上,移民祇有先來後到的區
別,不應區分誰是主人,誰是客人,但在實際上卻並非如此。澳
洲經過以英國白種人後裔為主的移民開墾了一百多年之後,才以
聯邦的型態獨立建國。國家體制已經定型之後,才有各地的移民
大規模移入。所以,澳洲有個清楚的主流社會,是以英式的文化
為基底,經過在澳洲這塊土地的淬煉而產生所謂的澳式風格。後
到的移民都有機會體認到這種澳式風格,並認知主流社會的存
在。[15]

　　澳洲是個以歐洲白種人移民──尤其是英國移民為主──所
組成的國家。此外,澳洲原住民和非白種人移民也是重要的組成
成分。而非白人移民則以亞洲人最為顯著。其實澳洲的白種人移
民從未間斷。[16] 除了來自英國和紐西蘭的移民持續成為最主要的
移民之外,其他白種人移民早期主要自西歐,如德國、法國、荷
蘭、西班牙等都有不少移民。戰後約 1950 年代以南歐移民為主,
以義大利、希臘等為大宗。自 1980 年代以來,來自前蘇聯國家
及東歐各國的移民快速增加。[17] 到了 2000 年代則以南非和前南

15 Michael Wooldrdge, "A Pathology in the Political Process?" In Robert Manne ed. *Two Nations: The Causes and Effects of the Rise of the One Nation Party in Australia.* Melburne: Bookman Press. 1998, pp.: 178-192.

16 Commonwealth Bureau of Census & Statistics publication, *Australian Demography.* Sydney: Commonwealth Bureau of Census & Statistics Publication, 1993.

17 E. F. Kunz, *Pisplaced Persons: Calwell's New Australians.* Sdney: Australian Naional University Press, 1988.

斯拉夫的移民為多。澳洲的非白種人移民以亞裔居多。就人口總數而言,亞裔移民並不顯著。[18] 亞裔移民之所以受到矚目,並非基於移民人數,而是亞裔移民的外貌和主流社會的白種人的差異比較顯著。亞裔移民增加,在大都會的街頭即可感受到,但實際上,亞裔移民的人口增加比例並不顯著。

亞裔移民之所以比較顯著,基於以下幾個事實。第一,除了亞裔移民以外,其他非白種人移民的人數很少。如:來自非洲、中東以及中南美洲的移民人數很少,因此,亞洲移民凸顯出來,非白種人移民和亞洲移民經常被劃上等號。第二,絕大多數的亞洲移民是在 1970 年代後期,澳洲宣布正式廢止白澳政策之後才移民澳洲。亞裔移民的增加,對過去單純以白種人為主的主流社會很容易感受得到。第三,亞裔移民喜歡住在大都會,也很容易有聚居的現象。商家用不同文字的招牌,來自亞洲各國的餐廳開張,提供和西式餐點極為不同的食物。甚至各大埠都有中國城以及亞洲食品店,這些都是顯而易見的。第四,部分亞裔移民具有商業背景,或是專業人士資格,易於進入傳統上第一代移民不易跨足的領域,如醫師、會計師、建築師或金融投資等圈子,能見度較高。

---

18 Christine Inglis ed. *Asians in Australia: the Dynamics of Migration and Settlement.* Singapore : Institute of Southeast Asian Studies, 1992.

白澳政策之前就留在澳洲的華裔移民人數終究有限。[19] 根據統計,人數最少時僅數千人,也受到澳洲社會的排斥,[20] 在當時澳洲社會不易見容異質文化的氛圍下被同化。可以說,直到白澳政策廢止之前,對後來的移民採取同化政策。[21] 在白澳政策期間(1901-1973),對華人入境比較嚴格,僅有少數華裔人士得以入境。[22] 然而,到了 1960 年代,政策已經比較寬鬆,部分華人因為就學及工作關係而取得居留權。1999 年當選新南威爾斯州參議員的黃肇強醫生(Dr. Peter Wong),以及同時當選的前雪梨市副市長曾筱龍(Henry Tsang),都是在這個時期移居澳洲,算是第一代或是第二代華裔移民。主要還是在白澳政策正式廢止以後,才有大批各地華人入境,構成今日澳洲華人的風貌。[23]

在白澳政策廢除之後,人數最多、最早的一批移民來自中南半島,主要是以難民身分來到澳大利亞。尤其是西貢淪陷以後,

---

19 Sing-wu Wang, *The Organization of Chinese Emigration, 1848-1888: With Special Reference to Chinese Emigration to Australia.* San Francisco: Chinese Materials Center, 1978.

20 Barry York, *Admissions and exclusions: Asiatics and other coloured races in Australia: 1901 to 1946.* Canberra: Centre for Immigration and Multicultural Studies, 1995.

21 Christine Brenda Inglis, *The Darwin Chinese: A Study Of Assimilation.* Canberra: The Australian National University, 1967.

22 Barry York, *Immigration Restriction 1901-1957.* Canberra: Centre for Immigration and Multicultural Studies, 1992.

23 Barry York, *From Assimilationism to Multiculturalism : Australian Experience 1945-1989.* Canberra: Centre for Immigration & Multicultural Studies, Research School of Social Sciences, Australian School of Social Sciences, 1996.

大批越南船民向外奔逃，其中不少人是華裔背景。澳洲以人道主
義精神，主動協助亞洲國家處理難民收容問題，是澳洲參與亞洲
事務的代表例證。也因此，在這段時間，以難民身分來到澳洲的
亞洲移民占了多數。同樣情況的移民有來自柬埔塞、寮國和東帝
汶者。對澳洲社會而言，這是從白澳政策正式廢止以後，人數最
多的一批亞裔移民，以至於留給澳洲主流社會的印象最深刻。多
年以後，這個印象仍然留存，經常在論及亞裔移民時，會提到這
種難民印象。

　　1980 年代初期，專業人士型的華裔移民漸漸增多，主要來
自新加坡與馬來西亞，或在其他地區受過大不列顛國協教育的華
裔人士。他們很多具有醫師、律師、會計師等專業資格。具有這
種資格的人士，一方面易於移民到澳大利亞，另一方面，稍早
時，星馬地區的族群政治也是造成許多人才滯外不歸的因素。這
批人構成澳洲社會新的中產階級。[24] 澳洲的亞洲移民如果和其他
移民國家相比，最大的特色在於：這段期間的亞洲移民以來自東
南亞的移民最多，而華裔移民也是從東南亞來的人數最多，[25] 是

---

24 Kee Poo Kong, *Chinese Immigrants in Australia: Construction of a Socio-economic Profile.*
　　Canberra: Office of Multicultural Affairs, Dept. of the Prime Minister and Cabinet, 1988.
　　Kee Poo Kong, *Home Ownership and Housing Conditions of Immigrants and Australian-
　　born.* Canberra: Australian Govt. Pub. Service, 1992.

25 Wang Gungwu, *Community and Nation: China, Southeast Asia and Australia.* NSW: Allen
　　and Unwin, 1992.

移民研究中的「二次移民」的極佳例證。

　　到了 1980 年代後期到 1990 年代這段期間，來自中港臺的移民明顯地構成了華裔新移民的主要成分。此外，來自東北亞的日本與韓國人為數都不少。來自中華人民共和國的移民，主要是留學、學英語以及打工的中國公民。在八九年天安門事件之後，力爭而取得澳洲居留權，構成人數最多的一批新移民，約有四萬人。加上這幾年親屬團聚，人數可能在十萬之譜。[26] 來自香港的移民則是受到 1984 年中英聯合談判香港 1997 政權轉移的事件影響。有一段時間，每年有持續穩定的香港移民來到澳大利亞，移民則從富豪到勞工，各階層都有。來自臺灣的移民在人數上雖然較少，但因為符合移民資格，以商業投資移民為主，新移民的經濟比較寬裕，活動力也很強。[27]

　　因此，澳洲華裔社群的組成和政府的統計數據有相當的差距。澳洲的統計數據以出生地為分類標準，其中，亞裔人口來自亞洲各國。從政府出版品的統計資料，我們看不出有多少華裔人口存在。但實際上，由星馬來的移民，以華裔占絕大多數，馬來人很少。同樣的情況，印度尼西亞的移民也是以華裔為主。至於

---

26 Fung, Edmund S. K. and Chen Jie, *Changing Perceptions: The Attitudes of the PRC Chinese Towards Australia and China, 1989-1996*. Brisbane: Griffith University, Faculty of Asian and International Studies, Centre for the Study of Australia- Asia Relations. 1996.

27 Diana Giese, Astronauts, *Lost Souls & Dragons: Voices of Today's Chinese Australians in Conversations with Diana Giese*. St Lucia, Qld. : University of Queensland Press, 1996.

從「印支三邦」（Indochina，即越棉寮三地）來的移民，其中
也有不少華裔。在澳洲多稱為印支華人，惟實際人數無法得知。
從日常生活的觀察可看出：許多成員很容易同時參與華裔社區及
印支移民社區的活動，這兩個社區的成員通婚的比例都很高，華
裔的界限有時不是很明顯。在來自菲律賓和東帝汶的移民社群中
也出現同樣的情況，顯示出澳洲華裔和澳洲亞裔的密切關係。因
此，在指涉澳洲華裔時，常要以澳洲亞裔來代替，表現出澳洲華
裔的多元風貌。[28] 相關的研究顯示，早期留在澳大利亞的華人很
早就有澳洲華人認同的觀念。[29] 在較小範圍的社區研究也顯示：
不同背景的華人有各種不同層面的互動關係。[30] 在日常生活上，
也許華人參加各種不同的社團，以和自己的鄉親互動為主，未必
會和不同背景的人互相聞問。

　對待移民政策態度的改變，可以從語言的政策看出來。1950
年代的澳洲人以「同化政策」對待英國以外的歐洲移民，要他們
改變自己，接受澳洲的「英式生活」。如果東歐或南歐移民在大

---

28 James E. Coughlan, ed., *The Diverse Asians: A Profile of Six Asian Communities in Australia.* Nathan: Centre for the Study of Australia-Asia Relations, Griffith University, 1992.

29 Yuan Fang Shen, *Dragon Seed in the Antipodes: Chinese Australian Self-Representations.* Canberra: ANU PhD thesis. 1998.

30 Mo, Yimei, *Self-perception of the Chinese in Tasmania.* Canberra: ANU thesis, 1994. Ip, David and Constance Lever-Tracy, Trailblazing, *Into China: Networks and Linkages of Smaller Diaspora Firms.* Murdoch, W.A.: Asia Research Centre, 1994.

街上用自己的語言說話，澳洲人會極為反感，常不客氣地打斷他們，要他們講英語。越南戰爭之後，澳洲人的寬容心大為增強，開始承認各國移民帶來的風俗習慣和服裝飲食豐富了澳洲的社會生活，對英國以外的文化已經從排斥到接納。對原住民文化的態度也產生了根本性的變化。1967 年工黨和自由黨與鄉村黨聯盟都先後放棄了同化政策，給予原住民權利。1972 年放棄白澳政策。移民語言的重要，以下的資料引自 2001 年澳洲人口普查資料。此時的澳洲人口約二千萬，其中 16% 在家中使用英語以外的語言，共約有超過 240 種不同語言被使用。

移民語言使用前十名

義大利語（Italian）	353,606
希臘語（Greek）	263,718
廣東話（Cantonese）	225,307
阿拉伯（Arabic）	209,371
越南語（Vietnamese）	174,236
華語（Mandarin）	139,288
西班牙語（Spanish）	93,595
菲律賓語（Tagalog）	78,879
德語（German）	76,444
馬其頓語（Macedonian）	71,994

移民團體中,華人應該是規模最大的一群。因為將廣東話與普通話等加起來,已經成為最大的群體,約四十萬人,占澳洲人口的 2.1%。其次是義大利語群(352,605; 1.9%)與希臘語群(263,717; 1.4%)。所謂的原住民中包含澳洲原住民及海峽島人(Aboriginal and Torres Strait Islanders)。原住民總數占澳洲人口的 2.2%,人口約 410,000 人。2002 年調查,有 21%(94,000)的原住民能使用族語,其中只有 50,000 以原住民族語為主要語言。就移民家庭語言而言,據 2001 年的資料,有四百多萬人口,即澳洲的現住人口中有 20% 是在海外出生。其中也有很多移民家庭使用英語為主要家庭語言。在以非英語為主要家庭語言的家庭中,家人在海外出生的移民家庭是其主流。

從多元主義發展出多語主義。1970 年開始,澳洲政府正式認可多元文化主義。多元文化主義認為:各種不同的語言都是重要資產,鼓勵保留原有文化,也在電視廣播中呈現。電視方面,兩家公有電視臺 ABC 及 SBS,有少數非英語播出的節目,廣播也是多語政策的實踐,採取多元文化政策。因此,具有雙語能力被認為是優點,政府也投入資金與資源,讓更多人得到好處。

教授移民子女語言的地方為族群語言學校(ethnic schools),主要是在下課後或是週末進行。據估計,現在全澳洲約有十萬個學童參加族群語言學校。也有主流學校

（mainstream school）開設族群語言，通常一週兩三個小時。族群語言學校對所有語言背景成員開放。目前有超過六十種語言的族群學校，大多分布在族群社區附近。族群學校多半由族群社團來組織。政府會資助族群語言學校。

對於亞洲移民的語言採取的政策，也影響到其他族群對於相關外語的學習。外語的學習，向來是採取自願性的學習方式，而學校可以決定自己選定的非英語的語言課程。現在非英語的語言課程已列入小學八大學習領域之一，學生有機會學到其他各國語言。以往是以歐洲語言為主流，現在日語、華語及印尼語是大宗，文化氛圍已明顯改變。[31]

從澳洲原住民的角度看澳洲認同

早年澳洲原住民（indigenous Australians）與澳洲主流社會的關係也是惡名昭彰。例如：塔斯瑪尼亞的原住民被滅絕，原住民的土地被侵占，原住民沒有公民權，原住民的小孩被帶離原生家庭等，種種惡行罄竹難書。原住民早年在澳洲並沒有被當成人來看待，所以既沒有公民權，也沒有出現在國家統計資料中。直

---

31 Kee Poo Kong, *Social and Economic Attainments of Immigrant and Later-generation Australians.* Canberra: Australian Govt. Pub. Service, 1992.

到 1967 年以後才有公民權。澳洲原住民與澳洲主流社會的關係，實際上很複雜，應該有專文更細緻地討論。然而，從大方向來說，在澳洲反省自身的文化觀念時，澳洲原住民扮演一個很重要的角色。在採行多元文化主義之後，澳洲原住民的文化傳統，反而成為澳洲文化發展獨特性的核心。

現在澳洲原住民的文化，成為澳洲文化表現特色的核心元素之一，在各種不同的國家慶典，都可以看到原住民文化的展顏，各種禮品店也會有原住民文化特色的產品，而且其文化特質受到法律的保障。可以說，原住民的文化，現在成為澳洲文化的代表之一。[32] 這種情況是最近二十年努力的成果，反而成為其他國家考察原住民與國家關係的對象。由原住民文化在澳洲當代文化中扮演的角色，以及在這段時期間發生的變化，可以看出澳洲發展出澳洲新文化認同前後時期的轉變。

澳洲原住民文化構成澳洲文化主體的重要成分，這並不表示澳洲原住民就此接受澳洲政府為他們所做的平反與和解。相反地，歷史上澳洲原住民受到不公不義的對待，仍有許多問題尚待清理。目前澳洲原住民與主流社會的關係，可以以澳洲的運動選手 Cathy Freeman 在 1994 年加拿大舉行的國協運動會（1994

---

32 Ronald Taft, *From Stranger To Citizen: a Survey Of Studies Of Immigrant Assimilation In Western Australia,* London: Tavistock, 1966.

Victoria Canada Commonwealth Games）上的歷史場景為代表。
Cathy Freeman 在奪下 400 公尺金牌後，在勝利繞場時身披兩面
旗，一面是澳洲國旗，另一面是代表原住民的土地太陽旗。澳洲
原住民是澳洲認同的重要核心，但是，澳洲原住民保有自己的認
同，他們和澳洲主流社會的關係，還待進一步的平反、道歉與和
解。到了 2008 年由澳洲總理陸克文（Kevin Michael Rudd）向
原住民正式道歉。

　　除了歷史問題尚未安頓，澳洲原住民的現狀也值得關注。澳
洲原住民是澳洲經濟狀況最不好的一群人，失業率高、低收入及
高失學率。各種社會問題，如犯罪率高、毒品問題以及家庭暴力
等，都顯示原住民是被主流社會邊緣化的一群人，即使現在做了
各種努力，問題仍然很多。

　　文化保存方面也受到很大的威脅。以語言為例，原住民語從
白人進入澳洲時就開始衰亡，因此，已經超過兩百年的衰亡期。
現在有九十種原住民語存在，但大約只有二十種原住民語保存較
好，可以進行代間傳承。原住民語中，大約有七十多種原住民語
已經瀕臨死亡，主要是因為年輕人已經不再說原住民語。也有幾
種原住民語發展成混合語（creole）。多數的原住民仍使用原住
民語，這些人主要是住在北方與中部地區。原住民語的使用與人
口分布有關，也與都市化的程度有關。絕大多數人都能使用英

語。澳洲原住民語言發展的主要困境在於：不像紐西蘭的毛利
語，沒有任何澳洲原住民語擁有非常多的使用者，大多數的原住
民語只有數千人的使用者。原住民只要認為有需要，可以向教育
當局提出申請，請求原住民語言教育的協助，但是，仍須接受主
流教育。對於兒童及年青人而言，原住民語言教育強調的是提供
語言教育機會，但不要因此失去其在現代社會的機會。

雖然就族語而言，前景不樂觀，但這是所有少數族群所面對
的共同問題。然而，澳洲原住民的語言雖然慢慢走向衰亡，但語
言景觀卻得到較好的發展。語言景觀是指：在公共場合可以看到
人們使用原住民語言（public use of indigenous languages），路
名、標題等愛用原住民語言，語言的使用與語言的地位同時提
高。語言不只是用說的，也可以是用看的。語言景觀對於發展澳
洲的文化獨特性很重要。原住民語言大量被採用，使得人們一談
到澳洲的地名，就會出現富含原住民色彩的名字，對於增加澳洲
的原住民風貌，有十分正面的助益。

雖然傳統的澳洲原住民文化正在衰亡中。而越來越多的澳洲
原住民搬到都會區來居住，也使得澳洲原住民的傳統生活形態起
了很大的變化。但是，傳統文化卻發展出新的形式。當原住民議
題形成一種社會運動，某些原住民的文化元素成為泛原住民共同
認同的對象，甚至成為原住民的文化象徵。例如：澳洲原住民的

竹筒樂器（Didjeridu）就成為澳洲原住民文化重要的象徵，其造型與音色都成為大量複製的符號。[33] 由於這些發展，使得澳洲原住民的文化，提昇到代表澳洲文化獨特性的地位。

澳洲多元文化主義的逆流：「單一民族黨」的興起

澳洲的多元文化主義與新澳洲認同的建立，並非一帆風順，其中經過許多曲折的論辯與發展過程。其中寶琳・韓森（Pauline Hanson）反原住民與反亞裔移民的言論是最具代表性的事件。韓森所代表的單一民族黨（One Nation Party）[34] 強調：澳洲應限制亞洲移民，並終止對土著的優惠。移民只能說英語，更不該保有自己的文化。1996 年 9 月，韓森以新當選的獨立女眾議員的身分在國會發表演說，反對多元文化主義，表示澳洲正面臨被亞裔人士「淹沒」的危機。[35] 自廢除白澳政策以來，韓森與單一民

---

33 Joel Lindheimer, *The Didjeridu: From 'Dreamtime' to a New Emblem of Pan-Australian Aboriginal Identity.* PhD dissertation, University of California, Davis, 2000.

34 One Nation Party 也有譯為「一個國家黨」或「一族黨」，這裡採用比較通俗而普遍的譯法。

35 Pauline Hanson, "Australia, Wake Up!" Pauline Hanson maiden speech to Australian Federal Parliament, Tuesday 10th September 1996, 5.15 p.m. In Hanson, Pauline, *Pauline Hanson-- the Truth on Asian Immigration, the Aboriginal Question, the Gun Debate and the Future of Australia.* Ipswich, Qld.: P. Hanson, 1997.

族黨的興起是澳洲政壇最重要的政治現象。[36] 單一民族黨反對亞
裔移民的言論，被視為澳洲採行多元文化主義所面臨最大的挑
戰。[37]

自從澳洲廢除白澳政策之後，單一民族黨的興起是提倡多元
文化主義最大的逆流，各界出現不同的解讀。有人認為單一民族
黨的興起是一個意外，是兩黨政治技術失誤，加上媒體炒作，才
使單一民族黨的言論得到舞臺（Pattel-Gray, 1997）。[38] 也有人認
為：單一民族黨的興起在澳大利亞有其源頭和社會基礎。除了歷
史上揮之不去的白種人優越感傳統作祟，以及過去長期實施白澳
政策以來所養成的封閉排外心態之外，還有近年來因為經濟困
頓，以及失業率高居不下的挫折感。澳洲政府坐視韓森發表這篇
煽動性的演說，澳洲總理何華德當時拒絕指摘韓森，只表示她有
言論自由。隨後韓森所挑起的火頭如雪球般越滾越大，引起亞洲
地區人士的廣泛關注。至此，很多澳洲人才察覺到：澳洲致力於
為國家營造一個「友善的多種族、多元文化形象」，長年苦心經

---

36 Robert Manne, "Foreword" In Robert Manne ed. *Two Nations: The Causes and Effects of the Rise of the One Nation Party in Australia.* Melburne: Bookman Press. 1998. pp.: 3-9.

37 Greg Sheridan, "Pauline Hanson and the Destruction of the Australian Dream." In Robert Manne ed. *Two Nations: The Causes and Effects of the Rise of the One Nation Party in Australia.*, Melburne: Bookman Press. 1998.Pp.: 169-170.

38 Anne Pattel-Gray, "Indigenous Communications in Australia" Indigenous Communications, Issue 97(3): 36-41. 1997.

營,卻被韓森廉價的種族主義爭論毀於一旦。[39]

　韓森於 1997 年 4 月成立單一民族黨,本來並不特別引人注意,真正讓單一民族黨坐大的是澳大利亞兩大黨的惡質競爭。單一民族黨成軍後,第一次操兵是 1998 年 6 月昆士蘭州的大選。當時聯盟黨的主要政黨自由黨自忖可能會輸給工黨,故想要拉攏其他小黨,就把優先票撥給單一民族黨。它打的算盤是:寧可讓單一民族黨多幾個席次,也不願工黨上臺,以換取單一民族黨的優先票。所以,單一民族黨的興起,聯盟黨難辭其咎。[40] 聯邦總理(同時也是自由黨黨魁)何華德並未制止這種做法,只說由各州的自由黨人自行決定。言下之意,和單一民族黨換票只是選舉策略,非關道德。選舉結果是單一民族黨在選舉中異軍突起,得到成為關鍵少數的席次,成為該州第三大政治勢力。單一民族黨的候選人在地方選舉中興起,主要和澳洲的選舉制度有關。

　回顧單一民族黨在澳洲發展的歷史,單一民族黨興起得很快,但消失得也很快。1997 年以後,其內部的問題逐漸暴露出來。先後傳出單一民族黨黨員對韓森等所組成的領導班底深感不

---

39 Murray Goot, "Hanson's Heartland: Who's for One Nation and Why" In Robert Manne ed. *Two Nations: The Causes and Effects of the Rise of the One Nation Party in Australia.* Melburne: Bookman Press. p. 53. 1997.

40 Margaret Allum, "Hanson Can't Be Ignored" *Green Left Weekly,* September 9, 1998, 332: 1-3.

滿，要求重組領導階層。也有高層黨工對於內部財務狀況提出質
疑。最後，在昆士蘭州議會的單一民族黨在短短一年內失掉逾半
數席位，辭職跟被開革的都有，很快就沒落，反亞言論顯然吸引
不了主流選民的注意，種族問題不是競選的主題。一般而言，澳
洲的小黨既不可能執政，只能從制衡的角度來談。而移民問題涉
及道德問題，就成為小黨集中焦點的地方。至於大黨為什麼不願
意多談移民問題及種族問題，原因是談了不見得吸引得到選票，
說錯話反而很容易失分。於是，澳洲的選舉就形成了大黨談稅
制，小黨談移民及種族問題的局面。

　　單一民族黨在澳洲的興起與沒落，代表澳洲的多元文化路線
已經為主流社會共同接受，偏激的言論固然好像一時之間得到不
少迴響，但事後證明，澳洲仍然是一個成熟的言論市場。所有的
不同意見，僅止於言論層次，凡是禁不起時間考驗的意見，會自
然沒落消失。單一民族黨的現象也反應出：澳洲的新認同路線其
實是在社會的論辯與討論中形成。澳洲既然是多元民主社會，就
會有各種不同的聲音。而由言論市場自由淘汰的方式，證明種族
主義偏狹的單一民族黨最終難以在澳洲社會中得到足夠的支持。

從共和運動的角度看澳洲認同

　　從國家定位而言，澳洲現在仍是一個君主立憲的國家，英國女皇在澳洲的憲法上仍是國家元首。雖然在實際的運作上，英國女皇並未行使其權力，而是指派一個總督代表女皇行使權力。在大部分的情況下，也只有禮儀上的功能。[41] 因此，澳洲在政治現實上與臺灣類似，都有名實不符的情況。澳洲也有一群人希望改變現狀，在政治上要求改變君主立憲的運動，被稱為共和主義。即：主張澳洲應該是個獨立的國家，以建立澳洲共和國為職志。澳洲的國旗也以英國的米字旗為主調，表示其與英國的歷史關係，但這卻是澳洲共和主義者希望改變的國家象徵符號。

　　澳洲的共和主義運動在 1999 年的公民投票中，並沒有得到足夠的支持，所以沒有通過。不過，共和主義運動仍在持續進行中。這個結果須要進一步解釋，反對共和主義運動的人表示：他們也支持共和主義的理念，但現在無意改變現狀，因為他們無法確定改變為共和主義以後會是什麼情況。長期的共和主義運動雖然尚未成功，但「澳大利亞優先」的價值早已深入民間。從歷史的角度來看，即使共和主義運動尚未成功，但主流價值的建立更

---

41 Department of Foreign Affairs and Trade, *Australian Diplomatic Digest: News And Events Defining Australian Diplomatic Practice.* Canberra: Department of Foreign Affairs and Trade, 1997.

值得參考。澳洲如何擺脫傳統的價值觀，改變過去移民總以英國標準為上的思維，建立一個以澳大利亞為中心的認同體系，是值得參考的範例。

澳大利亞憲法改制共和的公民投票結果揭曉，多數人選擇不改變現行憲法，努力了九年的共和主義運動宣告失敗。奇妙的是，各種民意測驗都顯示：高達三分之二的民眾實際上贊成共和制。然而，民意測驗同樣也顯示：共和制在公民投票會失敗，因此，這個投票結果須要精巧的解釋。

早在共和制憲法改革尚未付諸公民投票之前，共和主義運動的成員信心滿滿，認為澳洲改制共和，天經地義。而且各種民意測驗都顯示：多數澳洲人認為，現行君主立憲與反對共和主義的保皇派守舊而不符合時代潮流，澳洲應改制共和。既然得到民眾高度的支持，勝券在握，所以只剩一小撮人做最後的努力。

然而，從共和制憲改方案付諸公民投票以後，情況卻慢慢改變。由於共和制要付諸實現，必須清楚告知：是哪一種方案的共和制？為此，在 1998 年初召開了制憲會議。會議似乎很成功，民間和政界大力支持，選出代表澳洲不同背景的代表共聚一堂，最後討論出一套共和方案出來。這個方案可稱之為「改變最小的方案」。為了降低民眾排拒的心理，這個方案基本上完全保留現行憲制的精神，只是將國家元首改名為總統，由眾議院三分之二

同意通過,其職權和現行英皇代表澳洲總督一樣,只有象徵性的權力,參加儀典和簽署文件。

這個方案卻讓部分強力主張共和制的人士感到不滿。他們認為應該全民直選總統,民意測驗顯示:這批人約占了 16% 到 20%。[42] 這個共和陣營的矛盾被保皇派加以利用。保皇派的競選策略從一開始就緊咬這點,廣告上不提任何與英國皇室有關的訊息,只表示這種共和制不是澳洲人想要的。最後強調:如果想要全民直選總統,就投反對票。這一招果然奏效。反對陣營最後有多名共和主義的大將大力投入,他們積極游說選民,要共和,就要真正的共和。這個方案不好,就要否決。形成反對派中有保皇運動和共和主義分子的景象。

這使得這場公民投票的訊息變得十分混亂。一直到投票前,各路人馬仍在爭辯,贊成是什麼意思?反對是什麼意思?贊成派說,贊成就是贊成共和,反對就是支持女皇。反對派說不是,贊成就是支持這種沒有實質改變的共和制,應該要反對這種改變幅度不大的共和方案。選舉的結果顯示:反對派的競選手段奏效,將原來表示支持共和制的人數,約三分之二,減去支持總統直選的人數,差不多就是最後公民投票的結果。於是,澳洲仍然是君

---

42 Australian Bureau of Statistics, *1999 Year Book Australia*. Canberra: Australian Bureau of Statistics. 1999.

主憲政國家，象徵元首仍是英國女皇，一切照舊。過去九年來聲勢浩大的共和主義運動，投注了無數的財力與人力，最後仍然回到原點。這個結果或許可以說明：澳洲人對憲政改革比較保守，如果改革方案不甚理想，多數人寧願維持現狀，卻不能單純地解釋為澳洲人對英國王室戀戀不忘。

　　澳洲這次公民投票顯示，公民投票對於解決複雜的憲政問題多麼有限。由於公民投票多半只能將複雜的問題化約為是非題，對於民眾期待多種選擇的思考空間顯得無能為力。對於公民投票方案的不同解釋，只能自由心證。而公民投票也對希望改變現狀的一方比較不利，因為要改變現狀的一方必須說明是那一種改變方案，很容易顧此失彼，這才是這次澳洲共和改制失敗的主要原因。澳大利亞公民投票否決了憲法改制共和的建議方案，這出乎許多人的預料。多數澳洲人選擇了不改變現行憲法，因此，澳洲仍是君主立憲國家，而國家元首仍是英國女皇。共和主義為何在公民投票會失敗，有公民投票制度設計的問題。

　　這次公民投票結果，共和制憲法改革方案大敗，在澳洲六個州之中，只有維多利亞州取得勝利，其他各州都是反對票多於贊成票，否決了這個方案。外國許多媒體表示：澳洲人仍對英國女皇情有獨鐘，這是錯誤的解釋。一般民意測驗顯示：澳洲只有大約 10% 的人支持效忠英國王室。而反對共和主義的保皇派被視

為守舊而不合時代潮流。公民投票的失敗，比較合理的解釋是，目前提出來由國會選出總統的共和憲改方案沒有得到足夠的支持，此一憲改方案沒有通過。

這種對澳洲傳統價值的肯定，而對於改革缺乏信心，可以從這次投票中清楚地看出來。尤其在鄉村地區的投票最明顯。這反應了澳洲重新肯定其原有根植西方的傳統價值的趨勢。過去有一段時間，澳洲漸漸和西方傳統價值遠離，希望尋求自己的生存之道。經過一段時間的摸索之後，現在又開始重新肯定西方傳統價值，如民主與人權觀念。澳洲大力介入東帝汶問題，即是以人權觀念領軍，參與亞洲事務。澳洲將保留自身特色介入亞洲事務。澳洲在外交上的轉變毋寧是很清楚的。澳洲人更不願輕易嘗試看不到確定的利益的改變，而肯定澳洲現行制度。表現在本次公民投票上，也是很明顯的轉變。對於共和主義運動主張要切斷和英國王室的關係，澳洲顯然對於自身源於西方的傳統顯得更有信心。然而，這僅僅表示其理念成為澳洲的主流思想。這種投票思維方式相當具有澳洲特色，反應了澳洲民間不信任政治人物的傳統，而無疑地，這種傳統也根源於西方的民主傳統。

結語：富含多元文化主義的澳洲認同

從以上的分析，我們可以知道，澳洲的文化認同已經卓然成

型。考察其歷史變化，今天澳洲文化認同的內涵，其實主要是在一段相對而言不算長的時間內建立起來的。主要是在 1960 年代到 1970 年代之間，發展出以澳洲自身文化經驗為主體的歷史觀，而由此歷史觀所觀照到的澳洲與亞洲的關係，促使澳洲改變移民政策，廢除白澳政策，接受各地移民，而形成多元文化政策。澳洲的多元文化政策是以接納各種不同文化為核心思想。其實在多元文化主義的充實下，澳洲本土的文化傳統的核心價值反而受到肯定，從而吸收各地的文化。其中，澳洲原住民的文化，居於核心的位置，成為發展澳洲文化獨特性的關鍵。

Joanne Petitdemange 認為文化認同可以分成三個領域：發展（development）、表現（expression）和採證（evidence）。「文化認同是由諸如習俗、價值觀、傳統、態度、信仰和溝通方式等等無形的事物中，被發展（develped）出來的。文化認同透過藝術、文學、設計、正式的和非正式的溝通系統（例如電視、報紙、網際網路、談話、公開會議）等等智識性的工具，被表達（expressed）出來。並且，文化認同藉由物質環境，諸如建築物、街景、風景和家庭器皿等日常用品等等，而被證明（evidence）出來。」不管是發展、表現、採證，都必須從澳洲本土化起始，然後再一步步達成共同的「文化認同」。[43]

---

43 Joanne Petitdemange, "Cultural Identity", Ruth Rentschler ed. *Shaping Culture Arts &*

1988 年，適逢澳洲白人移民赴澳兩百周年紀念。澳洲政府重新整理國家主義的觀念和理論，最後由官方發表聲明，將澳大利亞描述為：

一、是一個原住民與非原住民的國民之間誠摯尋求「和解」的國家。

二、一個多元、而非單一文化的國家。

三、一個公共生活中男女差異很少的國家。

四、由民族的網絡所建構成的國家，而非由截然的邊界和領土主權所界定的國家。

五、是個泛太平洋的亞洲國家，而非「西方」國家。

六、是個具有高度文化意識的國家，並藉由文化想像界定國家共同體。

這些內容很顯然是澳洲新文化認同的重要面向。可以說，澳洲在短短的幾十年的時間內，將由澳洲本土經驗發展出來的澳洲文化認同，成為澳洲的主流社會價值，這算是難能可貴的成就。否則一般而言，多少國家面對歐洲優位的文化，能有自信發展新的文化認同觀念。而澳洲文化認同的轉變，仍然是從澳洲自身的

Entertainment Management, Deakin: Deakin University Press, 1998: pp. 49-60.

經驗出發，並沒有放棄原來的文化基底。但是，卻以多元文化主義的立場，接受並吸納原住民與亞洲移民的文化，成為在國際舞臺上，一個自信而有獨特文化內容的國家，是特別值得參考的文化轉變歷程。

第十章

從移民政治看澳大利亞

　　本章旨在記錄 1990 年代後期澳大利亞華人社會華人參政的結構性改變，由原來的相對散漫而少有華人參政，轉變為集會結社，投身政治，產生極大的轉變。[1] 本文認為：這種轉變是在特定的歷史時空中，由華人社群與澳洲主流社會的變化互相激盪生。為了有效地彰顯這個轉變在華人社會比較研究中的意義，本文利用市民社會理論來建構一個看待移民社會政治參與的參考架構，並提供海外華人的視野。利用這個視野回過頭來檢視澳洲華人發展史，並討論 1990 年代後期澳洲極端派反移民勢力的興起，及其對華人社會的影響。筆者認 澳洲華人社會這個轉變提供了一個華人參政的良好典範，即以少數族裔身份在公民社會中參與政治活動，從而改變主流社會的思維。

1　本章修改自發表在《華僑華人歷史研究》之期刊論文，原文請見楊聰榮，〈在「一個國家」和「多元文化主義」的激盪中成長——從公民社會模式看澳大利亞華人的參政空間〉《華僑華人歷史研究》，第 2 期，2002。

1990 年代澳洲華人的危機與轉機

在一場澳洲學者專為寶琳・韓森現象而辦的學術研討會上，幾位學者表示，韓森與「單一民族黨」的興起是澳大利亞政壇自廢除白澳政策以來最重要的政治現象。[2] 對於澳洲華人而言也是如此。如果說廢除白澳政策改變了澳洲華人的人口組成，那麼，單一民族黨的興起則引發了澳洲華人政治參與的熱潮。單一民族黨反對亞裔移民的言論被認為是澳大利亞採行文化多元主義最大的挑戰，對於華裔社群來說，原本是一場危機，這種危機感引發了澳洲華人的參政熱潮，卻是轉機的開始。自 1990 年代中期開始，在短短的時間內，澳洲華人社群主導了一個多元族群政黨的成立，分別在 1998 年聯邦大選以及 1999 年新南威爾斯州大選中推出十多位華裔參選人，和過去澳洲華人默默耕耘而不熱衷政治的現象大異其趣，成果也相當可觀。新南威爾斯州出現三位華裔參議員，墨爾本市的副市長也由華裔擔任，澳大利亞兩大埠雪梨和墨爾本都先後分別出現華裔副市長。這對 1988 年才出現第

2　會議中多位學者以不同的方式表示了同樣的意見，參見 Robert Manne, "Foreword" In Robert Manne ed. *Two Nations: The Causes and Effects of the Rise of the One Nation Party in Australia.* Melburne: Bookman Press. 1998. Pp.: 3-9. Greg Sheridan "Pauline Hanson and the Destruction of the Australian Dream." 同書 , Pp.: 169-170.

一位州級以上參議員的澳洲華裔社群而言，[3]是難以想像的成果。
因此，澳洲華人參政現象成為各地海外華文報刊相關報導的焦
點。[4]本文將以此現象作為分析的起點，從前因後果來討論澳洲
華人的參政空間，以及這個現象本身所包含的可能意義。

華人移民及其後裔是否能在當地國參政，[5]向來是當地華人
社區關注所在，也是各地華文報刊都感興趣的題材。華人移民在
當地國的參政不僅僅被認為是華人從政者個人的成就，也被視為
一個地區華人社群整體政治地位的表徵。本文將以澳洲華人的個
案，從公民社會的角度來討論華人參政現象，[6]以作為理解當代
各地華人社會的參考座標。文中建議在討論各國華人參政現象
時，首重各地的基本條件的差異，如人口結構、人口分布、政黨

---

3 第一位澳洲華裔成為州級以上的議員應屬何沈慧霞（Helen Sham-Ho），1988 年 3 月
　成為新南威爾斯州參議員，隨後在南澳州的余瑞蓮醫生在 1990 年 11 月當選南澳州
　議會參議員。第一位晉身聯邦議會的澳洲華裔應為劉威廉，1990 年成為聯邦參議員。
　可以說州級以上華裔民意代表的出現，是十分晚近的現象。

4 例如亞洲週刊第 41 期（1998 年 10 月 18 日）報導，以「澳華人告別百年孤寂」為標
　題來說明這一現象，並且表示「澳洲華人在大選中成為關鍵少數，展現前所未有的團
　結。華人移民數增加，在政治及藝術、文化領域漸露頭角，融入主流社會，逐漸擺
　脫封閉積習，積極爭取權益，遏制種族主義逆流。」，賦予超越政治領域的意義。

5 在本文中「華人」與「華裔」將交互使用，視上下文而定，而不做區分。這是因為
　在澳大利亞有許多華人家庭曾經多次遷徙，最後才來到澳大利亞，區別誰是移民誰
　是移民後裔沒有多大意義。

6 對於澳洲華人最近的參政現象，本文主要取材自澳大利亞的華文報刊，主要原因是
　這段期間澳洲華文報刊的報導重點和輿論焦點都集中在這方面。但在英文報刊上卻
　少有相關報導，即使有相關報導，也不會將華人議題特別標示出來。這是因為英文
　報刊必須反映主流價值，也必須照顧來自世界各地的移民，所以在近年來幾次選舉
　的各種報導中，並未特別關照華人參政現象。

組織與國家體制等的不同，乃至於歷史發展的變遷過程，都是影響各地華人參政的重要因素。此外，仍可從少數族裔在公民社會的發展空間來比較各國華人的參政現象，意即：由少數族裔參政在公民社會的不同參與層次的質的比較。由此角度觀察 1990 年代的澳洲華人參政現象，可發現參政熱潮除了參選和當選之量的增加，還有更積極的意義。澳洲華人參政可視為以公民社會的邏輯，和政治社會進行有效地互動與對話，從而讓主流社會調整心態，重新肯定文化多元主義，尊重族裔社區的意見。對各地華人參政的現象而言，能夠達到這個層次的參與是澳洲華人熱潮最重要的意義。

從公民社會理論看移民的政治參與：海外華人的視角

為了將華人參政問題及公共參與等相關問題的討論，結合一般華文媒體的興趣及學術研究的討論，以及將議題放在比較研究的基礎上，提供討論各國華人社會的架構，這裡先對幾個經常出現在華文報刊的觀念加以分析。以下分別討論「政治參與」和「公民社會」兩組觀念，把它們放在移民社會中少數族群的討論脈絡，把華人參政問題帶入，然後再討論澳洲華人的參政現象。

首先討論「公共參與」與「參政」。公共參與是指社會成員對於公共事務的參與。參與範圍從公共事務的意見表達、決策、

執行與資源分配等都包括在內。有不同層次的參與，可以是主動
的參與，也可以是被動的參與。以移民社會的討論而言，一般指
的是主動參與，而非因為居住在當地而被動參與。[7]主動參與的
方式很多，從個人對社區事務的意見表達到組織性地參與公共事
務都是。移民是否熱衷參與公共事務，各族裔差別很大。一般說
來，移民社群投入公共事務參與的程度比較低。除了生活適應等
問題之外，還受到移民來源地的政治文化的影響，這可能是一般
亞裔社區對公共事務投入較少的原因之一。但是，公共參與是政
治參與的基礎實力所在，成員平時要有廣泛而深入的公共參與，
少數族裔在參與政治時才易於被接受，也才能動員必要的資源。

　　公共參與表現在政治層面上，是為政治參與。政治參與的管
道很多，最基本的是投票。還有其他的政治參與管道，如擔任公
務員、參與遊說團體、參加政黨、協助籌款，乃至於協助競選活
動等都是，直接從政只是其中一種參與方式，即以爭取政府職位
或民意代表等政治職務的公共參與方式。這種參與方式直接涉入
政治運作的機制與權力的分享，且外顯性最高，對任何少數群體
而言，都是最具有指標性意義的參與方式。

7　例如澳大利亞採取義務投票制，即：每個屆齡公民都有投票的義務，必須參與投票，
　否則會受到罰金處分。因此，和其他地區華人一般投票率偏低的情況不同。雖然投
　票本身即是公民對公共事務參與最重要的方式，但是在澳洲華人的例子中，我們必
　須討論更為積極的方式。

　　公共參與對於移民而言格外重要。移民來到當地國（或稱居
住國），不僅在數量上來說是少數，在公共參與上因不諳當地習
慣，未必能被當地人接受。或是因為移民社群的自我保護性格，
一般在公共參與的程度上總是比當地人低得多，因此在公共事務
決策的影響力較小。這種情況不利於移民社群，不論對移民社群
融入當地，為當地社會所接受及尊重，或是最起碼的保障移民社
群的權益都是不利的。鼓勵移民多從事公共參與工作，能大大提
昇該社群在當地的形象及實質影響力。然而，受到主觀及客觀的
因素的影響，移民的公共參與有一定的侷限，這是公共參與空間
的問題。[8]

　　政治參與則涉及實際的權力運作關係，是否投入政治參與對
移民社群影響很大。從政治學理而言，投票即是公共意見的表
達，可以反應不同族群的利益。但實際上，移民的群體利益卻未

8　以具體實例而言，各國都有某些領域，華人參與的空間很小，或受到有形無形的限
　　制。例如：在馬來西亞擔任警察與軍人的華人遠低於人口比例。在印度尼西亞也很
　　少有華人擔任公務員。在美國，過去華人子弟要成為新聞主播是難以想像的事，後
　　來宗毓（Connie Chung）才打破了這個禁忌。然而一般而言，華裔要成為娛樂界及文
　　化界的公眾人物，空間仍相當有限。在澳大利亞也有類似的狀況，過去在娛樂界及
　　文化界的公眾人物中，幾乎沒有華裔的身影，後來 Annette Shun-Wah 開了頭，給其
　　他對相關工作有興趣的華裔是相當大的鼓勵，詳見 Annette Shun-Wah "Being Chinese
　　in Australia: A Personal Journal" *Imagining The Chinese Diaspora: Two Australian
　　Perspectives*. Canberra: Centre for the Study of the Chinese Southern Diaspora, ANU.

必能在選票中合宜地反應出來，同樣受到許多主客觀因素影響。[9]
客觀因素包括法律上對移民的限制、人口的比例、選區的劃分、
選民的分布甚至選舉制度等等，都是決定移民投票是否具有影響
力的最基本條件。由於移民通常是少數民族，而投票選舉則是多
數決，移民的影響力不容易直接反映在選票上。主觀因素包括有
些移民來自民主政治文化較不發達的地區、移民不熱衷當地政治
參與、投票率偏低、不喜歡公開表達意見、擔心意見和主流意見
不合會有不良後果等等，也都會影響移民社群的投票行為所反應
的意見與影響力。除了投票以外，這些主客觀因素也會影響移民
社群的其他政治參與方式，而傾向尋求特定的政治參與方式，
如：華裔社群所熟悉的競選籌款活動，或尋求支持主流社會中特
定代理人為其群體利益發言。

　　一般而言，各地華人移民在投票行為中所反應的意見及其影
響力，經常少於華裔社群的人口比例，或是和特定的少數意見團
體相比相形見絀。[10]華人擔任公務員、參與遊說團體、參加政黨、
協助籌款，乃至於協助競選活動等等時有所聞。這些幕後型的政

9　有關移民的政治參與的討論有相當多的文獻，但在澳大利亞，對移民社群的政治參
　　與的討論文獻非常有限，主要是政府部門的報告，參考 James Jupp, *Focused study on
　　the political participation of ethnic minorities in Australia.* Canberra: Australian Govt. Pub.
　　Service, 1989.

10　考量各個華人移民較多的國家，這樣的陳述大致可以成立。在馬來西亞、泰國、菲
　　律賓和印度尼西亞等國家，華人選票的影響力小於其人口比例。而在美國、加拿大、
　　紐西蘭等移民國家，華裔選票的影響力也比不上特定的少數族裔或意見團體。

治參與很重要,是政治實力的基礎。然而,最受矚目者,還是有華裔直接投入公職的競選活動,因為經過公開競選而當選,代表受到當地社會的接受,這不僅是個人的成就,也被視為華裔族群的榮耀,對於移民社群的地位及形象都有正面積極的影響。一般討論的華人參政,是指華裔人士直接投入公職的民主競選為主。

然而,當少數族裔代表投入主流社會的民主競選時,立刻浮現出競選人和主流社會的關係的問題。因為民主競選是數人頭,數人頭則是多數族裔占優勢。即使選舉的議題導向不一定涉及族裔問題,也必須考慮主流社會的傾向與偏好。除了參與選舉會涉及主流社會的價值取向之外,少數族裔代表到底以什麼立場參選也成為問題。意即:必須考慮是否加入主流政黨?是否和其他勢力結合?是否專門關注少數族裔問題?還是也要關注其他主流社會關心的各種問題?在考慮與主流社會關係的同時,也必須考慮在少數族裔社區的接受程度。尤其是在少數族裔社區內部分歧性很高時,如何整合不同支持勢力,取得平衡,都是少數族裔代表經常面臨的課題。

由於主客觀條件的不同,各地華人政治參與現象難以比較,相關討論必須將各地區的主客觀條件先討論清楚。然而,各地華文媒體爭相報導各地華人參政現象,相當於在「華人跨國公共領

域」中，因為資訊的流通，而不斷使讀者產生比較性的聯想。[11]
為了協助我們對各地華人政治參與現象具有比較研究的基礎，必
須引入「公民社會」（civil society）的理論。因為要將華人政
治參與現象放到當地國家的脈絡來討論，則必須討論社會的性質
及與國家的關係。

　　「公民社會」是政治社會學的專有名詞，隨著學術界採用相
關理論來從事幾個不同華人社會的研究，[12] 也經常在各種華文報
刊出現。雖然提出公民社會的論者很多，各有不同的說法，但是
在近代西方的討論脈絡中，「公民社會」被提出來和「政治社會」
（political society）相對稱。公民社會是指超乎個人或者家族等

---

11 這裡借用龔宜君論全球華人網路的名詞「華人跨國公共領域」來指稱各地華文報刊
　　的論述所構成的公共空間。各地華文報刊有論述其他地區華人相關新聞的傾向與傳
　　統。似乎可以說，早在 1930 年代，這個論述空間因各華埠聯合籌款活動時已儼然成
　　形。隨著海外華文報刊的勃興，而使這一論述空間更為明顯。有關「華人跨國公共
　　領域」的討論，詳見龔宜君〈全球化下華人跨國公共領域的形成：印尼風暴後全球
　　華人網路動員的意涵〉《東南亞區域研究通訊》，1998，第五期。關於公共領域（Public
　　Sphere）的討論，參考 Jurgen Habermas, *The Structural Transformation of the Public
　　Sphere: an Inquiry into a Category of Bourgeois Society.* translated by Thomas Burger in
　　association with Frederick Lawrence, Cambridge: MIT Press, 1989.
12 以公民社會理論模型來從事華人社會研究，以中國本土為研究對象已經有了相當的
　　成果，例如 Philip C. C. Huang, "'Public Sphere' / 'Civil Society' in China: The Third
　　Realm Between State and Society", Modern China, 1993, 19(2). Timothy Brook and
　　Michael Frolic eds., *Civil Society in China.* Armonk, NY: M.E. Sharpe, 1997. Wang
　　Miaoyang, Yu Xuanmeng and Manuel B. Dy eds., *Civil Society in a Chinese Context.*
　　Washington: Council for Research in Values and Philosophy, 1997. He, Baogang, *The
　　Democratic Implications of Civil Society in China.* New York: St. Martin's Press, 1997.
　　William T. Powe, "The Problem of Cvil Society in Late Imperial China", *Modern China,*
　　1993, 19(2). 但以所謂海外華人社會為研究對象則還不多見。

原初性連帶關係的群體組織關係及人際關係所構成的空間,而政治社會則是由政治權力的組織法則所形構的空間。如果以現代國家的政治形態來討論,公民社會和政治社會的關係相當於社會與國家的關係,兩者關係密切。然而,如果要形成健全良好的公民社會,則必須考慮雙向的互動關係。一是社會形塑國家的過程,即政治社會化,把社會關係的意旨反應到政治的安排之上。反向的關係是國家形塑社會的過程,透過國家的有效介入來維持公正規範,實現社會正義。[13]

公民社會有公民社會的邏輯。因為公民社會中存在各種集團與組織,各有各的旨趣及利益。良好健全的公民社會應該給予自由的空間,讓各種集團和組織互動,追求各自的目標和利益,不應受到政治社會的權力邏輯的影響而導致發展空間被壓縮。但是,公民社會也須要國家介入,制定公平的程序、規則及規範,由國家從法律上加以確認及保障,才不致使各種不同的身分、階級、組織等為了自身利益而危害他人的利益。同時政治社會也有政治社會的邏輯。如果政治社會萎縮,對公民社會的發展也構成問題。這會使社會缺乏制度化及程序化的機制,同時也易於導致社會的全盤政治化。同理,健全的政治社會也必須吸納公民社會

---

13 關於西方社會傳統的公民社會理論,參考 Robert Fine and Shirin Rai eds., *Civil Society: Democratic Perspectives.* London: Portland, 1997. Jean L. Cohen and Andrew Arato, *Civil Society and Political Theory.* Cambridge: MIT Press, 1992.

的需求，把各種集團及組織的利益合理地反應在政治的安排。因此，政治社會和公民社會的良好互動對於形塑一個良好的公民社會是極為重要的。[14]

回過頭來以這個政治社會與公民社會的互動模式來看華人參政問題。華人參政爭取少數族裔的權益，可視為新社會運動（new social movements）的一環，即是以認同為核心，但在公民社會中，要求承認差異的社會運動。[15] 華裔是移民社會的少數族裔。不論是少數族裔集團推出的代表，還是主流政黨安排的少數族裔代表，一旦被認知為少數族裔，即反應公民社會中特定集團的利益，而參選本身則意味著公民社會的特定集團的利益如何在政治社會中呈顯。因此，華人參政問題與少數族裔參政課題的比較，應該放在參與政治社會和公民社會互動的過程來討論。在此把華人參選的情況分為幾個層次，在這幾個不同層次中做質的分析，而不是量的討論。

第一個層次是參選。少數族裔能否有機會參選，某種程度上已經反映出一個國家的公民社會健全與否？有沒有足夠的空間讓

---

14 關於不同身分的社會群體如何在公民社會的模式中和國家及社會中的其他集團互動，詳見 Craig Calhoun ed., *Social Theory and the Politics of Identity.* Oxford: Cambridge, 1994. 其中少數族裔爭取權益的運動是其中典型的例子。

15 關於新社會運動在公民社會模式中的實踐，詳見 Enrique Larana, Hank Johnston, and Joseph R. Gusfield eds. *New Social Movements: From Ideology to Identity.* Philadelphia: Temple University Press, 1994.

少數族裔參與政治？如果連參與競選的可能性都很小，表示這個公民社會的空間被主流政治勢力滲透壓縮到連保障基本權利都不可得。可否參選牽涉到不同程度的限制。除了法制上的限制以外，還有心理上的限制。一般情況下，如果沒有當選的可能，也會阻礙少數族裔參選的可能。[16]

　　第二個層次是參選者代表的是單一族裔的利益？還是可以結合不同的集團利益？少數族裔人士參選，如果只是做為單一族裔的代表，意味著在公民社會的互動中，是以原初性的連帶關係為動員力量。這樣的公民社會雖然也可以反應部分社會集團的利益，但也意味著少數族裔將維持少數族裔的支持，優勢集團贏得優勢的局面。少數族裔沒有機會透過公民社會的機制反應其意見及旨趣，對於公民社會中各族裔之間的對話並沒有幫助。過去部分亞洲國家的華人社會即反映出這種情況，這就是公民社會未臻成熟的表徵。如果能夠結合不同集團勢力的支持，代表這個公民社會不同族群的利益可以互相折衝協調，產生新的社會關係和旨

---

16 例如：過去在印度尼西亞，有任何華人特徵的人士都無法有參與政治競逐的機會，是政治社會壓迫公民社會的實例。泰國及馬來西亞都有重要政治人物因有（或可能有）華裔血統而被對手攻擊的情況，可見當地仍未能平等包容各族裔參政。同一個國家在不同層級的職位競選也有不同的情況。如：對美國華人而言，競逐州長不再是不可想像的事，至少有駱家輝為前例，但華裔人士競逐總統仍然難以想像。就這一點來說，澳大利亞到現在仍然沒有華裔人士競逐州級行政首長，但參加國會議員大選在 1990 年代則成為平常之事。

趣，是公民社會成熟的表徵。[17]

　　第三個層次是當選與否，對少數族裔代表而言，能否當選反映出政治社會對於公民社會少數集體勢力的吸納與呈現。當選即表示參與到政治社會與公民社會的互動過程，透過制度性的機制，將公民社會的議題帶入政治社會，而參與公共決策的過程，又可形成公權力反饋到公民社會。對少數族裔而言，是否有合乎比例的代表當選公職，一直是討論少數族裔參政的重要依歸。然而，重點並不在於當選公職的比例是否反映少數族裔的人口比例，而是當選公職是否可以扮演聯繫公民社會與政治社會的機制。如果只是將少數族裔代表視為政治花瓶的角色，作為裝飾，聊備一格，則仍表示其公民社會的機制不健全。[18]

　　第四個層次是參政過程中是否對於政治社會與公民社會的互動關係中產生良性的影響，許多時候少數族裔參與政治競選，只能接受既有的遊戲規則，既有的遊戲規則通常已經隱含了主流政治集團的宰制力量。如果少數族裔參政，不單是接受主流政治勢力的權力邏輯或是價值觀，而是進一步希望和政治社會的權力邏

---

17 例如：美國華裔參選時，經常得到其他亞裔人士或主流社會的協助，即是在公民社會中族裔互動的結果。在加拿大和澳大利亞也有同樣的情況。如果華裔參選無法突破華裔社群的選民支持範圍，以選區內的人口比例來看，大多無法當選。

18 根據一項比較研究顯示，澳大利亞做為一個以移民為主所構成的國家，具有不同族裔背景的民意代表明顯地比其他移民國家要少。這項研究是比較美國、英國、加拿大、澳大利亞、紐西蘭五國的國會議員為海外出生者的比例而得出的結果，詳見〈未獲政黨分配安全議席，移民當國會議員比率低〉《澳洲新報》1999 年 3 月 13 日。

輯產生對話，溝通不同的價值觀，從而在政治社會和公民社會相互形塑的過程中形成新的價值與運作原則，才能改變既有的政治社會和公民社會交互運作的邏輯，在形塑新的公民社會空間的過程中加入新的元素。這是少數族裔在公民社會中政治參與的最佳境地，才是少數族裔突破政治弱勢宿命的理想程序，這種貢獻及影響才是可長可久。

這四層次的政治參與架構可以用來比較各國華人參政現象。這種比較不是以量化的方式來衡量，而是以質化的形式衡量。由於各國的基本條件差異很大，華人社群在各地的情況也不相同。如果要討論各國華人參政的情況，必須先瞭解這些基本條件的不同。以下先描述澳洲社會的基本性質以及華人社群的結構，然後再述及 1990 年代澳洲華人參政的發展，以求在較具動態發展的背景下瞭解現況，最後再以這個四個層次的分析架構來評估澳洲華人的參政空間。

澳大利亞多元移民社會的組成與華人社群的結構

澳大利亞是個以移民為主所構成的國家，並號稱是多元移民所構成的國家，其移民來自世界各國。除了現在所謂的「澳洲原住民」（Australian Aboriginal and Torres Strait Islanders），其他都是後來的移民。因此，理論上，移民只有先來後到的區別，

不應區分誰是主人？誰是客人？但在實際上卻非如此。澳洲經過
以英國白種人後裔為主的移民開墾一百多年之後，才以聯邦的型
態獨立建國。等於說國家體制已經定型之後，才有各地的移民大
規模移入。所以澳大利亞有個清楚的主流社會，是以英式文化為
基底，經過澳大利亞這種塊土地的淬煉，而產生所謂的澳式風
格。後到的移民都有機會體驗到這種澳式風格，並認知主流社會
的存在。[19]

　　澳大利亞是個以歐洲白種人移民，尤其是英國移民為主所組
成的國家。此外，澳大利亞原住民和非白種人移民也是重要的組
成成分，而非白人移民則以亞洲人最為顯著。澳大利亞的白種人
移民從未間斷。[20] 除了來自英國和紐西蘭的移民持續成為最主要
的移民之外，其他的白種人移民早期以來自西歐為主，如德國、
法國、荷蘭、西班牙等都有不少移民。戰後以南歐移民為主，以

---

19 在澳大利亞的報章及學術論文中經常用到 mainstream society（主流社會），
　mainstream parties（主流政黨），都是假定這個主流社會的存在。就澳洲國家政策的
　決策過程而言，主流社會的存在是很清楚的，和移民社會有相當的距離，詳見
　Michael Wooldrdge, "A Pathology in the Political Process?" In Robert Manne ed. *Two
　Nations: The Causes and Effects of the Rise of the One Nation Party in Australia.* Melburne:
　Bookman Press. 1998, Pp.: 178-192.
20 直到現在澳大利亞每年的移入人口都是以英國或紐西蘭分居第一和第二位，直到
　1980 年代，亞洲地區移民人數的排名才擠到前五名。然而，來自其他地區的白種移
　民始終不曾間斷過。詳見 Commonwealth Bureau of Census & Statistics publication,
　Australian Demography. Sydney: Commonwealth Bureau of Census & Statistics
　publication, 1993.

義大利、希臘等為大宗。然後是來自前蘇聯及東歐各國的移民快
速增加。[21] 則以南非和前南斯拉夫的移民為多。澳洲的非白種人
移民以亞裔居多。就人口總數而言，亞裔移民並不顯著。[22] 亞裔
移民之所以受到矚目，並非基於移民總數較多，而是亞裔移民在
外貌上和主流社會的白種人的差異比較突出。在大都會的街頭似
乎可感受到亞裔移民增加了，但其實亞裔移民的人口增加比例並
不顯著。

　　亞裔移民之所以比較顯著，基於以下幾個事實：第一，除了
亞裔移民以外，其他非白種人移民的人數很少，如來自非洲、中
東以及中南美洲的移民人數很少，亞洲移民因此凸顯出來，非白
種人移民和亞洲移民經常被劃上等號。第二，絕大多數的亞洲移
民是在 1970 年代後期，澳大利亞宣布正式廢止白澳政策之後，
才移民澳洲。亞裔移民的增加，對於過去單純以白種人為主的主
流社會而言，很容易感受得。第三，亞裔移民喜歡住在大都會，
也很容易有聚居的現象。商家用不同文字的招牌，來自亞洲各國
的餐廳開張，提供和西式餐點極為不同的食物，甚至各大埠都有
中國城以及亞洲食品店，都是顯而易見的。第四，部分亞裔移民

---

21 關於這些非來自西歐的白種移民增加的趨勢，詳見 E. F. Kunz, *Pisplaced Persons: Calwell's New Australians.* Sdney: Australian Naional University Press, 1988.
22 關於在澳大利亞的亞洲移民的相關統計，詳見 Christine Inglis ed. *Asians in Australia : the Dynamics of Migration and Settlement.* Singapore : Institute of Southeast Asian Studies, 1992.

具有商業背景或專業人士資格，易於進入傳統上第一代移民不易跨足的領域，如醫師、會計師、建築師或金融投資等圈子，能見度較高。

在亞裔移民之中，華裔移民人數最多，但組成也最複雜。但在各種官方統計中，則未必會顯現出來。[23] 華裔移民眾多，其實是不同的歷史階段有不同地區的華裔移民前來澳大利亞居住。以時間順序及其來源地而言，有十九世紀淘金熱時代來澳華工的後裔，以說臺山話的四邑人士為主。其後裔和不同族裔通婚的情況很普遍。某些特定地區的華人傾向於和澳洲原住民通婚，但因為父系的姓仍然保留下來，或家族史易於追溯，不少有華人血統者樂於自認或被認知為華裔，例如 1990 年華裔人士第一位當選聯邦參議員的劉威廉（William George O'Chee），[24] 以及 1999 年

---

23 以 1993 年到 1997 年移民到澳大利亞的人口出生地統計為例，依大小順序分別為紐西蘭：53.6 千人（13.0%）；聯合王國與愛爾蘭：53.2 千人（12.9%）；中國：28.9 千人（7.0%）；越南：21.0 千人（5.1%）；香港：19.5 千人（4.8%）；菲律賓：17.2 千人（4.2%）。這個數據不會讓人感到華裔人口有較多的趨勢，詳見 Australian Bureau of Statistics, 1999 *Year Book Australia*. Canberra: Australian Bureau of Statistics. 1999.

24 劉威廉，1965 年生於昆士蘭州，祖籍中國廣東省中山縣。在昆士蘭政府學校受教育，後前往英國，就讀牛津大學法律系學士。1990 年五月獲得昆士蘭州國家黨提名，成為澳大利亞第一位聯邦參議員。其實他只有四分之一的華人血統，但根據華人以父系為主傳統的仍是華裔，在華文報刊上經常有他的消息。他本人也樂於和華裔社群往來互動，並以其華人血統為傲。

當選墨爾本副市長的李錦球（Hon Wellington Lee），[25] 都有這種背景，算是第四代或是第五代華裔移民。

在廢除白澳政策之前就留在澳大利亞的華裔移民人數終究有限。[26] 據統計，人數最少時僅餘數千人，受到澳洲社會的排斥，[27] 或在當時澳洲社會不易包容異質文化的氛圍下被同化。可以說，直到白澳政策廢止之前，對後來的移民採取同化政策。[28] 在實施白澳政策期間（1901-1973），對華人入境管制比較嚴格，僅有少數華裔人士得以入境。[29] 然而，到了 1960 年代，政策已經比較寬鬆，部分華人因為就學或工作的關係而取得居留權。1999

---

25 李錦球，1925 年生於達爾文，祖籍中國廣東省臺山縣。原是藥劑師，熱衷社區服務工作，主要活動地區是在墨爾本市或是維多利亞州。活躍於退伍軍人協會、紅十字會、獅子會及華人社團聯合會等社團。自 1977 年起，先後擔任多次墨爾本市政局議員，是最早投身市政議員的華裔。1999 年由市政局議員轉任墨爾本副市長。

26 參考 Wang, Sing-wu, *The Organization of Chinese Emigration, 1848-1888: With Special Reference to Chinese Emigration to Australia.* San Francisco: Chinese Materials Center, 1978.

27 關於白澳政策期間，以華人為主的亞洲人在澳洲的情況，詳見 Barry York, *Admissions and exclusions: Asiatics and other coloured races in Australia: 1901 to 1946.* Canberra: Centre for Immigration and Multicultural Studies, 1995.

28 關於早期澳大利亞對移民的同化政策，參考 Christine Brenda Inglis, *The Darwin Chinese : a study of assimilation.* Canberra: The Australian National University, 1967. 以及 Ronald Taft, *From stranger to citizen: a survey of studies of immigrant assimilation in Western Australia*, London: Tavistock, 1966.

29 關於華裔移民所受到入境時比較嚴苛的規定，詳見 Barry York, *Immigration restriction 1901-1957: annual returns as required under the Australian Immigration Act between 1901 and 1957 on persons refused admission, persons who passed the dictation test and departures of coloured persons from Australia.* Canberra: Centre for Immigration and Multicultural Studies, 1992.

年當選新南威爾斯州參議員的黃肇強醫生（Dr. Peter Wong），[30]
以及同時當選的前雪梨市副市長曾筱龍（Henry Tsang），[31] 都在
這個時期移居澳洲，算是第一代或第二代華裔移民。今日的澳
洲，主要還是在白澳政策正式廢止以後，才有大批各地華人入
境，構成今日澳洲華人的風貌。[32]

澳洲大批華裔移民最早來自中南半島，主要是以難民的身分
來到澳大利亞。尤其是西貢淪陷以後，大批越南華人夾雜在越南
船民中向外奔逃，澳大利亞基於人道因素收容其中一部分。同樣
情況的移民有來自柬埔塞、寮國和東帝汶。對澳大利亞而言，這
是自白澳政策正式廢止以後，人數最多的一批亞裔移民，以至於
留給澳洲主流社會的印象最深刻。多年以後，這個印象仍然留

---

30 黃肇強醫生，生於中國廣州肇慶，祖籍廣東省紫金縣。原居印度尼西亞，1960 年代
來澳大利亞，取得醫學學位，成為執業醫生。主要居住地區在雪梨，熱衷中文學校
及華人社區事務。1991 年成立澳洲華人公益基金，擔任主席的黃肇強醫生帶動華社
支持籌款，基金用來照顧傷殘老弱及遭受意外者。1998 年，為反制單一民族黨，發
起成立團結黨（United Party），擔任主席，於 1999 年當選新南威爾斯州參議員。

31 曾筱龍，1943 年生於中國江西省南昌縣，祖籍廣東省五華縣。1949 年隨家庭遷徙到
香港，在香港受小學與中學教育。1960 年代至澳升學，1969 年獲得新南威爾斯大學
建築系學士學位。主要居住地區是雪梨，從事建築師工作，熱心參與華人社團工作，
對美化雪梨唐人街市容頗有貢獻。1991 年由澳洲工黨提名，當選雪梨市市議員。同
年出任雪梨市副市長，並連任兩屆雪梨市副市長，是華人最早出任澳洲主要都市行
政長官者。1998 年新南威爾斯州大選，由澳洲工黨提名並當選州參議員。

32 關於這個移民政策的轉變過程及其影響，參考 Barry York, *From Assimilationism to
Multiculturalism : Australian Experience 1945-1989*. Canberra: Centre for Immigration &
Multicultural Studies, Research School of Social Sciences, Australian School of Social
Sciences, 1996.

存，經常在論及亞裔移民時提到這種難民印象。1980 年代初期，
專業人士型的華裔移民漸漸增多，以來自新加坡、馬來西亞或在
其他地區接受大英國協教育的華裔人士為主，很多都具有醫師、
律師、會計師等專業資格。具有這種資格的人士，一方面易於移
民到澳大利亞，另一方面稍早時，星馬地區的族群政治也是造成
許多人才滯外不歸的原因。這批人構成澳洲社會新的中產階
級。[33] 和其他移民國家相比，澳大利亞華裔移民最大的特色在於：
稍早時的華裔移民以來自東南亞的華裔最多，[34] 是移民研究中
「二次移民」的極佳例證。

　　到了 1980 年代後期到 1990 年代這段期間，來自中港臺的
移民明顯構成了華裔新移民的主要成分。來自中華人民共和國的
移民，主要是來留學、學英語以及打工的中國公民。在 1989 年
天安門事件之後，力爭而取得澳洲居留權，構成人數最多的一批

---

33 關於澳洲華人或亞裔的經濟生活，出身馬來西亞的紀寶坤（Kee Poo Kong）有一系列
的研究著作，例如 Kee Poo Kong *Chinese Immigrants in Australia: Construction of a
Socio-economic Profile.* Canberra: Office of Multicultural Affairs, Dept. of the Prime
Minister and Cabinet, 1988. Kee Poo Kong *Home Ownership and Housing Conditions of
Immigrants and Australian-born.* Canberra: Australian Govt. Pub. Service, 1992. Kee Poo
Kong *Social and Economic Attainments of Immigrant and Later-generation Australians.*
Canberra: Australian Govt. Pub. Service, 1992.

34 參考 Wang Gungwu, *Community and Nation: China, Southeast Asia and Australia.* NSW:
Allen and Unwin, 1992.

新移民，約有四萬人。加上這幾年依親人數可能在十萬之譜。[35]
來自香港的移民，則是受到 1984 年中英聯合談判香港 1997 政
權轉移的事件影響，有一段時間，每年有持續穩定的移民來到澳
大利亞。移民則從富豪到勞工，各階層都有。來自臺灣的移民在
人數上雖然較少，但因為符合移民資格，以商業投資移民為主，
新移民的經濟比較寬裕，活動力也很強。[36]

　　因此，澳洲華裔社群的組成和政府的統計數據有相當的差
距。澳洲的統計數據以出生地為分類標準，其中，亞裔人口來自
亞洲各國。從政府出版品的統計資料，看不出這個華裔社群存
在。然而實際上，由星馬來的移民以華裔占絕大部分，馬來人很
少。印度尼西亞的移民同樣也以華裔為主。至於從「印支三邦」
（Indochina，即越棉寮三地）來的移民，其中也有不少華裔，
在澳大利亞多稱為印支華人。惟實際人數無法得知。從日常生活
的觀察，可看出許多成員很容易同時參與華裔社區及印支移民社
區的活動，而且和這兩個社區的成員通婚的比例都很高。華裔的

---

35 關於從中國大陸來澳大利亞的新移民，詳見 Edmund S. K. Fung and Chen Jie "Changing
　　Perceptions: The Attitudes of the PRC Chinese Towards Australia and China, 1989-1996"
　　Brisbane: Griffith University, Faculty of Asian and International Studies, Centre for the the
　　Study of Australia- Asia relations. 1996.
36 關於這一批新華裔移民的情況，詳見 Diana Giese Astronauts, *Lost Souls & Dragons:*
　　Voices of Today's Chinese Australians in Conversations with Diana Giese. St Lucia, Qld. :
　　University of Queensland Press, 1996.

界限有時不太清楚。同樣的情況也在來自菲律賓和東帝汶的移民
社群中出現。這顯示：澳洲華裔和澳洲亞裔的關係密切，因此，
有時候在指涉澳洲華裔時，常要以澳洲亞裔來代替，[37] 顯示了澳
洲華裔的多元風貌。[38] 一般華文報刊對於澳洲華裔人口的估計是
四十萬人，對照澳洲華裔移民的歷史與政府統計資料，這個數字
應算合理。

　那麼，我們是否可用「華裔社區」或「華人社群」等名詞來
描述具多元風貌的澳洲華裔，而視為一個寬鬆的共同體呢？相關
研究顯示，早期留在澳大利亞的華人很早就有澳洲華人認同的觀
念。[39] 在較小範圍的社區研究也顯示：不同背景的華人有各種不
同層面的互動關係。[40] 然而，在 1990 年代以前，由於缺乏較大
範圍的互動空間，有時還是難以想像：這些不同背景的華人有共
同的利益與旨趣。例如：1970 年代，有華人極力撇清華裔移民

---

37 例如：名列《澳大利亞亞裔名人錄》的華裔人士（*Who's Who in the Asian Community of Australia*. Melbourne: Multi Publictions. 1992）多半出身於不同的地區。在公共事務上，華裔占亞裔的比例很高，因此，有時會交替使用這兩個指涉不同範圍的名詞。

38 實際上，澳洲亞裔社群的組成很複雜，詳見 James E. Coughlan ed., *The Diverse Asians : A Profile of Six Asian Communities in Australia.* Nathan, Qld: Centre for the Study of Australia-Asia Relations, Griffith University, 1992.

39 參考 Yuan Fang Shen, Dragon Seed in the Antipodes: *Chinese Australian Self-Representations.* Canberra: ANU PhD thesis. 1998.

40 例如 Mo, Yimei, *Self-perception of the Chinese in Tasmania.* Canberra: ANU thesis, 1994. 以及 David Ip and Constance Lever-Tracy, Trailblazing Into China: *Networks and Linkages of Smaller Diaspora Firms.* Murdoch, W.A.: Asia Research Centre, 1994.

和華裔難民之間有任何關係。到了 1980 年代末期，有華裔議員極力反對放寬給予中國大陸留學生永久居留權的主張。顯示當時不同族群彼此的利益考量不同。然而，考察 1990 年代的發展，大致可以說：出身不同背景的華人代表都能體會華人社群的利益是個整體，一個想像的共同社群似乎已在不同的華文書寫中成形。華文報刊出現澳洲華人社會或澳洲華人福祉等的論述，都是以全體華人為對象。儘管華人來自不同地區的影響還是處處可見，但共同形塑一個新的澳洲華人圖象的意旨仍然十分清晰。

筆者以為，這個澳洲華人圖象的形塑和澳洲中文報刊的發達有直接正面的關係。據統計，到 1997 年年底為止，澳大利亞共有 42 種中文報刊。[41] 1990 年代以前，澳大利亞中文報紙僅有 2 家日報和 2 家週報。1990 年代之後，澳洲中文報刊如雨後春筍般出現，目前主要中文報紙有《澳洲新報》、《星島日報》、《澳洲日報》、《自立快報》及《東華日報》等。這些報紙均為日報，每天各報出版 28 版至 36 版，週末增至 52 版至 64 版，每週還隨報附送一本印刷精美的、集文藝、娛樂及專題報導於一身的週刊雜誌，比起中港臺星馬的中文報刊不多遑讓。[42] 經過一段時間

---

41 詳見經緯〈澳洲中文報刊一瞥〉《開放與傳播》1998，第二期。文中提到「澳大利亞 40 餘萬華人，平均每一萬人就擁有一種中文報刊，連主流社會英文報業的老總們都驚訝中文報業為何如此迅速發展。」

42 除了這些全國性的日報以外，各華人聚居的城市，如：雪梨、墨爾本、布里斯本，都辦有各種各樣的週報、期刊。較具影響力的有《華聯時報》、《東方郵報》、《華

的調整之後，現在各報都是以澳洲新聞及澳洲華人新聞放在頭版、二版、三版。從新聞的取捨到論述的角度，顯然都指向方向大抵相同的澳洲華人旨趣。各報其他版面都有中港臺新聞，以及東南亞或各地華人新聞，加上國際新聞，讓來自各地的華裔移民各取所需。這些都顯示：所有的中文報紙，不論其創辦人來自何方，都是以所有澳洲華人群體為對象。[43]

　　由於澳洲華人的移民歷史比較淺短，略去比例極小的十九世紀華人移民，許多華裔移民家庭仍以第一代移民當家主事。這些第一代的移民之中，很多仍然可以閱讀中文報刊，因此，尚能以這些中文報刊為園地，共同形塑華裔社區的空間。在日常生活上，也許華人參加各種不同的社團，以和自己的鄉親互動為主，未必會和不同背景的人互相聞問。但是，有關澳洲華裔族群的問題，則中文報刊儼然成為華裔社群的喉舌。中文報刊蓬勃發展，是在澳大利亞政府沒有主張同化或溶解少數民族文化的大前提下，讓多元文化都有其發展空間，各放異彩。華人移民可透過中

僑時報》、《華人商報》、《多元文化報》、《華文鏡報》、《大洋時報》、《雪梨周報》和期刊《大世界》、《滿江紅》、《漢聲》、《熱點》、《文化薈萃》等雜誌。就連南澳大利亞阿德雷市，華人移民僅 2 萬多人，也出了一份《南澳時報》。而華裔移民只有四千人的首都坎培拉也有《首都華人報》及《南極星》兩份刊物。

43 這些日報的發行都是以全國各大埠為對象。在雪梨出版的日報，一般在當天早晨 7 點以前，就會送到各出售點：車站、超市、書店、雜貨店等。甚至連出售六合彩彩票的投注站，不論澳人開的，還是華人開的，都販售中文報刊。也通過航空公司運送、發行外地，當天中午就可在墨爾本、布里斯本等大城市報攤上買到。

文報刊多方面認識澳大利亞，對新移民融入主流社會有積極的作用。而澳洲主流社會也會透過中文報刊透露訊息給華裔社群。例如：每逢華人節日，如：端午節、中秋節、春節，澳大利亞政府首腦、執政黨自由黨、國家黨和反對黨工黨等政黨領袖，都會不約而同地在中文報紙上題字亮相或發表談話，向華人社區致賀。在這種情況下，多元風貌的澳洲華裔，除了保有對各自來源地的認同以及一個寬鬆的澳洲華人認同，同時，如果取得澳洲公民的資格，在法律上就是澳大利亞人，不因族群認同的不同而改變。

單一民族黨的興起對多元文化主義的衝擊與華人社群的回應

對廢除「白澳政策」、提倡文化多元主義的澳大利亞而言，單一民族黨的興起意義何在？各界的解釋有南轅北轍的傾向，對於責任歸屬的討論也呈現兩極化。有人認為單一民族黨的興起是一個意外，是 1996 年澳洲聯邦大選時，兩大黨忽略了昆士蘭州這個名為歐斯利（Oxley）的選區的結果。這個選區被認為是澳洲工黨最安全、最有把握當選的地區，自由黨就找了不論在教育或政治經歷方面都毫不起眼的一名炸魚速食店女店長韓森出馬競選。當發現她的言論有種族主義傾向時，也只是簡單地將她開除黨籍，並不認為她有當選的可能。沒想到她強烈抨擊澳洲原住民

獨享特權的言論吸引了全國媒體的注意，[44] 從而打響其知名度，反而令其意外當選，才讓這種言論得到舞臺。這種解釋認為是兩黨政治技術失誤，加上媒體炒作，才使澳洲出現單一民族黨。

也有人認為：單一民族黨的興起在澳大利亞有其源頭和社會基礎。除了歷史上揮之不去的白種人優越感傳統作祟，以及過去長期實施白澳政策所養成的封閉排外心態之外，還有近年來因為經濟困頓以及失業率高居不下的挫折感，讓單一民族黨似是而非的言論有了市場。[45] 單一民族黨經常利用的把戲，即利用愛國主義式的論述散布危言聳聽的論調，如「一個國家、一種人民、一種語言」，來抨擊文化多元主義所造成文化異質現象，用來排斥亞裔移民。或是利用簡單歸因的手法，將經濟問題、失業問題或傳統流失的問題，全都怪罪到亞洲移民及澳洲原住民身上，這樣的言論在澳洲社會也有部分的支持群眾。[46]

從後來的發展來看，似乎後者比較合乎情況。韓森的言論成

---

44 參考 Anne Pattel-Gray "Indigenous Communications in Australia" *Indigenous Communications*, Issue 3/97. 1997.

45 這種受到白澳政策影響的排外心態，在澳洲社會一直存在，類似的辯論持續不斷，如 Geoffrey Blainey, *All for Australia*, Sydney: Methuen Haynes, 1984. Andrew Markus and M. C. Ricklefs, *Surrender Australia? Essays in the Study and Uses of History: Geoffrey Blainey and Asian Immigration*, 1985.

46 連澳洲外交部長唐納（Alexander Downer）都曾向外國媒體承認，其實，澳洲人民之中，確有某種比例的群眾是寶琳韓森的支持者，見 1998 年 8 月 30 日 Sydney Morning Herald, Hamish McDonald 的相關報導。

為災難，主要是在 1996 年 9 月，以新當選的獨立女眾議員的身分在國會發表演說，反對文化多元主義，表示澳洲正面臨被亞裔人「淹沒」的危機。[47]當韓森發表這篇煽動性的演說時，很多人在當地的電視及電臺談話節目中表示支持。[48]澳洲政府坐視不理，澳洲總理霍華德接受訪問時只表示她有言論自由，表現出不在乎的態度，而知識界則事不關己，沒有發聲來糾正其中的謬誤，造成言論不平衡的現象。[49]這顯示澳洲對種族歧視等問題掉以輕心。雖然祇是在言論的層次，但由於政府沒有及早回應和處理，卻招致嚴重的惡果。[50]不幸的是，隨後韓森所引發的爭議擴大，引起亞洲國家的反彈，[51]可以說澳洲政府低估了種族歧視議題在亞洲社會所可能引起的關注。[52]澳洲長期希望建立一個友善

47 Pauline Hanson, "Australia, Wake Up!" Pauline Hanson maiden speech to Australian Federal Parliament, Tuesday 10th September 1996, 5.15 p.m. In Hanson, Pauline (Pauline Lee) *Pauline Hanson-- the Truth : on Asian Immigration, the Aboriginal Question, the Gun Debate and the Future of Australia.* Ipswich, Qld.: P. Hanson, 1997.

48 詳見 Helen Dodd, *Pauline, the Hanson Phenomenon.* Sydney: GWB, 1998.

49 知識界沒有適時發揮應有的道德勇氣來阻止「單一民族黨」的言論，也引起批評與討論，參考 Barrie Jones "Public Intellectuals: How Academe Has All But Lost Its Voice" *Sydney Morning Herald* Wednesday, June 2, 1999.

50 許多報導都認為：政府的反應不明快是導致實琳·韓森的言論得以造成傷害的原因，參考 "Australia Leaves Asians Aghast" *Los Angeles Times*, 26 August, 1999.

51 參考 S. Karene Witcher, "Australia weathers race debate--for now," *Asian Wall Street Journal*, March 31, 1997.

52 原任香港立法局議員的劉慧卿（Emily Lau），應邀擔任澳洲電視第九臺「六十分鐘」時事節目客席記者，分別在香港、曼谷等亞洲各地及澳洲進行訪問，探討韓森事件對澳洲形象及經濟利益在亞洲所帶來的影響。受訪者一致指摘實琳·韓森令澳大利

的、多種族、多元文化的形象已經在亞洲國家心目中破滅,長期
經營的形象被韓森廉價的種族主義言論催毀。[53]

　　韓森一開始成立單一民族黨,宣稱有五千個黨員。[54] 根據當
時的摩根民意測驗顯示:約有 13.5％的澳洲公民表示會把票投
給該黨。[55] 澳洲的種族議題固然是由單一民族黨的興起所引發,
然而,該黨的興起卻是在聯盟黨執政之後才發生。聯盟黨雖然並
未支持反亞裔移民的言論,但是首相霍華德卻不肯間口譴責相關
言論,僅以言論自由縱容其發展。因此,單一民族黨的興起,聯
盟黨難辭其咎。[56] 相較之下,在 1996 年敗選的工黨顯得立場堅
定,在此之前執政了十三年的工黨政府,不但大力宣傳多元文化
政策,還強化和亞洲國家的聯繫,以視澳洲為亞太地區國家為
榮。兩大黨雖在移民政策的實務上看法大同小異,但對多元文化

亞形象受損,並要求澳洲政府盡最大的努力去控制這次的危機,避免問題惡化。他
　們亦促請澳洲政府加強教育澳洲人民有關多元文化的好處。詳見劉慧卿〈種族歧視
　在澳洲〉《星島日報》(1997 年 7 月 29 日)。

53 相關意見很多,例如〈學者警告韓苹負面影響巨大,破壞澳洲友善多元文化形象〉《自
　立快報》1997 年 12 月 5 日。連澳洲外交白皮書,都必須以專章討論韓森所造成澳洲
　形象受損的問題,詳見 Department of Foreign Affairs and Trade, *Australian Diplomatic
　Digest: News and events defining Australian diplomatic practice,* 1997. Canberra:
　Department of Foreign Affairs and Trade.

54 參考 "Australia: Hanson Launches Party" *Migration News*, Vol. 4, No. 5 May, 1997.

55 詳見 Murray Goot "Hanson's Heartland: Who's for One Nation and Why" In Robert Manne
　ed. *Two Nations: The Causes and Effects of the Rise of the One Nation Party in Australia.*
　Melbourne: Bookman Press. p. 53, 1997.

56 Margaret Allum, "Hanson can't be ignored" *Green Left Weekly*, no. 332, September 9, 1998.
　Pp. 1-3.

政策及亞洲親善政策的承諾上卻大不相同。

選舉結果是：單一民族黨在選舉中異軍突起，得到成為關鍵少數的席次，掌握了總選票的 23％，在州議會一舉奪得 11 席，成為該州第三大政治勢力；自由黨卻在昆士蘭州；淪為少數在野黨，改變了昆士蘭兩黨政治的生態，使單一民族黨意氣昂揚。[57]

這種發展對華裔社群來說，自然引起很大的反應。單一民族黨散播反亞裔的情緒，澳洲華人首當其衝。而單一民族黨起家的昆士蘭州首府布里斯本，又是華裔移民聚集的地方，引起的反應很大。這次選舉有臺灣移民的第二代黃文毅參選，但由於是自由黨提名，而昆士蘭州的自由黨與單一民族黨的曖昧結盟態度，令華裔選民感到不恥，黃文毅必須一再在華文報紙刊登廣告，解釋其立場。但是，他提出「留在主流政黨，以反擊種族主義」的立場受到不少冷嘲熱諷。最後競選失利，相信也與此有關。這種態勢後來還使得新南威爾斯州的自由黨參議員何沈慧霞（Helen Sham-Ho）宣布暫時退出自由黨，以示和自由黨的政策劃清界限。[58]

---

57 詳見楊聰榮〈澳洲大選結果，影響種族氣氛〉《美東自由時報》 民主論壇 1998 年 10 月 2 日。

58 何沈慧霞是香港移民，原為執業律師，1988 年為自由黨提名，成為新南威爾斯州參議員，在華人移民眾多的雪梨地區，成為長期唯一的華人議員。1998 年，受到華人社區排斥自由黨和對待單一民族黨政策的壓力，退出自由黨，目前為獨立人士。詳見〈迷失的何沈慧霞〉《自立快報》，1999 年 3 月 29 日。

　　華人社群在報刊上激烈地討論應該如何行動，以因應此一局面，在過去，許多華人把票投給自由黨，也許是因為不少華人移民有商業背景，比較認同自由黨傾向自由經濟的意識型態。另一方面，多數華人移民都是靠自己勤勞打天下，未必能欣賞澳洲工黨強調以社會福利來實現社會正義的政策。對於澳洲工黨的社會基礎——工團運動與工會組織，也較陌生。不過，經過一段時間的討論，華裔移民對澳洲工黨的好感慢慢浮現，至少工黨對「單一民族黨」的態度始終非常明確，強調要阻止種族主義言論蔓延。因此，在兩大黨政治的澳洲，華人必須二選一的情況下，工黨得到多數的支持。從華文報紙的討論可以清楚地看出這個轉變與趨勢。

　　1998 年 10 月 3 日澳大利亞舉行聯邦國會大選，這是單一民族黨成立後第一次聯邦大選，而選前不到四個月，單一民族黨在昆士蘭州大選中大勝，這次大選便自然成了人們觀察種族主義勢力的指標。[59] 澳大利亞此次共有 1,435 位候選人角逐國會參眾兩院議席。其中 1,106 人競選眾議院 148 個席次，329 人競選參議院改選的 40 個議席。對華裔社群來說，這次選舉最大的意義在

---

59 時代周刊（Time）在選前以澳大利亞為雜誌封面作專題報導，便是把寶琳韓森所引起的種族主義言論與排外情緒，列為今日澳洲所面臨最重要的挑戰，詳見 "Australia Today: Amid the Challenges of Change, a Spirited Young Nation Advances into the World" *Time,* September 28, 1998, pp. 38-67.

於：為了打擊單一民族黨的勢力，引發華裔社群的參政熱潮。並在選舉前夕，以華裔社群為主導，成立了跨族裔的新政黨，名為「團結黨」，由黃肇強醫師擔任主席。

　　對主流政黨而言，澳洲總理何華德決定提前舉行大選，主要是為了要推動稅改方案，並避免選舉結果受到經濟惡化影響。競選時，澳洲兩個大黨──聯盟黨及工黨──都把議題放在稅制改革及失業問題上，[60] 刻意避免關於移民、種族及多元文化政策的辯論。[61] 然而，對亞裔社區而言，經濟問題之外，日後種族和諧關係能否維持才是關鍵。小黨如民主黨和團結黨，都把選舉的箭頭指向「單一民族黨」，認為自己可以發揮制衡「單一民族黨」的功能，形成了大黨談稅制，小黨談移民及種族問題的場面。[62] 雖然種族問題不是競選的主題，但選舉結果無疑會影響澳洲未來種族議題的走向，值得做比較細緻的分析。就聯邦政府的層次而言，何華德所領導的執政黨「自由黨－國家黨執政聯盟」贏得大

---

60 對兩大黨而言，任何一黨選勝，立刻就面臨如何因應亞洲經濟危機的問題。所以，稅制改革、提振經濟以及改善失業等經濟議題，當然是成敗的關鍵。三年前，工黨黯然下臺，也是因為失業率太高所致。所以，兩大黨都卯足全力繞著經濟民生問題打轉。基本上這是這次選舉的主軸。

61 民意測驗顯示：在這次聯邦選舉中，移民政策議題的重要性排名第十四。有些外國媒體對澳洲以經濟問題為主軸的選舉興趣缺缺，或形容為「平淡無奇」，或繞著「單一民族黨」的黨魁韓森的花邊新聞打轉。

62 一般而言，小黨既不可能執政，只能從制衡角度來談，很難在稅制問題上發揮。移民問題涉及道德問題，就成為小黨集中焦點的地方。至於大黨為什麼不願意多談移民問題及種族問題，原因是談了不見得能吸引到選票；說錯話反而很容易失分。

選，何華德連任總理。[63] 華人方面，國家黨提名的劉威廉雖未能
連任，但自由黨提名的陳之彬當選聯邦參議員，使得由國家黨和
自由黨聯合的執政黨聯盟得以在聯邦議會維持有一名華裔參議員
的情況。似乎一切照舊，但政黨的勢力消長卻有不同的結果。由
畢茲利（Kim Beazley）領導的澳洲勞工黨未能贏過執政聯盟，
但已大幅削弱執政聯盟的優勢地位。[64]

就單一民族黨而言，大選結果是：該黨在參議院只得一席，[65]
而眾議院全軍皆墨，黨魁韓森在其選區布萊爾失利。各界的反應
是單一民族黨慘敗，難以在澳洲政壇上興風作浪。不過，如果細
看該黨的得票率，卻比一般預期要高，得到全國 8％的選票。是
兩大黨之外得票最高的政黨。[66] 一個上次大選還不存在的政黨，
成為第三大票倉，其中的涵意耐人尋味。單一民族黨的候選人在

---

63 有關這次大選的詳細結果，參考 BBC News Online: Special Report: At a glance:
　Australian election '98. October 4, 1998.

64 澳洲勞工黨雖輸了大選，但從兩黨的得票率來看，勞工黨已超過半數，勝過執政聯
　盟。何華德雖連任總理，贏了眾院的席次，卻輸了得票率。畢茲利在 1996 年自前總
　理基亭手中接過的是一個積弱渙散的政黨，在眾院的席次只有 49 席，現在又把勞工
　黨的氣勢拉抬起來，可說是第二次世界大戰以來，澳洲反對黨最大的勝利。

65 這一席由希爾（Heather Hill）當選，後因希爾本人同時持英國護照，為雙重國籍，
　法院取消其當選資格，由同黨哈理斯（Len Harris）接任其席位。詳見相關報導，例
　如〈高院法律行挑戰希爾席位，華人社區籌款聲援方嘉旭〉《自立快報》1999 年 2
　月 13 日。以 及 Bernard Lane, "UK not Foreign, Says One Nation" *The Australian,* 30
　March 1999.

66 單一民族黨在全國總得票率得到 8%，比以往長期居於第三大黨的民主黨只得到 5%
　要高出許多。

聯邦選舉的失利，主要和澳洲的選舉制度有關。[67]在聯邦選舉中，像單一民族黨這樣的小黨沒有當選席次，是可以預期的。表面上看，單一民族黨在聯邦選舉慘敗了，但其選票卻顯示單一民族黨在澳洲仍有相當勢力。後來 1999 年 3 月的新南威爾斯州大選顯示：該黨可得到穩定的 8% 選票。澳大利亞未來的政治發展是否真能擺脫白澳政策及種族政治的陰影，現在還很難下定論。[68]就韓森在選區的表現而言，她的選票以接近 40% 的第一優先票，遙遙領先其他候選人，排在後面的工黨及自由黨的候選人，都各只得到 20% 多的選票。韓森之所以落敗，是因為各黨聯合封殺韓森。在選前，該選區其他候選人約定好，在選票的優先順位上，全部把韓森放在最後。[69]韓森身為單一民族黨的創始人及黨魁，雖以其言論大膽著稱，但是，她的言論會得到廣泛報導，也是由於她國會議員的身分。現在一旦競選失敗，失去舞臺，聲勢

---

67 澳洲的聯邦選舉制度是小選區單議席制，這種情況不利於小黨競選。如果再和聯盟黨中的國家黨相比，國家黨也只得到 5% 的選票，卻得到十二席眾議院席位。單一民族黨得票總數雖然略高，但因為得票分散，卻一個席次也沒有得到。

68 詳見蘇東牧〈韓森中箭下馬，一族黨陰魂未散〉《中央日報》中央公論 1998 年 10 月 7 日。

69 澳洲選舉採優先順位制，投票像選填志願一樣，要排先後順序。如果其他選票都把韓森排在最後，那麼，除非她能在第一順位優先票中取得超過 50%，否則，票數再高都無法當選。後來，韓森就在得不到其他優先順位選票下落選，故她的失敗是各黨利用選舉制度封殺所致。

自然大受影響。[70]

　　回過頭來看華裔社群的參政熱潮及主導成立的團結黨，要評估其成效，必須從前因後果來看。對於華裔社區，乃至於亞裔社區來說，工黨反種族主義言論的立場堅定，如果要制止反亞裔言論進一步發展，在澳洲兩大黨政治體制下，自然應該支持工黨。而華裔社區甚至更進一步，聯合其他族裔社區成立「團結黨」，在各移民社區都推出了候選人，然後將優先票撥給工黨。這種先把票投給團結黨，再將優先票投給工黨的策略，固然是由於澳大利亞採行多重選擇優先順位選票制，可以保障小黨的生存，不致因為選民擔心浪費選票而不投給小黨，所以，少數族裔也可以利用成立政黨來表達意見。[71]無疑地，亞裔社區已普遍感覺到，亞裔必須發出聲音，才能平衡在澳洲主流媒體出現的種族主義言論。[72]然而，採取成立政黨的做法也冒了相當大的風險。因為是在顯然不太可能當選的情況下推出候選人，選舉結果零落是可以預期的，甚至會因此影響士氣。然而即使在這種情況下，團結黨仍然在各地推出了七十多個候選人，其中十五位是華裔人士，參選熱潮前所未有。結果全軍皆墨。原來預定以得票率希望分到一

---

70 詳見〈攻擊亞洲移民，自詡澳人國母，漢森淒然落選，這個種族主義政黨仍有生存的土壤〉《環球時報》，1998 年 10 月 15 日相關報導。

71 參考曉剛〈切莫放棄一票兩投的權利〉《自立快報》1999 年 3 月 27 日。

72 各族裔社團曾多次組織反對單一民族黨種族主義言論的遊行，參考相關報導，例如 "Anti-Hanson rallies expected to attract large crowds" *The Australian*, 8 June 1998.

席參議員的希望也落空了。除了團結黨以外，另一個以華裔人士為主的民意黨（The People Party）也一無所獲。[73]

我們不該以選舉的結果來看待華人參政熱潮。至少各華文報刊都給予正面的肯定，認為參選本身已經清楚地將各不同族裔社區的意旨清楚地表達。[74] 如果從這個角度來看，華人社群的強烈反響的確達到一定的效果。因為主流政黨在和少數族裔社區打交道時，都接收到清楚的訊息，然後逐步調整步伐。最後終於因為各黨有共識，認清韓森的言論造成的傷害，而聯合夾殺韓森，導致韓森在選區失利，重挫單一民族黨的銳氣。回顧單一民族黨在澳洲發展的歷史，實是由於主流政黨姑息所致。如果早在單一民族黨剛剛崛起之際，就有共識來封殺這種具有強烈排外情緒的政黨，也不至於惹出這許多是非。

單一民族黨被封殺以後，其內部的問題逐漸暴露出來。先後傳出單一民族黨的黨員對奧德菲爾德（David Oldfield）、韓森等所組成的領導班子深感不滿，要求重組領導階層。也有高層黨工對於內部財務狀況提出質疑。最後，在短短一年之內，在昆士蘭州議會的單一民族黨失掉逾半數席位，辭職及被開革的都有。

---

73 民意黨的主席是鄔延祥，是雪梨市市議員。
74 據統計，這次聯邦大選，參加參議員及眾議員選舉的華裔人士一共有 26 位，各華文傳媒都將華人參政熱潮當成焦點新聞，參考黃玉液〈投票選蘇震西是明智之舉〉《自立快報》1999 年 2 月 15 日。

從現在的發展趨勢來看，可以說單一民族黨的氣焰已經暫時被壓制住，難以在澳洲政壇掀起什麼大波瀾，但還是有一定的支持者。1999 年的新南威爾斯州大選證明了這一點：單一民族黨有固定的票源，在參議員方面得到一席，由奧德菲爾德出任。[75]

受到單一民族黨的刺激所興起的華人參政熱潮，雖然在 1998 年聯邦大選，因倉促成軍，成果並不理想，但是，華人參政的熱潮卻持續了下來，在 1999 年 3 月新南威爾斯州大選中，開展了新的局面。這次大選，同樣出現十幾位華裔人士出馬競選。[76] 其中，團結黨得到華裔社區的熱烈支持，[77] 雖然經過內鬨事件，[78] 但後來將傷害減低，最後成果也令人振奮。兩名華裔澳大利亞人出任澳大利亞新南威爾斯州參院議員，分別是代表工黨

---

75 奧德菲爾德是單一民族黨的高級顧問，具有從政經驗。他在 1997 年加入單一民族黨之前，曾在郝爾德總理任職期間，擔任一名聯邦內閣部長的助理很多年。

76 其中有多位華裔候選人是獨立參選人，表示自行參選的華裔人士人數也增加了。而這次選舉也出現三位華裔女性候選人。候選人的背景分別是一位電臺主持人，一位在金融服務界，另一位是家庭主婦，這是新風貌，也反映參與政治的熱潮影響範圍廣大。詳見〈鄧小穎陳麗文張桂蓮巾幗不讓鬚眉，三華裔女候選人競選邊緣議席〉《澳洲新報》1999 年 3 月 19 日。

77 團結黨在華人社區舉辦大型籌款晚會，兩次共籌得將近 12 萬元澳幣，史無前例。詳見相關報導，如：〈團結黨籌晚宴盛況空前，得道多助籌經費逾 10 萬元〉《澳洲新報》1999 年 3 月 15 日。

78 在競選期間，團結黨傳出競選總幹事陣前請辭。另外，在上次被推薦為排名第一的李逸仙（Jason Lee），選前宣布退出團結黨。團結黨要求華裔人士團結，仍是相當困難的事。詳見相關報導，如：〈李逸仙宣布退出團結黨，何沈慧霞則表示保持距離〉《澳洲新報》1999 年 3 月 18 日。〈李逸仙退黨事件餘波未盡，黃肇強屬責工黨誇大事態〉《澳洲日報》1999 年 3 月 22 日。〈前競選總監冰釋前嫌續助選，黃肇強期望選民全力支持〉《自立快報》1999 年 3 月 27 日。

的雪梨副市長曾筱龍和團結黨主席黃肇強。[79] 兩人在新南威爾斯州的選舉中，都以大力呼籲，反對單一民族黨種族主義言論為競選的主要訴求。[80] 新南威爾斯省參議院原已有一名華裔參議員，她是香港移民何沈慧霞，參議員任期八年，這是澳大利亞議會首次有三名華裔人士同時擔任參議員。[81]

　　除此之外，1999 年 4 月 9 日，澳洲華人李錦球出任墨爾本副市長，成為墨爾本市一百多年來首位華人副市長，[82] 且在墨爾本市九位議員中，有他和蘇震西（John So）兩位華人議員。[83] 雪梨副市長之前有華裔曾筱龍，李錦球的勝出，使得這兩個人口最多、華人最集中的首府都市都有華人副市長出現，是難能可貴的

79 這次新南威爾斯州大選共選舉參議員 21 席位，平均每位候選人若能分配到 4.5％的選票即可當選。而華人在新南威爾斯約占 5％，當選機會比聯邦選舉高多了，但能當選兩席仍是出乎預料的佳績。關於這次選情的分析，參考陳之彬〈紐省大選的我見〉《澳洲新報》1999 年 3 月 25 日。

80 詳見〈曾筱龍晉上院料獲委重任，將以制衡韓黨黨員為主要目標〉《自立快報》1999 年 3 月 29 日。〈團結黨存在的意義〉《澳洲新報》1999 年 3 月 25 日。都是旗幟鮮明地以反對單一民族黨為號召來競選。

81 詳見〈兩名華人出任澳洲新南威爾斯省參議員〉《中央日報》，1999 年 5 月 14 日。

82 年逾70 的李錦球原為墨爾本市市政議員，今年改選連任。詳見〈澳洲華人李錦球出任墨爾本副市長〉《華聲報》1999 年 4 月 16 日。

83 如同其他地區的華人，澳洲華人社群內部也有許多矛盾。以墨爾本市長的選舉為例，原先在爭取市長一職最有希望的兩位是李錦球和蘇震西，兩位華裔相爭的結果，一位退出選舉，另一位角逐失利，沒有爭取到市長職位，最後才由李錦球爭取出任副市長成功。詳見相關報導〈李錦球當選墨爾本議員，決角逐市長有望成首位墨市華裔市長〉《自立快報》1999 年 3 月 22 日，〈墨爾本市長選舉爆大冷，李錦球退出蘇震西落敗〉《澳洲新報》1999 年 3 月 25 日。〈鷸蚌相爭，可悲可歎〉〈談談華人團結的問題〉《自立快報》1999 年 4 月 12 日。

成就。這些成就鼓舞了其他華人更上一層樓的雄心。

　　除了直接參與公職人員選舉之外，華人參與政治的熱潮也擴大到其他層面與其他議題。例如：過去有關澳洲國體宜採君主立憲制或共和憲制的討論，華人並不太關心，但 1997 年剛成立的澳洲華人聯絡網則在選舉後開始推動舉辦針對共和主義的華人研討大會。[84] 此外，一個以聯合各地華人社團為主的政治遊說團體「全澳華人聯絡會」也在選舉後成立，可以說，澳洲華裔社區已經動員起來。[85]

　　最重要的是，少數族裔的聲音已經獲得兩大黨的重視。在兩大黨的黨魁何華德及畢茲利的演說中，都一再強調澳洲必須珍惜「多元文化」傳統。可以說，兩大黨都意識到種族主義的言論只會帶來民族社區的反彈，以及亞洲各鄰邦的反感，對澳大利亞毫無益處。除了兩大黨外，華人社區熱烈的參政聲浪，也使民主黨開始強調反應族裔社區的利益；綠黨改變其「零移民」（即移民人數控制到零成長）的政策。從大選的結果來看，表面上，華裔參政熱潮所參與的兩次選舉，都維持了原來的政府，但民主政治的實質內涵已然改變。多元文化政策再度抬頭。這和族裔社區不

---

84 該會強調澳洲華人要積極參與公共事務，已分別在雪梨及墨爾本舉辦華人研討會。詳見〈君主立憲制或共和憲制——你的選擇，華人研討大會墨爾本舉行〉《自立快報》1999 年 3 月 29 日。

85 該會於 1999 年 4 月 17 日正式成立。詳見〈全澳華人聯絡會墨市正式成立，主席及秘書處將由各省輪流擔當〉《自立快報》1999 年 4 月 23 日。

斷發出聲音,華人社區積極呼籲參政可說不無關係。

結語:澳洲移民政治引發華人參政熱潮

最後,我們要以上述公民社會中的華人參政架構來理解
1990 年代澳洲華人參政現象。就澳洲華人在當地社會的基本條
件,以及 1990 年代以前華人參政的情況來看,1990 年代華人參
政熱潮是一大突破。澳洲華人不論就人口總數(四十萬)或人口
比例(2%)而言,以各國華人來說,都不起眼。而且,由於主
要人口多為新近移民,成員背景複雜,整合程度低,加上許多華
裔移民是為了逃避戰亂或政治紛爭而移民澳大利亞,或具專業人
士與商業背景,政治性格較低。而且,居住範圍散居各選區,要
集中力量來支持參選,有很大的困難。這可以從 1990 年代以前
華人參政的情況看出來。以此為基礎,就可以看出:澳洲華人的
參政現況堪稱難能可貴的突破。

以公民社會的架構來理解華人參政現象,第一層次即有否機
會參選?很顯然,過去華裔人士參政程度低,主要是上述的政治
性格低所造成。就客觀的條件而言,澳大利亞的民主政治成熟,
公民要參政,人為的障礙已經減到最低。不論其族裔背景為何,
任何公民只要登記競選,即可參選。成立政黨也沒有任何困難,
也是只要登記即可。這是為什麼澳洲選舉動輒上千人參選,近百

個政黨登記，只爭取幾十個席次的原因。從這個角度來看，澳大利亞提供充分的管道給公民社會互動發展。過去華人參政程度低不是因為客觀條件的限制，是主觀因素的自我設限。而在之前 1998 年聯邦大選及 1999 年新南威爾斯州大選中，華人表現出來的參政熱潮，證明華人已經可以突破非政治性格的心理障礙。

第二層次是參選者代表的是單一族裔的利益？還是可以結合其他不同族裔和集團的力量？以澳洲華裔的參政表現而言，顯然華裔人士參選，其支持的群眾基礎是超越華裔社區的。以現任新南威爾斯州三位華裔參議員而言，曾筱龍代表工黨，黃肇強代表團結黨，而何沈慧霞原屬自由黨，後來退出自由黨，成為獨立人士。三位的群眾基礎都超越了華裔社群。而以華人主導成立的團結黨，也超越華裔的多元族群政黨，來自澳大利亞各主要移民社區的成員都有。可以說，以華人在澳大利亞的人口比與分布情況，如果支持的選民沒有超越華裔的範圍，要得到席次絕無可能。在這方面，也顯示了澳洲公民社會的特質，即：雖然有主流社會的存在，但主流社會也易於和少數族裔社會產生對話。同時，主流社會和少數族裔社會一樣，本身也存在多元的複雜性，故易於在對話中產生新的旨趣與倫理，使社會行動的動員機制並不都必須訴諸族群等原初性連帶，是較成熟的公民社會。

第三個層次是當選與否？以澳洲華裔來看，成果相當可觀，現在新南威爾斯州議會有三名華裔參議員，而墨爾本市的市議會

中，九位市議員中有兩位華裔市議員，當選比例相當高。在聯邦議會中，目前僅有陳之彬為華裔參議員。然而，在 1998 年聯邦大選，兩位華裔人士劉威廉（35 歲）與李逸仙（27 歲），僅以些微的差距競選失利，都是具有全國知名度的年青政治明星。未來在聯邦選舉，當有更多華裔當選。有華裔當選民意代表，讓公民社會與政治社會的互動可以有更直接的管道，將公民社會中不同族裔集團群體的意見和利益更直接地傳遞到政治社會，而政治社會的措施也有更流暢的管道可以得到公民社會的認可。

　　第四個層次是華人參政能否以公民社會的邏輯，調整政治社會的意旨？即：以公民社會的參與，和主流政治權力對話，而非僅接受主流政治權力的安排或遊戲規則。這是以公民社會來討論民主政治的理想模式，即：社會行動是否對政治社會與公民社會的互相形塑產生正面影響。這波澳洲華人的參政熱潮清楚地調整了主流政治權力運作的邏輯，突破少數族裔必須接受兩大黨的政治模式，也表達出對文化多元主義的肯定。證明文化多元主義是由公民社會爭取而來的，並非主政者由上而下的恩賜，並改變了主流社會對華裔社群一向逆來順受的刻板印象，可說是一次公民社會參與的良好示範。

　　同時引發華人參選熱潮的原因，也都是來自公民社會。單一民族黨的言論雖有種族主義的煽情成分，具有相當的危險性，但其運作方式及影響仍在公民社會的規範之中。而在華人方面，

1990 年代初期,華人參政者大多是在華人社區中熱心公共事務,奉獻心力者。單一民族黨興起後,許多本來較少參與公共事務的華裔,受到華人社區及團結黨的召喚,在明知當選機率不高的情況下,也願意參與競選。因此,華人社群參政熱潮的動力也是來自公民社會。等到華人關心政治及其公民權益的意識日益高張,就有越多華裔人士願意繼續參與公共事務,乃至於投入競選,直接參政。即使在單一民族黨種族主義言論的聲勢已不復往日時,華人參政的熱潮仍持續加溫。可以說,華人參政已廣為華人社群普遍認可,有了自己的腳步和節奏,可以在澳大利亞這個「幸運的國度」(The Lucky Country)[86] 續繼向前邁進。

比較各國華人的參政空間,澳洲華人的參政熱潮是在體質相對良好的公民社會,配合特殊的時空,在很短的時間內爆發出來。這種經驗也許很難在其他地區複製。當初種族主義的言論在澳大利亞興起時,澳洲華人的處境即得到全球各地華文報刊的特別關注。這是由於對任何地方的華人社區而言,種族主義都是最大的敵人。現在經過一段時間的發展,澳洲華人已經以具體的行動改變其受主流社會擺布的宿命。雖然種族主義的言論在澳洲是否將成為過去式?現在還很難說。但是,華裔社群以更多公民參

---

86 這裡借用 Donald Horne 的書名「幸運的國度」(The Lucky Country)指涉澳大利亞,參考 Donald Horne, *The Lucky Country: The Next Australia and Time of Hope,* 1963. 以及 Donald Horne, *The Lucky Country Revisited.* Melbourne: Dent, 1987.

與及直接參政的熱潮，調整了主流社會的心態與做法，把種族主義言論的氣焰壓制下來，已彰顯澳洲華人參政現象最重要的意義。澳洲華人的遭遇和回應，使我們有機會對於澳洲華人社會的現況進行理解與比較。從以上的分析可知，澳洲華人的參政熱潮，已為公民社會中少數族裔參政的模式，提供了值得參考的華人參政經驗。

參考文獻

Aarons, Mark, *East Timor: a Western Made Tragedy.* Sydney: Left Book Club, 1992.

Acheson, Damien, "Bougainville: Towards Independence?", *The Solomon Islands Archipelago,* 2004.

Aditjondro, George Junus, *East Timor: an Indonesian Intellectual Speaks out.* Deakin, A.C.T.: Australian Council for Overseas Aid, 1994.

Aldrich, Robert, *France and the South Pacific since 1940.* Hampshire: Macmillan,1993.

Alexander, Caroline, The Endurance: Shackleton's Legendary Antarctic Expedition.《極地》，游敏譯。臺北：大塊文化，2000。

Nordstrom, Alison D., "Paradise Recycled: Photographs of Samoa in Changing Contexts." *Exposure* 28(3): 8-15. 1991.

Allied Mining Corporation, *Exploration of Portuguese Timor: Report to Asia Investment Company.* Dilly, 1937.

Allum, Margaret, "Hanson Can't Be Ignored" *Green Left Weekly,* September 9, 1998, 332: 1-3.

Almeida, A. B. de, "Relationship Between Timor and Australian Before 1975", *The People of Timor.* N. T.: Department of Education, 1981.

Alter, Peter, *Nationalism.* 2nd ed. translated from German by Edward Arnold. New York: Edward Arnold, 1994.

Anderson, Benedict, *Imagined Communities: Reflection on the Origins and Spread of Nationalism.* Revised ed. London: Verso, 1991.

Anderson, Benedict, "Imagining East Timor" *Arena Magazine,* No.4 1993.

Anderson, Benedict, "Indonesia: What is at Stake in East Timor", *East Timor International Conference Report*, Michael Chamerlain ed., New York: Clergy and Laity Concerned, 1980.

Anderson, Benedict, *The Spectre of Comparisons: Nationalism, Southeast Asia and the World.* New York: Verso, 1998.

Anderson, Russell ed. *East Timor: Dying to Be Free.* Fitzroy: AETA, 1996, pp. 4-10.

Arnold, Lorna, *A Very Special Relationship: British Atomic Weapon Trials in Australia.* Canberra, 1987.

Aubrey, Jim, *Free East Timor.* Milsons Point, N.S.W.: Random House Australia, 1998.

Australia-East Timor Association, *Betrayed but not Beaten: the Ongoing Struggle for Independence in East Timor 1975-83.* Fitzroy, Vic.: Australia-East Timor Association, 1983.

Australia-East Timor Association, *Travesty of Justice: East Timor's Political Prisoners.* Fitzroy, Vic.: Australia East-Timor Association, 1994.

Australian Bureau of Statistics, *1999 Year Book Australia.* Canberra: Australian Bureau of Statistics. 1999.

Australian Council for Overseas Aid, *East Timor: Keeping the Flame of Freedom Alive.* Canberra: Australian Council for Overseas Aid, 1991.

Australian National University, *Peacemaking Initiatives for East Timor: Conference on East Timor.* held at the Australian National University 10-12 July 1995. Australia: Australian National University, 1995.

Australian Section International Commission of Jurists, *Timor Tragedy: Incident at Santa Cruz, November 12, 1991: a Report of the Australian Section*

International Commission of Jurists. Sydney: Australian Section, International Commission of Jurists, 1992.

Ballara, Angela, *Proud to be White: A Survey of Pakeha Prejudice in New Zealand.* Auckland: Heinemann, 1986.

Banks, Glenn, and Chris Ballard, *The Ok Tedi Settlement: Issues, Outcomes and Implications.* Canberra: National Centre for Development Studies, 1997.

BBC News Online: Special Report: At a glance: Australian election '98. October 4, 1998.

BCIET (Organisation), *Integration Never! : East Timor's Struggle Against Indonesian Aggression.* London: B.C.I.E.T, 1981.

Bell, Ian, *East Timor: the Hidden War: the Struggle for Justice at Home and Abroad.* Melbourne: Australia-East Timor Association, 1989.

Bellwood, Peter, James J. Fox and Darrell Tryon, "The Austronesians in History: Common Origins and Diverse Transformations" In Peter Bellwood, James J. Fox and Darrell Tryon eds. *The Austronesians: Historical and Comparative Perspectives.* Canberra: Research School of Pacific and Asian Studies, ANU, 1995.

Bett, K., *The Great Divide-Immigration Politics in Australia.* Sydney: Duffy & Snellgrove. 1999..

Blainey, Geoffrey, *All for Australia.* Sydney: Methuen Haynes, 1984.

Brangham, William, "Paradise lost in Palau: Island Nation Fights back against Climate Change", *Grist,* 22 August 2012.

Brook, Timothy, and Michael Frolic eds., *Civil Society in China.* Armonk, NY: M.E. Sharpe, 1997.

Budiardjo, Carmel, and Liem Soei Liong, *The War Against East Timor.* London:

Zed Books, 1984.

Bulwer, G., "New Zealand", *Commonwealth History*. London: Blandford Press, 1967.

Calhoun, Craig, ed., *Social Theory and the Politics of Identity*. Oxford: Cambridge, 1994.

Canovan, Margaret, *Nationhood and Political Theory*. Cheltenham, United Kingdom: Edward Elgar, 1996.

Catholic Institute for International Relations, *East Timor: an International Responsibility*. London: Catholic Institute for International Relations, 1992.

Catholic Institute for International Relations, *International Law and the Question of East Timor*. London: Catholic Institute for International Relations, 1995.

Chamerlain, Michael, ed. *East Timor International Conference Report*. New York: Clergy and Laity Concerned, 1980.

Chomsky, Noam, *Statement Delivered to the Fourth Acommittee of the United Nations General Assembly*. East Timor Special Report, 1978.

Commonwealth Bureau of Census & Statistics publication, *Australian Demography*. Sydney: Commonwealth Bureau of Census & Statistics publication, 1993.

Coughlan, James E. ed., *The Diverse Asians: A Profile of Six Asian Communities in Australia*. Nathan: Centre for the Study of Australia-Asia Relations, Griffith University, 1992.

Cowman, Ian, *Dominion or Decline: Anglo-American Naval Relations in the Pacific, 1937-1941*. Oxford: Berg, 1998.

Crocombe, Ron, "Political Relations", *Pacific Neighbours: New Zealand's*

Relations With Other Pacific Islands, Christchurch: University of Canterbury, 1992, pp. 163-190.

Cummings, Milton C., 'Cultural Diplomacy and the United States Government: A Survey', Washington D.C.: Center for Arts and Culture, 2003.

Dening, Greg,"Ethnohistory in Polynesia: The Value of Ethnohistorical Evidence", *Journal of Pacific History*, 1966.

Denoon, Donald, Philppa Mein-Smith and Marivic Wyndham, *A History of Australia, New Zealand and the Pacific. The Blackwell History of the World.* Oxford: Blackwell Publishers, 2000.

Denoon, Donald, *The Cambridge History of the Pacific Islanders.* Cambridge University Press, 1997.

Denoon, Donald, "Pacific Island History at the Australian National University", *The Journal of Pacific History,* 31(2), 1996, pp. 213-214.

Denoon, Donald, Philippa Mein-Smith and Marivic Wyndham, Australia, *New Zealand and the Pacific Islands: the Creation of Identities.* New York: Blackwells, 2000.

Denoon, Donald,(ed), *The Cambridge History of the Pacific Islanders.* London: Cambridge University Press, 1997.

Departemen Penerangan, *Government Statements on the East-Timor Question.* Jakarta: Departemen Penerangan, 1975.

Department of Foreign Affairs and Trade, *Australian Diplomatic Digest: News and events defining Australian diplomatic practice.* Canberra: Department of Foreign Affairs and Trade, 1997.

Dinnen, Sinclair, and Allison Ley eds. *Reflections on Violence in Melanesia.* Canberra: Asia Pacific Prss, 2000.

Dinnen, Sinclair, and Ron May and Anthony Regan eds. *Challenging the State: the Sandline Affair in Papua New Guinea.* Canberra: ANU, 1997.

Dominikus, Anselmus, *Meak Parera*, Sejarah Pemerintahan Raja-raja Timor: Suatu Kajian Atas Peta Politik Pemerintahan Kerajaan-Kerajaan Di Timor Sebelum Kemerdekaan Republik Indonesia. Jakarta: Yanense Mitra Sejati: Pustaka Sinar Harapan, 1994.

Douglas, Bronwen, "Doing Ethnographic History: Reflections on Practices and Practising" Brij V. Lal ed. *Pacific Islands History: Journeys and Transformations.* Canberra: The Journal of Pacific History, 1992, pp. 92-106.

Douglas, Bronwen, *Across the Great Divide: Journeys in History and Anthropology,* Amsterdam: Harwood Academic Publisher, 1998.

Dunn, James, *East Timor: from Portuguese Colonialism to Indonesian Incorporation.* Canberra, A.C.T.: Legislative Research Service, Parliamentary Library, 1977.

Dunn, James, *Timor, A People Betrayed.* Milton, Qld.: Jacaranda, 1983.

Durkheim, Emile, *The Elementary Forms of the Religious Life. translated by Joseph Ward Swain.* London: Allen And Unwin, 1976.

Ergang, Robert Reinhold, *Herder and the Foundations of German Nationalism.* New York: Octagon, 1966.

European Christian Consultation on East Timor, *I am Timorese: Testimonies from East Timor.* London : CIIR on behalf of the European Christian Consultation on East Timor, 1990.

Fine, Robert, and Shirin Rai eds., *Civil Society: Democratic Perspectives.* London: Portland, 1997.

Cohen, Jean L., and Andrew Arato, *Civil Society and Political Theory.*

Cambridge: MIT Press, 1992.

Finney, Ben, "French Polynesia: A Nuclear Dependency" in A. B. Robillard ed. *Social Change in the Pacific Islands*. London, 1992.

Firth, Raymond, "The Founding of the Research School of Pacific Studies", *Journal of Pacific History*, 31: 3-7, 1996.

Firth, Stewart, *Nuclear Playground*. Sydney, 1987.

Fletcher, Brian H., "Anglicanism and National Identity in Australia Since 1962", *Journal of Religious History*, October 2001, 25(3): 324-345.

Fong, N. B., *The Chinese in New Zealand*. Hong Kong: Hong Kong University Press, 1959.

Franke, Richard W. *East Timor: the Hidden War*. N.Y.: East Timor Defense Committee, 1976.

Frente Revolucionaria do Timor Leste Independente and Union for a Democratic Timor, *UDT - Fretilin Joint Statement*. London: Tapol, 1986.

Fry, Greg, "Whose Oceania? Contending Visions of Community in Pacific Region-Building", Working paper (Australian National University. Department of International Relations) 2004/3. Canberra: Dept. of International Relations, Research School of Pacific and Asian Studies, Australian National University, 2004.

Fung, Edmund S. K. and Chen Jie, *Changing Perceptions: The Attitudes of the PRC Chinese Towards Australia and China, 1989-1996*. Brisbane: Griffith University, Faculty of Asian and International Studies, Centre for the Study of Australia- Asia Relations. 1996.

Geertz, Clifford, *Old Societies and New States: The Quest for Modernity in Asia and Africa*. New York: The Free Press, 1963.

Geertz, Clifford, *Agricultural Involution: The Process Of Ecological Change In Indonesia.* Berkeley: University of California Press, 1963.

Geertz, Clifford, *Negara: The Theatre State In Nineteenth-Century Bali.* Princeton: Princeton University Press, 1980.

Geertz, Clifford, *The Development Of The Javanese Economy: A Socio-Cultural Approach.* Cambridge, Mass.: Center for International Studies, Institute of Technology, 1956.

Geertz, Clifford, *The Religion of Java.* New York: Free Press, 1960.

Gellner, Ernest, *Thought and Change.* London: Weidenfeld and Nicolson, 1964.

Gellner, Ernest, *Nations and Nationalism.* Ithaca, N.Y.: Cornell University Press, 1983.

Giese, Diana, *Astronauts, Lost Souls & Dragons: Voices of Today's Chinese Australians in Conversations with Diana Giese.* St Lucia, Qld. : University of Queensland Press, 1996.

Giffard, Anthony, and Nancy K. Rivenburgh, "News Agencies, National Images, and Global Media Events". Journalism and Mass Communication Wuarterly, 2000, 77(1): 8-21.

Goot, Murray, "Hanson's Heartland: Who's for One Nation and Why" In Robert Manne ed. *Two Nations: The Causes and Effects of the Rise of the One Nation Party in Australia.* Melburne: Bookman Press, 1998.

Griffen, Arlene, *With Heart and Nerve and Sinew: Post-Coup Writing from Fiji.* Suva: Christmas Club, 1997.

Gunson, Niel, "An Introduction to Pacific History' in Brij V. Lal ed. Pacific Islands History: Journeys and Transformation. Canberra: The Journal of Pacific History, 1992, pp. 1-13.

Habermas, Jurgen, *The Structural Transformation of the Public Sphere: an Inquiry into a Category of Bourgeois Society*. translated by Thomas Burger in association with Frederick Lawrence, Cambridge: MIT Press, 1989.

Hanlon, David, *Remaking Micronesia: Discourses over Development in a Pacific Territory, 1944-1982*. Honolulu: University of Hawaii Press, 1998.

Harahap, Franz, "Fretilin Masih Mimpi Di Atas Tulang Berserakan" *Sinar Harapan,* 5 August 1977.

Harahap, Franz, "Maski Jauh Di Mata Namun Dekat Di Hati" *Sinar Harapan*, 3 August 1977.

Harris, Geoff, Naihuwo Ahai and Rebecca Spence, (eds.) *Building Peace in Bougainville,* Centre for Peace Studies, University of New England, Australia, 1999. pp. 1-4.

Hau'ofa, Epeli, "Our Sea of Islands", in Eric Waddell, Vijay Naidu and Epeli Hau'ofa eds. *A New Oceania: Rediscovering Our Sea of Islands*. Suva, 1993.

He, Baogang, *The Democratic Implications of Civil Society in China*. New York: St. Martin's Press, 1997.

Hezel, Francis X., "Recolonizing Islands and Decolonizing History," in Donald Rubinstein, H., ed. *Pacific History: Papers from the 8th Pacific History Association Conference*, p. 63. Mangilao: University of Guam, 1992.

Hill, Helen, *The Timor Story*. Melbourne: Walker Press, 1976.

Hoadley, J. Stephen, The Future of Portuguese Timor, *Occasional Paper,* No 27, Singapore: Institute of Southeast Asian Studies, 1975.

Hobsbawm, Eric J., *Nations and Nationalism since 1780: Programme, Myth, Reality*. 2nd ed. Cambridge: Cambridge University Press, 1992.

Holzknecht, H. A.,"Land, People and Governance: Conflicts and Resolutions in the South Pacific." *Development Bulletin,* 60: 8-12, 2002.

Horne, Donald, *The Lucky Country Revisited.* Melbourne: Dent, 1987.

Horne, Donald, *The Lucky Country: The Next Australia and Time of Hope,* 1963.

Horta, Jose Ramos, *East Timor: the Struggle for Self-Determination and its future in Southeast Asia.* Lodon: Royal Institute of International Affairs, 1996.

House of Representatives of the Republic of Indonesia, *Facts about East Timor.* Jakarta: House of Representatives of the Republic of Indonesia, 1989.

Howe, Kerry, "The Fate of the 'Savage' in Pacific Historiography", *New Zealand Journal of History,* 11: 137-154, 1977.

Huang, Philip C. C., "'Public Sphere'/'Civil Society' in China: The Third Realm Between State and Society", *Modern China,* 19(2) 1993.

Huddy, Leonie, "From Social to Political Identity: A Critical Examination of Social Identity Theory", *Political Psychology,* March 2001 22: 127-148.

Hull, Geoffrey, and Mai Kolia, *Tetun : a Course in Tetum-Praca the Lingua Franca of East Timor.* North Sydney: Australian Catholic Relief and Australian Social Justice Council, 1993.

Hviding, Edvard, *Guardians of Marovo Lagoon: Practice, Place, and Politics in Maritime Melanesia.* Honolulu, University of Hawaii Press, 1996.

Imran, Amrin, *Timor Timur, Provinsi ke-27 Republik Indonesia.* Jakarta: Mutiara, 1976.

Inglis, Christine Brenda, ed. *Asians in Australia : the Dynamics of Migration and Settlement.* Singapore : Institute of Southeast Asian Studies, 1992.

Inglis, Christine Brenda, *The Darwin Chinese: A Study Of Assimilation.* Canberra: The Australian National University, 1967.

Inglis, Christine ed. *Asians in Australia: the Dynamics of Migration and Settlement.* Singapore : Institute of Southeast Asian Studies, 1992.

Ip, David, and Constance Lever-Tracy, *Trailblazing Into China: Networks and Linkages of Smaller Diaspora Firms.* Murdoch, W.A.: Asia Research Centre, 1994.

Ip, Manying, *Home Away from Home: Life Stories of Chinese Women in New Zealand.* Auckland: New Women's Press, 1990.

Ip, Manying, *Unfolding History, Evolving Identity: the Chinese in New Zealand.* Auckland: Auckland University Press, 2003.

Dunn, J. S., *Portuguese Timor Before And After the Coup: Options for the Future.* Canberra: Parliament of Australia, 1974.

Coughlan, James E. ed., *The Diverse Asians : A Profile of Six Asian Communities in Australia.* Nathan, Qld: Centre for the Study of Australia-Asia Relations, Griffith University, 1992.

James, Paul. *Nation Formation: Towards a Theory of Abstract Community.* Thousand Oaks, Calif.: Sage Publications, 1996.

Jolliffe, Jill, and Jonathan Weisgall, *Operation Crossroads: The Atomic Tests at Bikini Atoll.* Annapolis, 1994.

Jolliffe, Jill, East Timor: *Nationalism and Colonialism.* St. Lucia: University Queensland Press, 1978.

Jolliffe, Jill, Johnson, Paul, *Modern Times: The World from the Twenties to the Nineties.* New York: Harper & Row, 1983.

Jolliffe, Jill, *Portuguese Timor, World War II: Thirteen Years After Decolonisation,* Lisbon Archives Yield Their Secrets. Australia, 1987.

Jolliffe, Jill, *Report From East Timor: AUS Representative on Australian*

Delegation to East Timor, March 12-20, 1975. Canberra: ANU Student's Association.

Jolly, Margaret, and Martha Macintyre eds. *Family and Gender in the Pacific: Domestic Contradictions and the Colonial Impact.* Cambridge: 1989.

Jones, Barrie, "SBS: Coping with a Strange Idea" in Goodman, Goodman, D; O'Hearn D. J;. Wallace-Crabble, C (Eds). *Multicultural Australia, the Challenges of Change.* Newham: Scribe Publication Pty Ltd, 1991.

Jones, Barrie, "Public Intellectuals: How Academe Has All But Lost Its Voice" *Sydney Morning Herald,* Wednesday, June 2, 1999.

Jupp, James, *Focused study on the political participation of ethnic minorities in Australia.* Canberra: Australian Govt. Pub. Service, 1989.

Kawharu, I. H., *Waitangi: Maaori and Paakehaa Perspectives of the Treaty of Waitangi.* Auckland, 1989.

Kee Poo Kong, *Chinese Immigrants in Australia: Construction of a Socio-economic Profile.* Canberra: Office of Multicultural Affairs, Dept. of the Prime Minister and Cabinet, 1988.

Kee Poo Kong, *Home Ownership and Housing Conditions of Immigrants and Australian-born.* Canberra: Australian Govt. Pub. Service, 1992.

Kee Poo Kong, *Social and Economic Attainments of Immigrant and Later-generation Australians.* Canberra: Australian Govt. Pub. Service, 1992.

Keesing, Roger M., "Creating the Past: Custom and Identity in the Contemporary Pacific", *The Contemporary Pacific,* 1989: 1-2.

Keesing, Roger M., "Colonial Discourse and Codes of Discrimination in the Pacific." *Manuscript, Department of Anthropology,* Research School of Pacific Studies, Australian National University, Canberra, 1987.

Keesing, Roger M., "Colonial History as Contested Ground: The Bell Massacre in the Solomons" *History and Anthropology,* 1990: 4.

Keesing, Roger M., "Exotic Readings of Cultural Texts." *Current Anthropology,* August- October, 30 (4): 459- 479, 1989.

Keesing, Roger M., and Robert Tonkinson, eds. *Reinventing Traditional Culture: The Politics of Kastom in Island Melanesia,* special issue 13 of Mankind, 1982.

Kellas, James G., *The Politics of Nationalism and Ethnicity.* New York: St. Martin's Press, 1991.

Kituai, August Ibrum, *My Gun, My Brother: The World of the Papua New Guinea Colonial Police, 1920-1960.* Honolulu, University of Hawaii Press, 1998.

Kohen, Arnold, and John Taylor, *An Act of Genocide: Indonesia's Invasion of East Timor.* London: Tapol, 1979.

Kunz, E. F., *Pisplaced Persons: Calwell's New Australians.* Sdney: Australian Naional University Press, 1988.

Lal, Brij V., *A Vision for Change: A. D. Patel and the Politics of Fiji.* Canberra: National Centre for Development, 1997.

Laqueur, Walter, *A History of Zionism.* New York: MJF Books, 1997.

Larana, Enrique, Hank Johnston, and Joseph R. Gusfield eds. *New Social Movements: From Ideology to Identity.* Philadelphia: Temple University Press, 1994.

Latukefu, Sione, "Oral Traditions An Appraisal of their value in historical research in Tonga" *The Journal of Pacific History,* 1968: 3.

Latukefu, Sione, "The Making of the First Tongan-born Professional Historian"

Brij V. Lal ed. *Pacific Islands History: Journeys and Transformations.* Canberra: The Journal of Pacific History, 1992., pp. 14-31.

Lay, Graeme, *Pacific New Zealand.* Auckland: David Ling, 1996.

Leonaitasi, Hoponoa, "Pro-Democratic Movement in Tonga: The Case of Samiuela Akilisi Pohiva."In Donald H. Rubinstein (ed.). Pacific History: Papers from the 8th *Pacific History* Association Conference, pp. 97-100. Mangilao, Guam: University of Guam Press, 1992.

Levine, Stephen, and Anna Powles, "Introduction: Contemporary Challenges In The Pacific – Towards A New Consensus", *La Revue Juridique Polynesienne* (Rjp), Numero Hors Serie 1:54, 2001.

Liah, Greenfeld, *Nationalism: Five Roads to Modernity.* Cambridge, Mass.: Harvard University Press, 1992.

Lindheimer, Joel, *The Didjeridu: From 'Dreamtime' to a New Emblem of Pan-Australian Aboriginal Identity.* PhD dissertation, University of California, Davis, 2000.

Lloyd, Grayson J. The Diplomacy on East Timor: Indonesia, the United Nations and the International Community", In James J. Fox ed. *Out of the Ashes: Destruction and Reconstruction of East Timor.* Adelaide: Crawford House, pp. 79-105, 2000.

Macdonald, Barrie, "Towards a Pacific Island Community? Geopolitical and Regional Perspectives on New Zealand's Relationships with the Small States of Oceania", In Donald H. Rubinstein (ed.), *Pacific History:* Papers from the 8th Pacific History Association Conference. Mangilao: University of Guam. pp. 97-100, 1992.

Maclellan, Nic, and Jean Chesneaux, *After Moruroa: France in the South*

Pacific. Melbourne: Ocean Press, 1998.

Macmeekin, Daniel H., "The Overseas Territories and Commonwealths of the United States of America", European Islands System of Links and Exchanges (EURISLES). 2005.

Malinowski, Bronislaw, Argonauts Of The Western Pacific: An Account Of Native Enterprise And Adventure *In The Archipelagoes of Melanesian New Guinea.* London, Routledge & K.Paul, 1953.

Manheim, Jarol B., Strategic Public Diplomacy and American Foreign Policy. New York: Oxford University Press, 1994.

Manne, Robert, "Foreword" In Robert Manne ed. *Two Nations: The Causes and Effects of the Rise of the One Nation Party in Australia.* Melbourne: Bookman Press. Pp.3-9, 1998.

Markus, Andrew, and M. C. Ricklefs, *Surrender Australia? Essays in the Study and Uses of History: Geoffrey Blainey and Asian Immigration,* 1985.

May, Ron, and Anthony Regan eds. *Political Decentralization in a New State: the experience of Papua New Guinea.* Bathurst: Crawford House Press, 1997.

Mead, Margaret, *Coming Of Age In Samoa: A Study Of Adolescence And Sex In Primitive Societies.* Harmondsworth Middlesex: Penguin Books, 1943.

Meleisea, Malama, *Lagaga: A Short History of Western Somoa.* Suva: Institute of Pacific Studies, University of the South Pacific, 1987.

Menzies, Gavin, *1421, The Year China Discovered the World.* London: Bantam Press, 2002.

Michie, Helena, *Antipodal England: Emigration, Gender, And Portable Domesticity In Victorian Literature And Culture (Australia).* Thesis (Ph.D.) Rice University, 2000.

Ministry of Pacific Island Affairs, *Pacific People's Constitution Report.* Wellington: Ministry of Justice, 2000.

Mo, Yimei, *Self-perception of the Chinese in Tasmania.* Canberra: ANU thesis, 1994.

Mubyarto (Indonesia Resources and Information Programme, Australia), *East Timor: the Impact of Integration: an Indonesian Socio-anthropological study.* Northcote, Vic: Indonesia Resources and Information Program, 1991.

National and International Catholic Church Agencies, *The Church and East Timor: a Collection of Documents.* Melbourne: Catholic Commission for Justice, Development and Peace, 1993.

Nelson, Hank, *Taim Bilong Masta: The Australian Involvement with Papua New Guinea.* Sydney, 1982.

Nordstrom, Alison D.,"Paradise Recycled: Photographs of Samoa in Changing Contexts." *Exposure*, 28(3): 8-15, 1991.

Obeyesckere, Gananath, *The Apotheosis of Captain Cook: European Mythmaking in the Pacific.* Princeton: Princeton University Press, 1992.

Ondawame, Otto, "Managing Conflict over West Papua: Community Engagement in Peaceful Dialogue." *Development Bulletin*, 60: 21-23, 2002.

Otto, Ton, and Ad Borsboom, *Cultural Dynamics of Religious Change in Oceania.* Leiden: KITLV Press, 1997.

Pattel-Gray, Anne, "Indigenous Communications in Australia" *Indigenous Communications,* Issue 3/97. 1997.

Pattel-Gray, Anne, "Indigenous Communications in Australia" *Indigenous Communications*, 97(3): 36-41. 1997.

Pauline, Hanson, "Australia, Wake Up!" Pauline Hanson maiden speech to

Australian Federal Parliament, Tuesday 10th September 1996, 5.15 p.m. In Hanson, Pauline, *Pauline Hanson-- the Truth on Asian Immigration, the Aboriginal Question, the Gun Debate and the Future of Australia.* Ipswich, Qld.: P. Hanson, 1997.

Carey, Peter, and Steve Cox, *Generations of Resistance: East Timor.* London: Cassell, 1995.

Petitdemange, Joanne, "Cultural Identity", Ruth Rentschler ed. *Shaping Culture Arts & Entertainment Management,* Deakin: Deakin University Press, pp. 49-60, 1998.

Pirie, Barbara, "The Complexity of Ethnic Conflict in Fiji: Finding Effective Interventions." *Development Bulletin*, 53: 53-57, 2000.

Pitt, David, and Cluny Macpherson, *Emerging Pluralism: the Samoan Community in New Zealand.* Auckland: Longman Paul, 1974.

Powe, William T., "The Problem of Cvil Society in Late Imperial China", *Modern China,* 1993, 19(2).

Proyek Pembinaan Pendidikan, *Inventarisasi Kesenian Propinsi Timor Timur.* Dili: Kebudayaan Nasional dan Pembinaan Generasi Muda, 1977.

Ralston, Caroline, and Nicholas Thomas eds. *Sanctity and Power: Gender in Polynesian History*, special issue Journal of Pacific History, 1987: 22.

Renan, Ernest."Qu'est-ce qu'une nation?" in John Hutchinson, and Anthony D. Smith, ed. *Nationalism.* New York: Oxford University Press, 1994.

Research School of Pacific Studies, *Annual Report,* 1950.

Retboll, Torben, *East Timor: the Struggle Continues.* Denmark : International Work Group on Indigenous Affairs, 1984.

Rigaux, Francois, *Sessao Sobre Timor Leste.* Lisboa: Tribunal Permanente Dos

Povos, 1981.

Roff, Sue Rabbitt, *Timor's Anschluss: Indonesian and Australian Policy in East Timor, 1974-76.* Lewiston: E. Mellen Press, 1992.

Romli, Machmudi, "Di Sini Belum Ada Sekolah Lanjutan Atas dan Sederajat", *Berita Buana*, 3 August, 1977.

Routledge, David, "Pacific History as Seen from the Pacific Islands" *Pacific Studies,* 8(2), 1985.

Roy, W. T., "Immigration Policy and Legislation", In K. W. Thomson and A. D. Trlin eds. *Immigrants in New Zealand.* Palmerston North: Massey University, 1970, pp. 15-24.

Rumhardjono, "Integrasi dan Artinay yang Dirasakan Rakyat Kecil" *Kompas*, 15 August, 1977.

Ryden, George H., *The Foreign Policy of the United States in Relation to Samoa.* New York: Octagon Books, 1975.

Sahlins, Marshall David, *Islands of History.* Chicago: University Of Chicago Press, 1985.

Sahlins, Marshall David, *Moala: Culture and Nature on a Fijian Island.* Ann Arbor: University of Michigan Press, 1962.

Sahlins, Marshall David, *Social Stratification in Polynesia.* Seattle, University of Washington Press, 1958.

Saliwangi, Basennang, *Kedudukan dan Fungsi Bahasa Indonesia di Timor Timur.* Jakarta: Pusat Pembinaan dan Pengembangan Bahasa, Departemen Pendidikan dan Kebudayaan, 1985.

Saunders, Frances Stonor, *The Cultural Cold War: the CIA and the world of arts and letters*. New York: New Press, 2000.

Scott, David, *East Timor: Towards a Just Peace in the 1990s*. Canberra: Australia Council for Overseas Aid, 1990.

Scott, Mark, 'Tokelau – Islands of the Wind.' *New Zealand Geographic,* 24 (Oct–Dec 1994): 16–46.

Sekretariat Kordinasi Urusan *Timor Timur, Data Timor Timur Propinsi Yang Ke 27*. Jakarta: Sekretariat Kordinasi Urusan Timor Timur, Departemen Dalam Negeri, 1979.

Sharpham, John, *Rabuka of Fiji*. Queensland: Central Queensland University Press, 2000.

Sheridan, Greg "Australia Sways Taipei Approach to South Pacific." *The Australian,* July 15, 2010.

Sheridan, Greg "Taiwan Purges Pacific Island Graft." *The Australian*, March 29, 2010.

Sheridan, Greg, "Pauline Hanson and the Destruction of the Australian Dream." In Robert Manne ed. *Two Nations: The Causes and Effects of the Rise of the One Nation Party in Australia*. Melbourne: Bookman Press, 1998, pp. 169-170.

Sherlock, Stephen, *A Pebble in Indonesia's Shoe: Recent Developments in East Timor*. Canberra: Department of the Parliamentary Library, 1995.

Sherman, Tom, *Report on the Deaths of Australian-based Journalists in East Timor in 1975*. Canberra: s.n., 1996.

Shun-Wah, Annette, "Being Chinese in Australia: A Personal Journal" *Imagining The Chinese Diaspora: Two Australian Perspectives*. Canberra: Centre for the Study of the Chinese Southern Diaspora, ANU, 1999.

Siagian, Frans Sihol, and Peter Tukan, *Suara Kaum Tak Bersuara*. Jakarta:

Obor, 1997.

Sinclair, Keith, "Why Are Race Relation in New Zealand better than in South Africa, South Australia or South Dakota" *New Zealand Society Contemporary Perspectives.* Sydney: John Wiley & Sons Australasia Pty Ltd, 1973.

Skidmore, Thomas E., and Peter H. Smith, *Modern Latin America,* Fifth Edition, New York: Oxford University Press, 2001.

Smith, Anthony D., *The Ethnic Origins of Nations.* Cambridge, Mass.: Blackwell Publishers, 1986.

Smith, Linda Tuhiwai, *Decolonizing Methodologies: Research and Indigenous Peoples.* Dunedin: Zed Books Ltd & University of Otago Press,. 1999.

Soeharto, Address by His Excellency Scehanto President of the Republic of Indonesia Before the Extraordinary Session of the Regional House of the People's Represents alives of East Timor, Dili, July 17,1978. Jakarta: Dep Penerangan, 1978.

Soenarjo, Laporan Hasil, *Survey di Masyarakat Sukuanas.* Jakarta: Departemen Sosial. 1967.

Spoonley, Paul, "Cook Islands: Migrating from a Micro-State", *Migration Information Source,* 2004.

Spoonley, Paul, "Migration and the Reconstruction of Citizenship in Late Twentieth Century Aotearoa", In Stephen Castles and Paul Spoonley, *Migration And Citizenship.* Albany, Auckland: Department of Sociology, Massey University, 1997.

Spoonley, Paul, *Racism and Ethnicity.* Auckland: Oxford University Press, 1993.

Standish, Bill,"Papua New Guinea Politics: Attempting to Engineer the Future."

Development Bulletin, 60: 28-32, 2002.

Stephen, Mechele, ed., *Sorcerer and Witch in Melanesia.* Victoria: Melbourne University Press, 1987.

Stratton, J., and Ang, I. "Multicultural Imagined Community-Cultural Difference and National Identity in Australia and the USA" in Bennett, D (Eds) 1998. *Multicultural States - Rethinking Difference and Identity.* Routledge. London. 1998.

Stratton, J., *Race Daze-Australia in Identity Crisis.* Sydney: Alken Press, 1998.

Roff, Sue Rabbitt, *East Timor: a Bibliography, 1970-1993.* Canberra: Peace Research Centre, 1994.

Taft, Ronald, *From Stranger To Citizen: a Survey Of Studies Of Immigrant Assimilation In Western Australia,* London: Tavistock, 1966.

Talagi, Fifita. 1999. "Statement of The Government of Niue." Paper presented at The Hague Forum, United Nations Population Fund, Hugue, 8-12 February.

TAPOL(Organization, the Indonesian Human Rights Campaign), *East Timor: United Nations Resolutions, 1975-1982.* Surrey: Tapol, 1991.

TAPOL(Organization, the Indonesian Human Rights Campaign), *Statement on East Timor to the UN Committee of 24 August, 1987.* Croydon, Surrey: TAPOL, 1987.

Tarte, Sandra, *Japan's Aid Diplomacy and the Pacific Islands.* Canberra: National Centre for Development Studies, 1998.

Taylor, John G. *The Indonesian Occupation of East Timor 1974-1989: a Chronology.* London: Catholic Institute for International Relations in Association with the Refugee Studies Programme, University of Oxford, 1990.

Taylor, John G., *Indonesia's Forgotten War: the Hidden History of East Timor.* Leichhardt, NSW, Australia: Pluto Press Australia, 1991.

Teklkamp, Gerard J., *De Ekonomische Struktuur van Portugees-Timor in de Twintigste Eeuw: Een Voorlopige Schets.* Amsterdam : Centrale Bibliotheek, Koninklijk Instituut voor de Tropen, 1975.

Morlanes, Teresa Farreras, *East Timorese Ethno-Nationalism: a Search for an Identity - Cultural and Political Self-determination.* Ph. D. Thesis. University of Queensland, 1991.

Thayer, Carlyle, "Australian Perceptions and Indonesian Reality" by Carlyle Thayer, University College Canberra, 1994.

Theophanous, Andrew C,. *Understanding Multiculturalism and Australian Identity.* Elikia Books. Victoria, 1995.

Thomas, Nicholas, "Partial Texts: Representation, Colonialism and Agency in Pacific History", *Journal of Pacific History,* 25: 139-158, 1990.

Tjokrohartono, Soepari, *Background Paper Masalah Timor Pertugis.* Jakarta: Pusat Litbang Politik, Departemen Luar Negeri, 1975.

Tomodok, Eliza Meskers, *Hari-hari Akhir Timor Portugis.* Jakarta: Pustaka Jaya, 1994.

Trask, H. K., "Natives and Anthropologists: The Colonial Struggle", *The Contemporary Pacific,* 1991: 3.

Trlin, A. D., "Immigrants and Crime: Some Preliminary Observations", *New Zealand Society Contemporary Perspectives.* Sydney: John Wiley & Sons Australasia Pty Ltd, 1973, 397-406.

Turner, Stephen, "A Legacy of Colonialism: The Uncivil Society of Aotearoa/ New Zealand", *Cultural Studies,* 13(3): 408-422. 1999.

U. S. Department of the Interior , "OIA Responsibilities." U.S. Department of the Interior, Office of Insular Affairs. (http://www.doi.gov/oia/). 2015.

United Nations. Dept. Of Political Affairs, *Trusteeship And Decolonization, Issue on East Timor.* N.Y: United Nations, 1976.

Vondra, Josef Gert, *Timor Journey.* Melbourne: Lansdowne, 1968.

Walsh, Pat, and Kirsty Sword, *Opening Up: Travellers' Impressions of East Timor 1989-1991.* Fitzroy, Vic.: Australia East Timor Association, 1991.

Wang Gungwu, *Community and Nation: China, Southeast Asia and Australia.* NSW: Allen and Unwin, 1992.

Wang Miaoyang, Yu Xuanmeng and Manuel B. Dy eds., *Civil Society in a Chinese Context.* Washington: Council for Research in Values and Philosophy, 1997.

Wang, Gungwu, "The Nanhai Trade: A Study of the Early History of Chinese Trade in the South China Sea." *Journal of Malaysian Branch of the Royal Asiatic Society* 31(2): 1-135. 1958.

Wang, Sing-wu, *The Organization of Chinese Emigration, 1848-1888: With Special Reference to Chinese Emigration to Australia.* San Francisco: Chinese Materials Center, 1978.

Ward, Gerard R., and Elizabeth Ward eds. *Land, Custom and Practice in the South Pacific.* Cambridge, 1995.

Ward, Gerard R., *Land Use and Population in Fiji: A Geographic Study,* 1965.

Watson, Virginia, *Anyan's Story: A New Guinea Woman in Two Worlds.* Seattle: University of Washington Press, 1997.

White, Geoffrey, and Lamont Lindstrom eds. *The Pacific Theater: Island Representations of World War II.* Honolulu: University of Hawaii Press, 1989.

Wiessner, Polly, and Akii Tumu, *Historical Vines: Enga Networks of Exchange, Ritual and Warfare in Papua New Guinea.* Bathurst: Crawford House, 1998.

Witcher, S. Karene, "Australia weathers race debate--for now," *Asian Wall Street Journal,* March 31, 1997.

Wooldrdge, Michael, "A Pathology in the Political Process?" In Robert Manne ed. *Two Nations: The Causes and Effects of the Rise of the One Nation Party in Australia.* Melburne: Bookman Press. 1998, Pp.: 178-192.

Yarwood, Vaughn and Glenn Jowitt, 'Life on the Rock', *New Zealand Geographic,* 37 (Jan–Mar 1998): 56–86.

York, Barry, *Admissions and exclusions: Asiatics and other coloured races in Australia: 1901 to 1946.* Canberra: Centre for Immigration and Multicultural Studies, 1995.

York, Barry, *From Assimilationism to Multiculturalism : Australian Experience 1945-1989.* Canberra: Centre for Immigration & Multicultural Studies, Research School of Social Sciences, Australian School of Social Sciences, 1996.

York, Barry, *Immigration Restriction 1901-1957.* Canberra: Centre for Immigration and Multicultural Studies, 1992

Yuan Fang Shen, *Dragon Seed in the Antipodes: Chinese Australian Self-Representations.* Canberra: ANU PhD thesis. 1998.

丁兆中，〈日本對東盟的文化外交戰略〉《東南亞縱橫》，2008(10):8-12.

入江隆則，《太平洋文明の興亡──アジアと西洋・盛衰の５００年》。東京：PHP研究所，1997。

小林泉，《太平洋島嶼各邦建國史》，劉萬來譯。臺北：學生書局，1997。

中村正之，〈東ティモール問題〉。《東南アジアを知るシリーズ：インドネシアの事典》。京都：同朋舍出版，1991。

日本外交部，《外交政策青書》(外交政策藍皮書)，第二章第二節，1989。

外交部，〈環太平洋的民主安定與繁榮〉。《臺灣年鑑》，2005。

竹內好，〈アジア主義の展望〉。竹內好編，《現代日本思想大系 アジア主義》。東京：筑摩書房，1963。

松岡静雄，《太平洋民族誌》。東京：岩波書店，1941。

後藤乾一，《ティモール国際関係史》。東京：みすず書房，1999，頁146-200。

馬克斯・顧安奇，隆・阿丹斯著，蔡百銓譯，《太平洋文化史》（Culture Contact in the Pacific: Essay on Contact, Encounter, and Response.）。台北：麥田出版社，2000。

高橋奈緒子、益岡賢、文殊幹夫，《東ティモール:奪われた独立・自由への戦い》。東京：明石書店，1999，第三章。

曹峰，《太平洋島嶼的智慧：海島文明的獨特風格》，臺北：新潮社，2004。

陳憲明，〈帛琉臺灣漁業基地:漁場與日本市場的連結〉《地理研究》，53期，頁1-22，2010。

楊聰榮，〈安保條約與東協安全機制對臺灣安全之比較〉《國際研究學刊季刊》「臺灣與琉琉之互動研究」，第一卷第二期，2005年夏季號，頁35-55。

經緯，〈澳洲中文報刊一瞥〉《開放與傳播》1998，第二期。

劉富本，《蛻變中的太平洋群島國家》。臺北：五南出版社，2000年。

衛聚賢，《中國人發現澳洲》，香港：集成圖書公司，1960。

鄭錫欽、李明儒，〈觀光發展與環境永續的省思：帛琉個案研究〉《島嶼觀光研究》，2(2)，頁32-50，2009。

龔宜君〈全球化下華人跨國公共領域的形成：印尼風暴後全球華人網路動員的意涵〉《東南亞區域研究通訊》，1998，第五期。

New Perspective on Pacific Studies: Region, Nation-State and Ethincity

Dr. Tsung-Rong Edwin Yang